ちくま新書

民間企業からの

東大震災を経済視点で読みなおす

木村昌人
Kimura Masato

1743

民間企業からの震災復興——関東大震災を経済視点で読みなおす【目次】

プロローグ――一〇〇年前と一〇〇年後

†復興か改造か――二〇世紀日本の出発

今から一〇〇年前の一九二三年（大正一二）九月一日に関東大震災が発生した。

同年八月二四日、加藤友三郎首相の死去に伴い、翌二五日に内閣は総辞職し、二八日山本権兵衛が首相に指名され、山本は同日組閣の準備にかかった。残暑が続く九月一日正午近くに発生したマグニチュード七・九の大地震は、折からの熱風による大火災を引き起こし、東京、横浜をはじめ、関東の一府六県（東京府、神奈川県、千葉県、埼玉県東部、茨城県東南部、山梨県東部、静岡県東部と伊豆半島）に壊滅的な打撃を与えた。日本は古代から数多くの大地震に見舞われてきたが、関東大震災は、一瞬にして政治、経済、文化の中心である首都機能が壊滅したという点では日本史上初めてのことであった。

さらに地震発生時は首相が不在という政治的空白期と重なり、国家存亡の危機となった。

その中で、震災発生翌日に誕生した山本権兵衛内閣の内務大臣後藤新平は、震災からの復旧を超えた帝都復興を目指して復興大構想を掲げた。「大風呂敷」といわれた後藤の遠大な復興計画は各方面の反対により、予算規模を大幅に縮小されたが、官民一体の努力の結果、一年以内に復興のめどをつけた。首都機能とは、中央政府の立法機関、行政機関、司法機関の活動を指す。地震により発生した火災により、内務省、大蔵省、文部省、逓信省など主要な省庁の本庁舎は火災で焼き尽くされたが、巨大な権力を有した内務省は警察と消防を駆使してこの惨状に対応し、陸海軍も全面的に復興に協力した。翌一九二四年秋には交通通信手段もほぼ回復し、国会も開かれ、行政、司法もその機能を復活させた。

富国強兵と殖産興業という明確な目標のもとに近代化に向けて邁進し、日清、日露両戦争の危機をなんとか乗り切った時代が明治天皇の崩御とともに終わった。明治の近代化が一段落し、日本の将来進むべき道が見えない中で、大正デモクラシー時代に入り、指導者も民衆も不安な時代を迎えていた。つまり新興帝国日本は、目標喪失の虚脱感から漂流し始めた。夏目漱石の小説『こころ』の主人公が崩御の知らせを受けた時の言葉の端々にも社会不安が窺える。漂流する国内とは異なり、国際社会で日本はイギリス、フランス、米国、イタリアと並んで五大国の一角を占め、国際連盟ではアジア代表としての地位を確立していた。第一次世界大戦中のバブルがはじけ、周期的に不況が起こり、労働争議も頻発し始める。また辛亥革命後の中国国内の混乱は続き、社会主義ソ連の誕生とマルクス主義に神経をとがらせていた。しかし強大な陸海軍を有する日本を取り巻く国際環境は幕末明治期に比べればはるかに安定していた。そのなかで日本国内では満州はじめ中国大陸や東南アジア、中南米などアジア太平洋方面への経済進出を図る機運が高まっていたのである。

こうした複雑な内外状況にあった日本を震撼させた関東大震災については、地震の発生メカニズムや震災による被害の実態について、政府、地方自治体、科学者、新聞社などが震災直後から実態調査を行い、内務省社会局編『大正震災志』や横浜市役所編『横浜復興誌』など詳細な報告書を作成した。それらに基づき、自然科学の分野のみならず、社会・人文科学の分野でも多くの研究がなされてきた。

しかし社会・人文科学の研究対象は、震災後数年間の首都東京の復興過程に焦点を当てたものが圧倒的に多い。つまり政治分野では後藤新平の復興計画と復興プロセス、経済面では二〜三年の短い期間で震災が日本経済に及ぼした影響を、国際関係では米国の対日外交という側面から、社会問題では大杉栄事件、朝鮮人虐殺事件とメディアや各団体や個人の支援活動が果たした役割などである。文化面では菊池寛、芥川龍之介など作家の日記や小説を題材にして、震災が人々の思想や文学に与えた影響を探っている。

今までの研究で抜け落ちているのは、経済活動の担い手である実業家・企業・財界の視点と活動である。つまり、彼らが大震災に対してどのような復興構想を持ち、その実現のために政府や地方自治体と交渉したか。彼らの構想はどこまで実現したのか。それは近代化を目指した日本社会や日本を取り巻く国際社会にどのような影響を与えたのかといった視点である。こうしたグローバルかつ長期的な視点に立って関東大震災の復興過程を分析すると、植民地を含む当時の日本帝国全体の経済地図を塗り替えるほどのもう一つの近現代史が生まれる可能性があったことを浮き彫りにできるのである。

実は、関東大震災以前の震災復旧では、経済活動や経済人の行動が注目されていた。古代、中世、近世と日本各地はたびたび地震に見舞われ、大被害を被ってきたが、公文書に加えて民間の史資料を読み込むと、地震に限らず、津波、大火、火山の噴火などの自然災害が発生したときには、「民」、特に実業家が復旧や復興に大きな役割を果たしたことが分かる。例えば、江戸時代末期に発生した安政東海地震(一八五四年)、安政南海地震(一八五四年)、安政江戸地震(一八五五年)が連続したときのことである。三つの地震はいずれもマグニチュード七〜八クラスの強度で、広大な地域に大きな被害をもたらしたが、この十数年後に崩壊する徳川幕府には、お膝元の江戸ですら復旧させる財力がなかった。震災直後に被災者の救護や食料支援を実際に行ったのは、豪商や松平定信が江戸町民たちに運営させた江戸町会所だった。また御三家の和歌山藩では、安政南海地震が発生した時、豪商濱口梧陵《はまぐちごりょう》が、稲に火をつけ、村民の命を津波から救うとともに、私財を投じて堤防を造った。「稲むらの火」という逸話として、戦前の教科書にも取り上げられた。

そこで本書では、次の三つの視点から、関東大震災の復興過程について考えていきたい。

(1)民間企業家と財界の対応

まず東京を中心とする中央である。渋沢栄一、大倉喜八郎、浅野総一郎など実業家の「世界の中の日本社会」を前提とした構想を第一章で紹介する。その内容は、東京を徳川時代から続く江戸城中心の軍人が支配する都ではなく、ニューヨークのような国際的に通用する商業都市にしたいと考え、東京築港や京浜運河建設も視野に入れ、内外の運輸交通のインフラを拡張しようとしたものであった。こうした復興計画は将来の日本経済のさらなる発展に対応できる斬新かつ遠大な計画であった。膨大な予算要求を認めない政治家や横浜港の埋没を恐れる横浜経済界の強い反対により構想は実現しなかったが、戦後の国際商業都市東京の見取り図となった。

(2)東京以外の国内地域から見た関東大震災

東京以外の地域の企業家や経済界が関東大震災をどのように捉え、震災の被害からの復旧、復興にどのように取り組んできたのかという視点を取り入れる。第二章は横浜と神戸である。死者の数こそ東京より少ないものの、震災で最も被害を受けたのは、東京よりも横浜であった。市街地の九〇パーセント以上が消失した。幕末の開港以来、貿易商品の花形、生糸輸出を一手に手掛けてきた港湾機能が壊滅した。

復興過程で、焼け野原となった市内の瓦礫を埋め立て、現在の山下公園と山下埠頭が造られた。東京府や東京経済界と、また神戸港との交渉過程は各地域の実業家が義援活動を行いながらも、この機会にさらに地元経済活動を拡大しようとする思惑がうかがえる。

第三章は大阪、第四章はその他の日本各地の経済界や民間企業（企業家）の対応である。関東近県とその諸都市、北海道、秋田県、新潟など日本海側の都市、東海地方、中国地方、四国地方、九州地方の各地と、京城（現在のソウル）、釜山《プサン》などの各都市経済界の対応を商業会議所に焦点を当てて考える。つまり首都壊滅という突然起こった大災害に対して各地域はその影響をどのようにとらえ、各地域や自らの企業活動にどのように反映させていったかである。

注目に値するのは大阪、神戸を中心とする関西経済界である（第二章、第三章）。震災当時、首都圏とほぼ同じ人口規模で、軽工業中心の経済活動は東京、横浜を凌駕《りょうが》していた。震災直後から東京、横浜からの人口移入があり、大阪は二五万を超え、一九二五年に東京を抜き日本一となり、「大大阪」時代を迎える。神戸港は、比較的早く港湾機能が回復した横浜港に対して、震災以前からの「二港制」構想の実現を図った結果、神戸港での生糸輸出が可能となり、名実ともに日本一の貿易港となった。

こうした状況に全国の経済界や企業家は敏感に反応した。各都市商業会議所年史、各地方新聞には、今後は関西が日本経済の中心になるのではないかという展望、東京、横浜を経由せずに北海道、東北、信越と関西を結ぶ日本海側の鉄道整備への要望、横浜港の生糸一港独占の撤廃と横浜・神戸二大港体制への要望などが読み取れる。

(3)海外の反応

第五章では関東大震災発生に対する海外メディアや企業家の動きに焦点を当てる。第一次世界大戦後、東京は中華民国や社会主義国ソ連の動向をつかむことのできるアジア太平洋地域の情報拠点となった。国際メディアの東京に対する注目度は、日本人が意識するよりもはるかに高まっていた。

首都壊滅のニュースは、各国の駐日大使館、在京外国人特派員、外国汽船の乗客や船会社によって瞬く間に世界に知らされた。国際連盟をはじめ、諸外国の経済界や実業家は、この震災に対してどのように対応したのであろうか。日本と緊密な経済取引（生糸、木材、自動車、石油、海運など）を行っていた米国、英国、中国の実業界からみれば、震災からの復興需要は大きく、日本市場への進出の絶好の機会となった。震災の被害を受けた鉄道や路面電車の復旧に手間取るなかで、自動車の利便性が注目され、需要が急増する。東京市が市電に代わる公共バスとしてT型フォード車を数百台購入したのを皮切りに、米国大手自動車メーカーのフォード社は横浜市に工場を建設して乗用車の増産体制に入った。

二〇二三年は関東大震災の発生から一〇〇年を迎える。今後三〇年以内に関東大震災級の首都直下型地震の起こる確率が七〇パーセントを超えると予測される今日、関東大震災の復興過程で、実業家や経済界の復興構想、企業のフィランソロピー活動、「官」と「民」との協力と対立、幻の遷都論などを再考することは、とらえどころのない一九二〇年代にもう一つの日本の歩みの可能性があったことへの理解を深めるだけでなく、二一世紀を通じて大地震と向き合わなければならない我々に多くの示唆を与えるであろう。

第一章
変貌する「帝都」

震災直後の第一銀行。東京市中央区（渋沢史料館所蔵）

†地震発生と錯綜する情報

一九二三年（大正一二）九月一日は土曜日にあたり、官庁や会社は正午で業務が終わった。また夏休みが明け始業式が行われた小学校では、子供たちが帰った校舎で教員会議が行われていた。各家庭で昼食の準備真っ最中の午前一一時五八分、突如として大きな揺れが襲った。大正関東地震であった。

本震の震源地は神奈川県西部で、震度はマグニチュード（以下Mと略す）七・九であった。その三分後に、東京湾北部を震源とするM七・二、その二分後にM七・三の山梨県南部を震源とする余震が次々と発生した。余震とはいえM七を超える揺れに見舞われ、各地で火事が起こった。折からの強風にあおられ大火となり、近代化の象徴だった東京と横浜の街はほとんど倒壊し、猛火に覆われ焦熱地獄と化した。東京市の日本橋、浅草、本所、京橋、深川各区の焼失率が高かった（表1-1）。そのなかを着の身着のままで逃げ惑う人々の姿は、阿鼻叫喚の様を呈した。特に本所区陸軍被服廠跡（現在の墨田区の都立横網町公園）では避難中の三万八〇〇〇人が火災旋風に巻き込まれ犠牲になった。大地震による甚大な人的・物的被害を受け、首都機能は停止した。

地震発生のニュースは、日本国内ばかりでなく海外にもすぐに伝わった。世界への第一報は、「本日正午、横浜で大地震に続き大火災あり、全市炎上で死傷者おびただしく交通はすべて停止」という内容であった。これは横浜に停泊中の東洋汽船のコレア丸から発信された無線で、千葉県銚子の無線電信局を経由、国際発信が可能な福島県の磐城無線電信局に届き、そこで英文電が作成されホノルルやサンフランシスコに送信された。政府は戒厳令を出し軍隊を出動させ、警察官と消防団員と協力して人名救出にあたると同時に、誤情報が錯綜するなか、罹災者がデマ情報に惑わされないよう治安の維持に努めた。しかし混乱はなかなか収まらなかった。

区　名	焼失率（%）
麴　町	20.1
神　田	77.8
日本橋	100.0
京　橋	88.7
芝	25.7
麻　布	0.5
赤　坂	6.5
四　谷	2.7
牛　込	0.0
小石川	6.5
本　郷	17.1
下　谷	49.9
浅　草	98.2
本　所	93.5
深　川	87.1

表1-1　東京市内各区被害状況。出典：東京市編『帝都復興区画整理誌　第一編　帝都復興事業概観』（1932）、33-34頁。今泉飛鳥「関東大震災後の東京における産業復興の起点」、158頁

被害状況を調べるため、陸軍は航空機を東京上空に飛ばし、市街状況を確認したが、詳しい情報は明らかにされず、都内では新聞本社の社屋も焼け落ち、正確な情報を把握できなかった。

むしろ日本を離れていた方が正確な情報をつかむことができた。例えば、七月下旬から日本郵船の

泰安丸に乗船していた上原勇作元帥一行である。

上原元帥の南方委任統治領サイパン、ヤップ、パラオ諸島の視察に副官として随行した今村均の回想録に依拠して船内の状況を見てみよう（『今村均大将回想録』巻七）。

上原元帥一行は視察を終え、小笠原諸島に戻る前の九月一日午後一時頃、船内の電信所は横浜停泊中の日本郵船のコレア丸からの発信無線を傍受し、地震の発生を知った。京浜地方の大震災。目下各所に火災発生したことが、次々と送られてくる電信により、東京はもちろんのこと横浜が火事で壊滅したことがわかってきた。同時に在留朝鮮人の暴動についての情報がしきりに流され、船内では一〇〇人ばかりの乗員のうち、二人の朝鮮人を見張らなければならないと騒ぎ立てた。今村はばかげたことと一蹴した。

小笠原に到着、上陸した今村は、現地司令部に陸軍中央から震災に関する電報が一通も入っていないことを知り愕然とした。一方、司令部は泰安丸のもたらした情報に驚愕した。今村は、陸軍省は国内も外地の部隊にも通電していないと日記に記している。

船内では緊急時に起こりがちな奇妙なことが起きた。まず船内の金庫に保管されている二〇万円をめぐる上級船員の杞憂である。横浜在住の多くの船員は横浜大火で都市が壊滅したというニュースを聞き、家族を亡くした失望のため今後の生活を考え、この金を分配するように要求してくるのではないかと気をもんでいた。また家族の安否を心配する多くの船員が一刻も早く横浜へ戻りたいのに、機関長は神戸在住であるためか、彼らに同情せず、船の速度を八〜九ノットの経済速力を維持し、石炭の節約を図っていた。航海中に予定よりも石炭を節約すれば会社に対する機関長の功績となるため、船長といえども所定速力以上の航行を命じる事はできなかった。

それを聞いた今村は上原元帥に相談すると、元帥は、公務上、一刻も早く東京に着く必要があるため、船速を上げるようにと船長に申し入れた。また帰京後に日本郵船会社社長を通じて、速力を上げるためにかかった石炭の費用を陸軍から賠償すると伝え、船長から機関長に申し入れさせた。

この結果速力は、一三ノットにまで上がり、九月四日未明に横浜港に到着した。東京湾へ向かう途中、米国政府の命令でいち早く震災救援のため来航した米国東洋艦隊の数十隻に出くわした。東京湾に入ると両岸の砲台が崩れ、横浜の重油タンクは燃え続け、被害の大きさを目の当たりにした。上原元帥はじめ今村たちが破壊されていない埠頭から下船した後、泰安丸は京阪神方面への移動を希望する多くの避難民を乗せ出航した。

上原や今村は陸軍本部に到着し、日本陸軍の中央部局内ですらあまり地震の情報が与えられていないことに驚いた。今村が乗船中に知りえた情報に基づき、震災の一般状況を説明するというありさまであった。

大正天皇はじめ主な皇族の無事を確認した上原元帥は、錯綜する情報に惑わされがちな日本人について興味深い見解を述べている。今村の回想録によると、上原は、この大震災は国家の大災害であるにもかかわらず、不逞な在留朝鮮人の動向ばかり電報で伝えているが、正気の沙汰とは思えない、泰安丸に乗船しているたった二人の朝鮮人の動向に神経をとがらせ、二〇万円の現金をめぐり一喜一憂する、緊急時というのに、石炭節約にこだわり経済速度を変えない、などなど、非常時における日本人の脆弱性を表している。大和魂や武士道は景気の良い時には発揮されるが、「大勢非となると滔々として脆弱性を発揮しても恥じない」、「集団の一致行動を鍛錬する必要も大切だが、個人性格の修練を積まなければならない」と。

†「知らしむべからずよらしむべし」

ここに、現在に至るまでの日本の情報空間の問題点が浮き彫りにされているといえよう。つまり、政府や軍部中央はかなり正確な情報を把握しているにもかかわらず、現場で対応する人々になぜか正確な情報を伝えないという姿勢である。幕末に徳川幕府はペリー来航の可能性について、一年前に長崎の出島に来訪したオランダ人からの情報で知っていた。にもかかわらず、ペリーが来航した時に浦賀や下田で交渉にあたった出先の役人には事前に全く情報が伝えられていなかったことを想起させる。軍部中央が出先機関に緊急かつ重要な情報を提供しなかった点は、第二次世界大戦中にもしばしば起こり、大きな問題点として指摘されている。戦間期に二〇年以上日本に滞在した英国人特派員のヒュー・バイアスは、日本には「原則のない検閲（blind censorship）があり、恣意的で意味のない秘密主義がはびこっている」と批判したが、その背景には江戸時代から続く「知らしむべからずよらしむべし」というお上意識が根強かったことを物語っている。

震災発生時に緊急情報を伝えるのは、無線、電話、電報があったが、まだラジオ放送は始まっていなかったので、一般庶民にとっては、新聞社の出す号外と新聞が最も重要な情報源となっていた。東京市内には「東京朝日新聞」、「毎日新聞」、「読売新聞」、「中外商業新報」（現在の「日本経済新聞」）など大小一八の日刊新聞があり、横浜では、「横浜貿易新報」（現在の「神奈川新聞」）と「横浜毎朝新報」などが発行されていた。

しかし新聞各社は社屋を地震による火災や倒壊で失い、正確な情報を把握するのは極めて困難であった。このため首都圏は大混乱に陥り、在留朝鮮人をめぐる誤情報やそれが引き起こした大杉栄殺人事件や朝鮮人虐殺が起こってしまった。

「朝日新聞」から見ていこう。一八七九年大阪で村山龍平と木村騰などが一八八八年「東京朝日新聞」、翌年「大阪朝日新聞」を創刊。当時、それぞれ「東京朝日新聞」と「大阪朝日新聞」の二つを発行し、一九〇〇年に発行部数は東京、大阪合わせて一〇万部を超えた。地震の発生日に東京本社が焼け落ちて新聞の発行が不可能になり、「大阪朝日新聞」が震災情報を伝えた。「朝日新聞」の内部文書で当時の状況を調査した若宮啓文『新聞記者』に依拠して当時の情報現場を紹介したい。

地震当日の九月一日は「大阪朝日新聞」夕刊の二面に速報を入れたが、詳しいことはつかめなかった。夕方出された「号外」の見出しは、「本日正午の大地震　東海道鈴川方面が震源か」だけであった。東京都の電信が完全に不通になったことと静岡県の東海道線鈴川駅が地滑りで約五〇センチ陥没し、鉄道が不通になっていることなどを伝えた。

さらにその日に続いて出された「第二号外」では大地震は富士山の爆発の変じたものかという見方がされている。富士山の裾野の鈴川付近が震源とされたため、こうした推測が広がったと思われる。一方正確であったのは「横浜大火」であった。これは横浜港に停泊中のコレア丸からの無線で和歌山県潮岬の無線局が傍受したものであった。

地震発生当時、組閣中の山本権兵衛らが閣僚メンバーと築地の水交社で懇談していた。その取材に出かけた福間謙造朝日新聞記者は大地震が発生すると、山本らが無事であることを確かめてから、銀座の本社へ戻った。しかし本社社屋が焼け落ち、新聞が発行できないと知るや、福間は大阪への第一報便として号外に書かれた手記と、被災した東京のようすを撮影した写真を持って同僚二人と大阪へ自動車で向かった。当時福間は二二歳の若者であった。途中避難民あふれる品川街道を進むうちに、銀行が倒壊し道路が遮断されていたため、八王子から厚木へ迂回した。しかし相模川にかかったコンクリート橋が崩れ落ち、自動車をあきらめ、川を泳いで渡り、途中平塚、大磯から東海道を徒歩で進んだ。平塚、大磯はつぶれた家が多かった。丹那トンネルが開通する以前なので、東海道線は御殿場回りであった。悪天候の中、箱根の山を歩いて越え御殿場を目指した。やっとのことで裾野駅から大阪行きの列車に乗ることができた。

一晩列車内で仮眠をとり、四日午前八時五〇分大阪梅田駅に到着、大阪本社に駆け込んだ。九月一日の夜に東京を出て、三日がかりで到着したことになる。それでもほかの新聞社に先駆けての一番乗りで、福間は震災に見舞われた首都圏や道中の見聞や写真を、「大阪朝日新聞」の紙面に掲載させた。この記事が震災についての最初の詳しい被害状況であったため、駐在していた外国人記者も注目し、母国語に翻訳し世界各地に伝えられた。

「毎日新聞」は、一八七二年に「東京日日新聞」として東京で最初の日刊紙として創刊された。一九一一年に「大阪毎日新聞」と「東京毎日新聞」が合併し、全国紙として出発した。一九四三年までそれぞれで新聞を発行していたが、この年「毎日新聞」に統一した。「読売新聞」の名前は江戸時代の瓦版「読売」に由来している。一八七四年に東京で創刊、一九一七年読売新聞社に改称。一三万部を超えていた部数が、震災により五万部台に落ち込んだ。翌二四年経営難に陥っていたところを正力松太郎が買収し、今日に至る基礎を築いた。読売は地震で本社社屋が焼け落ち、迅速な対応はできなかった。震災時の対応の遅れを教訓として、一九二五年に読売はいち早くよみうりラジオ版を新設した。

日本国内の情報収集が遅れ、誤情報が錯綜しているなかで、京浜地区に赴任している大使以下相当数の英国人は船舶の無線を使い、上海や香港に被災状況を英文で伝えそこから本国に伝えられた。後日、上原元帥宅を訪れた妻の妹の夫にあたる林民雄日本郵船副社長は、震災当日は英国に旅行中であったが、かなり詳しい情報を知ることができたものの、祖国の非常時に国民と共に難局に当たることができず申し訳ない気持ちでいっぱいであったと語った(『今村均大将回想録』巻七)。

†幻の遷都論

大震災が発生した時、日本には首相がいなかった。八月二四日、加藤友三郎首相が死去し、二八日に山本権兵衛に組閣の大命が下ったが、山本は「挙国一致」内閣を目指したため、九月一日時点では新内閣は発足していなかった。前内閣の外相内田康哉が臨時首相となり、連絡が取れた伊東巳代治枢密顧問官と相談し、緊急の対応を行ったのである。同日組閣された山本権兵衛内閣はさっそく戒厳令を敷き、内務大臣に前東京市長の後藤新平を起用した。後藤は親任式から戻るとすぐに大震災復興のための四原則を発表した。その内容は、一）遷都は行わない、二）震災復興のために必要な予算は約三〇億円、三）欧米先進国の最新の都市計画を取り入れ、日本にふさわしい新都を造る、四）新都市計画を実行するにあたり、地主に対しては断固たる態度を取る、というスケールの大きな発想であった（大霞会編『内務省史』地方財務協会、一九七七年、三〇四～三〇七頁）。

後藤はいち早く遷都は行わないと決めたが、首都壊滅という事態に直面し、遷都論が盛んに議論された。日本では古代から権力者の交代や世の中の雰囲気を大きく変化させる手段として、元号を変えることが頻繁であったが、遷都もその重要な方法であった。古代史では卑弥呼政権の所在地をめぐり九州説や大和説の論争が有名だが、政治の中心である都をどこに置くかは統治にかかわる重要な課題であった。

難波から飛鳥、近江大津、奈良、長岡へ移動しながら、ようやく京都に落ち着き、平安時代を迎える。奈良時代や平安時代になると仏教寺院と政治との結びつきが強くなり、遷都は容易には実行できなくなった。平安末期には平清盛が福原に対宋貿易の拡大を図るため一時的に都を移した。鎌倉時代には京都に天皇、鎌倉に武士政権が併存した。室町時代は朝廷と幕府はともに京都にあったが、徳川時代には、江戸に武家政権が誕生した。

徳川幕府の崩壊とともに明治政府は遷都に踏みきった。大阪遷都も一時俎上に上ったが、徳川幕府の影響力の強い関東甲信越から東北にかけて明治政府の統治を確立することや、北海道開発とロシアの北方からの脅威に備えるために、江戸に天皇が下られ、東京と改名した。いわゆる「東下り」であり、一時的な遷都と考えられていた。

八幡和郎『遷都』によれば、明治になってからも東京は首都として不適格であるという認識が広く存在していた。その理由は、東京は湿地が多く、水質が悪く、伝染病が多発し、地震に弱いなどが挙げられる。そこで内陸で土壌、水質さらに気候も良いのに加え、水陸の交通の便が良い群馬の赤城山麓一帯を、井上馨と三島通庸は連名で、移転先として推薦した。日清戦争時には広島に大本営が置かれ、明治天皇が統率する御前会議が行われた。また明治四五年には法学博士の神戸正雄、大正二年には九鬼隆一男爵が、天皇は京都に戻るべきとの意見を表明していた。

明治初年から六〇年近く経過しても全国的に首都東京はまだ定着していたとは言えなかった。したがって関東大震災直後には、京都に戻すという案が出された。例えば、九月九日付の「大阪朝日新聞」夕刊での論説「帝都復興と遷都論　国民多数の希望を入れよ」では、次のように述べられた。近畿は関東に比べ天災が少なく、台湾、朝鮮半島が支配地にあることから地理的にも日本の中心にあるといえる。再び京都へ遷都を求めるべき意見で、大阪や神戸にも近く、物資も安定供給できる。引き続き首都は東京にすると即断せず、広く国民の意見を入れて決めてほしい、という趣旨であった。

一方大震災直後から陸軍中枢部では、首都防衛という見地から検討がなされた。武藤信義参謀次長が今村均少佐に対して遷都の候補地を検討させ、今村が三つの候補地を探った。『今村均大将回想録』(巻七)によれば、震災対応、防空、大陸進出などを考慮して検討したという。現在の首都である東京は、台湾や韓国を併合した大日本帝国の領土の中では東に寄りすぎていた。古くから数多くの大地震に見舞われ、富士山、浅間山など火山の噴火による被害を大きく受けていた。また東京は海岸に近く広大な関東平野があるため、防空体制を整えるのが困難な地形であった。

こうした東京の欠点を補う候補地として三地点が示された。第一候補は、朝鮮半島の京城(現在のソウル)の南の竜山、第二候補は兵庫県加古川、やむを得ない時は八王子付近であった。将来の中国大陸での日本の活動を念頭に置いたソウル近郊の案は、当時の軍部の考え方が浮き彫りにされ興味深い。日本の近代化のもう一つの歩みという視点から考えると、注目されるのは加古川移転案といえよう。加古川が候補地に挙がったのには、次の理由が考えられる。まず加古川平地は、過去に大地震に見舞われていない。一級河川加古川は水量が豊かで、水質も良好である。加えて加古川丘陵地帯の起伏は理想的な防空施設を構築できる。連接する阪神地方はすでに日本一の商工業地帯となっている。したがって米国の首都ワシントンを模範として、皇居と政府機関、教育施設だけを加古川に移転させるという案である。

今村の案はいったん武藤参謀次長に了承されたが、数日も経たないうちに、遷都をめぐり人心が動揺しているので、遷都は行わないという詔書を出すべきという意見も出てきた。そこで陸軍として遷都に関する意見を出すことは見合わせることになった。九月一二日山本首相は伊東巳代治枢密顧問官と協議し、詔書案を起草させた。この結果、「東京は依然として国都としての地位を失わない」という大正天皇の詔書が同日発せられた。

これを機に遷都を口にするのは恐れ多いという雰囲気が醸成され、遷都論は立ち消えになった。伊東が大所高所から遷都論を議論したうえで出した結論というよりは、銀座の大地主で政友会を支持する地主たちの支持を受けていた伊東巳代治の私利私欲からというのが本当の理由らしい。東京を引き続き首都とする詔書を受け、政府は首都復興を担う新たな機関を設ける方針を決めた。比較的地震に強い地に遷都すべきだとの一部意見は立ち消えになった。翌一三日の「大阪朝日新聞」朝刊一面には「遷都論消滅」と報じられた。

しかし依然として地方新聞には遷都論の可能性が掲載されていた。たとえば、九月一三日付「静岡新報」(現在の「静岡新聞」)には、皇居を絶対安全な八王子の台地に移す計画があると報じている。このように遷都論はしばらくくすぶっていたが、大勢を覆すことはできなかった。

†東京商業会議所の対応

地震発生に対して迅速に対応をした財界について見ていこう。大正時代に入ると日本の財界には大きな変化が見られた。商業会議所や銀行集会所の力が低下し、日本工業倶楽部や日本経済連盟会に財界の中心が移っていったのである。

日本の財界が生まれたのは明治以降である。一八七八年（明治一一）に東京の渋沢栄一と大阪の五代友厚のリーダーシップで産声を上げた東京、大阪両商法会議所は、一八九〇年に商業会議所となり、東京、大阪、京都、名古屋、横浜、神戸六大都市を中心とする商業会議所連合会は、各地商業会議所の意見を取りまとめてきた。しかし第一次世界大戦中から大戦後に生じた日本経済の規模の急速な拡大や構造変化が経済団体の力関係にも大きな影響を与えた。

重化学工業の発達に伴い、三菱・三井・住友など財閥系企業が各分野において占める割合が高くなり、財界は日本政府に対して大きな発言力を持つようになった。一九一七年、三井財閥総帥の団琢磨を中心に誕生した日本工業倶楽部は、「工業家が力を合わせて、我

写真 1-1　東京商業会議所（渋沢史料館所蔵）

が国の工業を発展させる」ことを目的として創立された。初代会長は三菱合資会社頭取豊川良平、初代理事長は三井合名会社理事長の団琢磨であった。重要経済問題、労働問題などに関して、調査活動及び政府への建議を行い、経済団体としての機能を果たすことになった。

さらに一九二二年八月には日本経済連盟会が創設された。設立のきっかけとなったのは、国際商業会議所に加盟する時に日本工業倶楽部では工業と京浜地域に偏ったメンバー構成になっていたので、新たに銀行業の代表者と関西財界の代表者を加えて、大企業の資本家や経営者を全国的に結集する必要があった。日本銀行総裁の井上準之助が創立発起人となり、初代会長には日本工業倶楽部理事長の団琢磨が就任した。大戦中活発になった労働問題に商業会議所に代わって対応することになった。

しかし日本企業の多くは中小零細企業であり、数少ない大企業の意見だけでは経済界全体の要望にきめ細かく対応することはできなかった。東京でも数多くの中小零細企業が会員になっている東京商業会議所の影響力は大きかった（写真1-1）。特に東京以外の地方では商業会議所の力は強かった。

情報の発信と共有という点からも、商業会議所は大きな役割を果たした。まず国内企業経営者に対しては、同業者だけでなく、地域経済の動向、さらには全国市場や海外市場の最新情報を入手し、広報、宣伝という情報発信の場としての機能が強化された点が重要であった。

明治時代の日本企業は、一般的に小規模なものであり、そのほとんどは経営の組織体にまで成長していないファミリー企業が多かった。このため国際的視野に立って、海外の政治経済情報や海外市況を探ることは個々の企業では不可能に近かった。商業会議所はこうした企業の未発達な部分を補完し、会議所が国家と民間の意思疎通、橋渡しの役に任ずることを表明している。つまり実業界の要望の発信基地としても大きな役割を果たしていたのであった。

次に商業会議所は、海外に向けて、日本の対外政策、特に経済政策について情報発信を行った。朝鮮、清国への経済進出は、渋沢がこの時期最も関心を持っていた問題の一つであった。東京商業会議所は、朝鮮、清国駐在の外務省の領事と商業会議所の間に直接通信線を開くこと、主要な商業会議所の共同出資により、両国の重要拠点に通信機関を開設するという注目すべき提言を行っている（井上武久編『大阪商工会議所百年史』二一〇頁）。商業会議所が日本の大陸への経済進出にあたり、独自の情報ルートを創設しようと試みていたことがわかる。

この情報ルートは海外情報の収集だけでなく、日本企業の発信基地としても利用されることになる。一八九〇年代から一九一〇年代にかけて、商業会議所は海外情勢への関心をさらに高めたが、その際海外における現地の商業会議所や財界日本人商業会議所との間で、人的ネットワークを作りながら情報交流が行われた（拙稿「経済団体の情報機能――商業会議所」。佐々木聡・藤井信幸編『情報と経営革新――近代日本の軌跡』同文舘出版、一九九七年）。のちに述べるように大震災の被害状況や海外からの支援要請に大きな役割を果たすことになる。

東京商業会議所の地震発生当日からの動きを見てみよう。会頭の藤山雷太は、三月二〇日より欧米視察旅行中で、九月一日は日本郵船の榛名丸に乗船して、スエズ運河を航行中であった。電報により震災のニュースを受け取ると、ジャワ寄港を取りやめ、シンガポールを経て一路神戸に九月三〇日に帰朝、船を乗り換え横浜港に上陸し、一〇月二日に東京に戻った。

藤山会頭不在のなか、杉原栄三郎（副会頭）、山科禮蔵（副会頭）が中心になって、激しい揺れに耐えた東京商業会議所ビルで会合が開かれた。会議所ビルの被害は軽微であったが、日比谷方面で発生した大火に備えるため、書記長が会議所員を指揮して、重要書類を取りまとめ搬出の準備をした。警戒に当たる数名を残して、いったん所員を帰宅させ、自宅が災害を免れている者はすぐに戻るように命じた。この間火の勢いは猛烈となり、会議所ビルにも危険が迫ったので、書記長と数名の所員は重要書類を皇居前広場に搬出し、会議所内にはできる限りの防火処置を行い、警戒を続けた。

翌二日に震災の危険が収まったのを見計らい、会議所ビルを開放して罹災者の収容にあたり、三日にはその数は三百数十名に達した。五日以降は徐々に収容者も帰宅し始め、その数は減少した。その後は会議所の会議や大震災善後会も同ビル内で結成されたので、一三日には、残る収容者一三人を日比谷小学校に移転させた。

九月四日午後には、山科副会頭は書記長を伴い内務省を訪問、後藤新平内相に会見し、震災復興への対応を協議した。その後、東京商業会議所として全国商業会議所に檄を飛ばして、物資供給の援助を要請すると同時に、各都市の新聞に公告を出して、国民的大運動を喚起することを求め、すぐに臨時震災救護事務局より飛行機に託して名古屋へ送った。同地から全国四八会議所と六新聞社に宛てて次の電報を打電した。

「東京及付近の火災は安政大震以上、惨状暗澹、悲痛酷烈、危機人に迫り自然の暴状人心の不安、その極に達す。之が救うは生を此世に享くもの全部の義気に依るの外なし政府亦地方の官憲を通じて、全力を盡しつつありと雖も貴会議所は此際之と協力し、全国商業会議所は国民的大運動を起し、直ちに救済事業に取掛り食料其他日用必用品を東京に供給するの方法を講ぜられんことを切に望む」(『東京商業会議所月報』以下『東商月報』と略す、一九二三年一一月号)。

この電文を北は北海道から南は鹿児島までと朝鮮の平壌、鎮南浦、大邱、仁川、元山、京城、木浦、釜山や中国の安東、奉天、長春、大連、営口商業会議所に打電した。また「大阪毎日」、「大阪朝日」、「大阪都」、「河北新報」(仙台)、「福岡日日」、「北海タイムズ」の六新聞社宛ての電文には、震災被害を受けた東京の現状を説明することに加え、「東京商業会議所は全国商業会議所を中心とし国民的大運動を喚起し、政府官憲と協力、全国民の一大救済事業を開始せんとす、各位、又之れに援助を与えられんことを切望す」と付け加えた。

東京商業会議所の心意気が伝わる力強いメッセージとなっている。

†渋沢栄一の対応

東京商業会議所よりも素早く活動したのが、財界の長老で、東京商業会議所初代会頭の渋沢栄一（一八四〇〜一九三一）であった。日本橋の事務所で震災に遭い、自動車で飛鳥山の自宅まで戻った渋沢栄一は、埼玉の生家へ戻るように勧める息子たちを「こういう時にいささかなりとも働いてこそ、生きている申し訳が立つようなものだ」（渋沢秀雄「渋沢栄一」東京日日新聞社・大阪毎日新聞社編『父の映像』東京日日新聞社、一九三六年、二八五〜二八七頁）と叱りつけ、被災民の一人として東京にとどまり、大震災による危機に敢然として立ち向かうことを宣言した。渋沢はそれまでの経験を活かし、「民」の力を結集して、震災復興に挑戦することになった。

渋沢の念頭には、被災者の救済と民心の安静と首都東京をどのように復興させるか、その際民間として行うべきことは何か、さらには復興の精神的支柱をどこにおくか、などの課題が同時に浮かんだ。つまり、一刻を争う緊急の課題から中長期（五年から一〇年程度）の復興計画までを視野に入れながら行動を開始したのである。

火災により事務所と貴重な歴史的資料、『徳川慶喜公伝』の原史料や幕末の栄一の書簡など一級の史料が焼失したことを渋沢は後悔した。事務所を焼失した被災者の一人として、渋沢は地震が発生した翌九月二日、内田康哉臨時首相、警視庁、東京府知事、東京市長へ使者を送り、被災者への食糧供給、バラック建設、治安維持に尽くすように注意を与えた。

渋沢はその日、自らも食糧確保のために動いた。埼玉県から米穀を取り寄せるため、私邸近くの滝野川町に依頼し、調達の手配を行い、以後九月一二日まで渋沢の私邸が滝野川食糧配給本部となった（渋沢青淵記念財団竜門社編『渋沢栄一伝記資料』以下『伝記資料』と略す、第三一巻、三二八頁）。興味深いのは、渋沢が食糧配給の際に、食糧調達・配給の実務を滝野川役場に担当させ、渋沢自らが取り寄せた米穀の代金を負担したことである。震災対応にも、適材適所、自助精神、コスト意識という「合本主義」が貫かれていた。これは渋沢の社会事業に共通した考え方であった。

政府の震災復興の体制と大方針が固まるのを見て、渋沢は「民」の力を結集し素早く対応するための組織と体制作りを開始した。協調会と大震災善後会の設置である。協調会とは、一九一九年（大正八）に労働者と資本家の融和を図るために設立された組織で、渋沢は副会長を務めていた。ロシア革命後、共産主義への恐怖心も手伝い、労働運動の意義を理解しようとする資本家や経営者は当時の日本には倉敷紡績社長の大原孫三郎（一八八〇〜一九四三年）や日本の紡績王と呼ばれた武藤山治（一八六七〜一九三四年）など少数であった。

震災後三日目の九月四日、後藤内相から協調会副会長として呼び出された渋沢は、被災民の救護、経済対策（モラトリアム・暴利取締・火災保険支払い等）について相談を受けると同時に、協調会に対して組織としての協力を求められた。後藤は労働者と資本家双方に影響力のある協調会を活用して、救済事業を進めようと考えたわけである。後藤から打診された渋沢はその場で承諾し、翌五日には協調会で、実行部隊となる添田敬一郎、田沢義鋪らと救済事業の進め方について相談した。八日には協調会緊急理事会を開催し、震災善後策への承認を取り付けた。以後、協調会は被災者収容、炊き出し、災害情報板の設置、臨時病院の確保など「官」ではなかなか手が回らないきめ細かい対策を迅速に実行していくことになった。

同じようにキリスト教社会運動家の賀川豊彦（一八八八～一九六〇）は、震災が発生するとすぐに現地に駆けつけ、避難民の救済活動を開始した。この活動は、宗教、医療、保育などにわたる社会教化事業として展開された。

次に渋沢は、救済事業の資金を調達するため、山科禮蔵、服部金太郎ら実業家有志と相談し、組織づくりを始めた。九月九日、無傷のまま残った東京商業会議所ビルに集まった約四〇名の実業家に対し、座長の渋沢は、「民」の立場から救護と復興に関する組織を立ち上げることを提案した。

一一日には近衛文麿、高橋是清、伊東巳代治など貴族院・衆議院議員有志が加わり、大震災善後会を結成した。会長には徳川家達、副会長に渋沢栄一、粕谷義三、山科禮蔵が就任し、日本経済連盟会理事長の団琢磨、医者の北里柴三郎など錚々たる顔ぶれであった。事務局は東京商業会議所に設置され、民間による救援活動の拠点となった（大震災善後会については『東商月報』一九二三年一一月号、一九～二九頁、および『伝記資料』第三一巻、三二八～三九七頁）。

九月一一日、東京商業会議所にて大震災善後会を正式に発足させ、副会長に就いた渋沢は、自ら五万円の寄付を行うと同時に、米国の知人二四名に大震災の状況を知らせる手紙を送り、一三日には援助依頼の電報を打った。大震災発生のニュースが全米を駆け巡るとすぐに、鉄鋼王ゲーリー、銀行家ヴァンダーリップ、材木商クラークなど、米国の大実業家が心温まる見舞いと激励のメッセージを日本へ送ると同時に、大がかりな義援金募集が開始された。その結果、予想をはるかに上回る巨額の義援金や大量の救援物資が届けられた。渋沢ら実業家の長年にわたる対米民間経済外交が効果を発揮した時であった。特にサンフランシスコを中心とする太平洋岸諸都市の実業家は労を惜しまず協力した。一一月二八日には、旧知のクラーク、グリックスらが大洋丸にて来日し、渋沢を激励した。

こうして、協調会による救援活動の資金を「民」の力で調達し、国際的なモラル・サポートを得た渋沢栄一は、東京市内各地の慰問と救済復興事業の促進に、席を温める間もなく活動した。

ここまでの初動対策を渋沢は地震発生後二週間で行った。八三歳の渋沢をここまで動かした動機は何であったのか。それは明治時代にさかのぼる。

一八八〇年に松田道之《まつだみちゆき》(一八三九〜一八八二)東京府知事が第一回市区取調委員総会に提出した「中央市区画定之問題」の検討に、渋沢は経済界を代表して加わった。そこで東京築港が検討の対象にあがった。渋沢は徳川時代の江戸とは異なる東京の姿を思い描いていた。それは軍都であった江戸を、近代的な商都東京に変えようとするものであった。

具体的には、「港と中央ステーションを二本の道でつなぎ、間に位置する兜町ビジネス街の中心に商法会議所・株式取引所を置き、さらに近くに帝国オペラ座を配するという計画」(藤森照信『明治の東京計画』岩波書店、一九八二年)であった。実はこの背景には、渋沢の自由貿易論に大きな影響を与えた田口卯吉が、国際貿易の拠点として東京築港を主張したのを、渋沢が全面的に賛同し、その話が松田に伝わり、計画案を作成したという経緯があった。

一八八二年に松田が急逝し、彼の後任芳川顕正に「市区改正区画案」は引き継がれた。

積極派の渋沢は商都東京に賛同する同志を増やそうと、益田孝を推薦して委員とした。さらに渋沢は東京商工会として東京築港計画を進める調査をするために浅野総一郎、大倉喜八郎を委員に加えた。

しかし井上馨が主導した臨時建築局の「官庁集中計画」のためにいったん改正案の審議は休眠状態に陥る。一八八八年に検討が再開されるものの、神奈川や横浜の巻き返し運動が功を奏し、結局渋沢や益田など東京の商工業者が強く望んだ国際商業都市計画は日の目を見なかった。当時内務省衛生局員であった後藤新平が、「市区改正計画」審議中の渋沢、益田、大倉、浅野などの実業家の積極的な活動を観察していた。渋沢はあきらめなかった。後藤が復興の中心で活躍していた関東大震災後に、再び東京復興案として、東京商都案を大倉喜八郎らと提案することになった。

さらに渋沢は東京の近代化のために、電気、ガス、上下水道敷設などのインフラ整備に深くかかわっていた。パリの下水道まで見学した渋沢は、水道工事にも携った。東京市の上水道工事は一八九二年に開始された。この工事を巡って鉄管を国内産にするか外国産にするかで対立が起きた。渋沢は、現在の日本の技術力では決められた工期に間に合うように優れた鉄管を製造することは難しいので、鉄道やガスと同じように外国製を輸入し、工事を進め、その間にその技術を学ぶことが肝要と主張した。しかし彼の意見は取り入れられず、国内製の水道管を敷設したため、欠陥が明らかになった。この時に渋沢は暴漢から襲われ、軽傷を負った。このように東京の近代化に財界人として深くかかわっていたのである。渋沢の活動を支えていたのが大倉喜八郎や浅野総一郎など東京商業会議所会員の実業家であった。

渋沢が主導した実業家の様々な活動により、二〇世紀初頭には、政界、官界、軍人と並んで財界という存在が日本社会で認められるようになった。明治の評論家山路愛山は、明治の初め、官役人に対して平身低頭し、唯々諾々であった商人が、最近では自分だけでなく有力な人であれば、だれでも平等に大臣と交わることができ、「商人の位置が大いに進みたる」と瞠目した。しかし山路は、それは良いことであるが、「商人と官吏との境が平等の境より更に一転し商人却って逆さまに役人を制するようになり、金の縄で役人を縛り、かつては髭の塵を払った役人に対して、逆に自分の靴のひもを結ばせるようになっては真に世の中は大変なことになる。国民の道徳的状態に注意する人は、鋭敏な観察を怠ってはならない」と苦言を呈するまでになった（山路愛山『現代金権史』現代教養文庫、一九九〇年、一七五〜一七六頁）。

したがって首都壊滅という非常時に財界が政府に全面的に協力して、復旧復興に尽力することは大きな力となったのである。

†火災保険の支払い

東京商業会議所が次に取り組んだのは、東京市民の窮状を救うための復興資金をどのようにして捻出するかであった。都市再建については、すでに市債の起債や政府さらには海外での外債調達など手を打っていた。しかし火災で多くの紙幣や財産が消失した被災民には復旧や復興に相当な金額の資金が必要であった。この困難な、しかも緊急を要する状況下で、資金をいかに融通するかが焦眉の課題であった。

そこで考えられたのが、火災保険の地震被害への適用であった。被災民は火災保険金の支払いを渇望していた。しかし保険会社にとっては、火災保険が地震被害に適用されるかどうかは死活問題であった。地震による被害は契約に含まれていないケースがほとんどであった。大震災により自社も大きな損害を出している保険会社は、保険金支払いによって倒産に追い込まれることは必至であり、関西や海外の保険会社は契約以外の支払いに応じるとは考えにくかった。

東京商業会議所は、九月二五日の総会でこの問題を真っ先に議論した(『東商月報』一九二三年一一月号)。火災保険の支払いに関しては、それぞれの保険会社が資力の許す限りにおいて保険支払方法を提供し、政府もこれを援助すべきという考えであった。具体案として、三つを提案した。一）保険を官営とする、二）政府は各保険会社が支払うことができない部分に対して相当の金額を罹災被保険者に給付する、三）新たに官民合同の再保険会社を設立し、その社債の発行により罹災保険金全額の支払いを完済し、併せて従来は再保険の大部分を外国保険会社に委ねていた欠陥を補足する。これらの三点については、すでに様々な方面で提唱されているが、同会議所も同感する。第一次世界大戦後各国において公債処理が行われているが、その趣旨に基づき次の四つの方法を提示した。

一）火災保険を支払うための官民合同の新保険会社を組織し、その出資の割合は政府一〇分の六、民間一〇分の四とする。ただし保険会社に対しては株式を以て買収し、政府は公債を以て株式を引き受けること

二）新保険会社は今回の大地震によりてこうむりたる損害に対し保険金の支払いをなすこと。支払方法は新保険会社において、社債券を発行し、これを被保険者に交付すること

三）社債券は日本銀行において見返り担保として取り扱うこと

四）債権は今後年々生ずる新保険会社の利益を以て一定年限間にこれを償却すること。付帯決議として、保険を付せざる罹災者に対しこの際政府は低利資金を融通しもしくは住宅を建築してこれを貸与すること

火災保険の支払いとともに、手形再割引、絹織物そのほか奢侈《しゃし》製品課税などに関する決議を採択した。また旧東京風水害救済会の寄付金の残金二五万五二六九円九二銭を大震災善後会へ寄付することも決めた。

九月二五日の会議所総会議事録によると、被保険者に対して保険金額全額を支払うためにどのようにすればよいかが真剣に議論されている。

まず杉原副会頭の説明後、根津嘉一郎（東武鉄道社長）が、渋沢栄一が音頭を取って立ち上げた大震災善後会が定めたようなぼんやりとした決議では駄目だと切り込んだ。というのは保険会社が支払うのは生命保険分だけなのか、火災保険分は支払うのかどうかということが明確にされていない。確かに官民合同の保険会社が設立されれば大変良いことであるが、簡単にできるとは思えない。また現在の日本の保険会社の力では、今回の震災による被害を火災保険で支払うことは困難だと思える。そこで、保険会社は誠意を以て支払うが、これに対して政府が保険会社またはその連合に対して、二〇年賦、三〇年賦の低い金利で保険会社に貸し付ける。このようにして保険会社を倒産させないようにして存続させて徐々にその収益で返還させるという方法が最も早く罹災者に保険金を支払えるのではないか、と意見を開陳した。

加えて本会議所は震災善後会と歩調を合わせていかなければならない。東商が官民合同で全額支払えというのに、善後会は保険会社が支払えるだけでよいというように、二つの組織の言うことが違っては力が弱くなってしまう、と述べた。

次に岩崎清七は、「微温的な解決法」では商業会議所としては賛成することはできない。今は全額支払いの方法を研究することが一番の問題であると強調した。岩崎清七(一八六五~一九四六)は下野国都賀郡藤岡村(現在の栃木市藤岡町)生まれ。家業の米穀商、醤油製造業を継ぎ、陸軍省と提携。磐城セメント(後の住友大阪セメント)を設立、日清製粉、日本製粉などの経営にかかわり、東京ガス社長、全国実業家協会会長などを歴任した。

さらに藤田謙一は被災者の立場から考えてほしいと訴えた。善後会に対しては批判的で、「善後会の案は要領を得ないし、趣意がわからない。仕方が手ぬるいし遅い考えである。条件が弱い、この要求は絶対的に最も強くかつ敏速に十分な要求をしてもらいたい。自分の立場を忘れて政府に忖度《そんたく》する必要ない。非常に老練な財産もあり裕福な善後会メンバーの頭から出てきた案では手ぬるい。どうか罹災者の立場から考えてほしい。とにかく罹災者がかわいそうである」と語った。藤田謙一(一八七三~一九四六)は、青森県弘前市の生まれで、五歳の時に藤田家の養子となり、巌谷商会支配人、台湾円行の専務取締役、東京毛織の専務取締役、広島ガス電軌社長などを歴任。後に東京商業会議所第三代会頭、日本商工会議所初代会頭を務めた。

議論が沸騰し煮詰まってきたころを見計らい、添田寿一は、商業会議所のために諸君に申し上げたいことがあると断り、冷静に意見を述べた。添田寿一（一八六四〜一九二九）は筑前国遠賀郡広渡村（現在の福岡県遠賀郡遠賀町）出身。東京帝国大学を卒業後、大蔵省に入るもすぐに英国ケンブリッジ大学へ自費留学し、政治経済学を学び、マーシャルの講義を受けた。一八八七年ハイデルブルグ大学で学んだ後、大蔵省に復帰、主税官となった。阪谷芳郎や金子堅太郎らとともに大学や専修学校で商業史、経済問題の解説などを行い、今でいうエコノミストとしても活躍した。

添田は次のように話し始めた。このままでは一般の人を納得させることができない。本案をできるだけ早く成立させたいという希望から申し上げる。第一条は、再保険業を営むためというように改めることに賛成する。今回の震災被災者は第二条で十分救われるのだ。再保険というと商業会議所の権限として十分主張できることで、官民合同で実施されるべきことだ。本体が再保険を営むということになれば外国保険会社に支払っている三〇〇〇万円以上の仕事が国内でできれば、日本にとって非常に大きな利益になる、と主張して決議を通そうとした。

以上のように、総会では議論を尽くしたうえで先の決議が決定された。ちなみに当時の『東商月報』に限らず各都市の商業会議所月報は、重要な議題に関する議員の白熱した議論が掲載されていて史料的価値が高いものが多い（今後社史と共に経済経営史研究だけでなく、政治、外交、国際交流、文化など多様な分野の研究者の利用が望まれる）。

東京商業会議所としては、杉原、山科両副会頭が善後会のメンバーに名を連ねていたが、会議所の意見を反映させ、経済に疎い政治家の暴走を許さないように監視しながらも共同歩調をとることに心がけた。

火災保険を地震災害に適用することができるかについては、関西の保険会社から猛烈な反対が起こり、結局両者双方の顔を立てる形の調停案を関西側が受け入れたが、決着までに二か月以上かかった。この経緯については第三章で詳しく述べることにする。

†人口動向と復興需要の高まり

東京では大震災が発生し、平常時とは異なる需要の増減があり、供給が途絶することにより市場が攪乱された。奢侈品や特定の財やサービスに対する需要は激減し、代わりに食糧や建築資材に需要が集中した。これはビジネスチャンスにつながることも多い。

まず被災地に必要とされたのは食糧であったが、緊急に必要とされたのは地震発生後数日間であった。政府は、山の手や郡部から六五〇〇石の在庫米を徴発または購入した。新潟をはじめ国内各地にコメ送付を依頼する旨打電し、大阪から軍艦や商船を利用して政府特有米を回漕させた。こうした多方面にわたる取り組みにより、九月一〇日ごろには食糧供給のめどが立った。

次に必要になったのが、衣類であった。九月はまだ暑さが残っているものの、季節は秋から冬へ向かうので、衣服、夜具、布地の不足をどう補うかが焦点になった。すでに九月中旬から防寒に対する不安が指摘された。このため九月末から、衣類と毛布の配給が開始された。また一〇月一日から政府は伊藤松坂屋呉服店に仕入れを委託し、私設市場での衣類販売を開始させた。大丸、高島屋などの呉服商は大阪方面で衣類や毛布を調達し、廉価販売会を開催した。これに伴い婦人会組織が古着を集め、裁縫の奉仕活動を積極的に行った。

これに続いて、震災による火災や倒壊で大損害を受けた住居や作業場の復興に伴う建築資材や金物の調達と配給が課題になった。政府は学校や官公署、社寺、大邸宅に避難していた罹災民を収容するため、天幕や急増のバラックを設営した。これらの建築資材調達のため、全国さらには米国、カナダ、英国などからの輸入も実施した。

資材の注文や物資の各地からの調達はすぐに可能だったが、問題はどのようにして被災地に運ぶかであった。当時の運送手段は鉄道と船舶が中心で、道路事情が悪い日本では自動車による輸送はほとんどなかった。だが鉄道は利用できなかった。東京と大阪を結ぶ大動脈である東海道線の被害が著しかったからだ。

先述の「東京朝日新聞」の福間記者の報告にもあるように東京から横浜を経て湘南海岸一帯の揺れが激しく、鉄橋は崩れ落ち、線路や電車の復旧のめどは全く立たなかった。線路被害は一四九キロ、比率は二六パーセントにも上り、被害駅数は三〇駅にも上った。特に根府川駅では列車が土石流に巻き込まれ駅舎もろとも消失する被害が生じ、乗客一一三名(鉄道省編、老川慶喜解題『関東大震災——国有鉄道震災日誌』日本経済評論社、二〇一一年)が犠牲となった。このほか東北本線二八・八キロ、一三パーセント、北條線二六・七キロ、一六パーセント、総武本線二一・七キロ、一六パーセント、横浜線一二・九キロ、二六パーセントなど東京への物資や人を運ぶ鉄道は復旧に時間がかかり緊急時の役に立たなかった。

このため船舶による運送が中心となり、政府は海軍にも要請し軍艦に物資を運ばせることにした。多くの商人は震災による特需により、大阪から商品を運び通常より高い値段で売りさばき、かなりの利益を上げた。

被災民救済という立場から値を吊り上げずに、品質管理を怠らず定価を守り続けた企業もあった。例えば、事務用品販売大手のコクヨである。大阪に本社を置く同社は、関西中心に販売を行っていたが、震災前はなかなか京浜地区には販路を拡大できなかった。しかし震災による文具品の需要拡大により、同社製品が首都圏で販売できた。コクヨ社史によると、社長はこのような時こそ便乗値上げやまがい物を売らず、被災民のことを第一に考えるという訓示を出し、品質管理を怠らなかった。この結果、問屋組合からの信用を獲得することができ、東京へ製品を卸し販売できるようになり、販売高は飛躍的に増加した。

このような関西商人の東京進出と相まって、在京企業が関西に移ってしまうのではないかと政治家や財界人が危惧する新聞記事がみられる。「読売新聞」九月一二日付の第一面には、企業の本店や本社を東京から阪神方面に移そうとする動きがあるが、もしそれが実現すると、災害後の東京市は容易に回復できないばかりか、日本の商工業は、永遠に阪神地方を中心に回ることになって東西でその地位を転換し、東京はわずかに政治的に残存するだけの存在になってしまう。これを東京市会議員の多くは心配し、協議会を開き、応急策を講ずることになるだろうと述べている。日本橋区では、区民の離散防止のために被災民に元に戻るように要請するとともに、東京市から建築資材を融通してもらい、学校跡や公園にバラックを建設することや、陸軍に承諾を得て、工兵隊ががれきを搬出してもらうなどの措置をとったと報じた。このような都市間競争は、東京と大阪のほかに、第二章で述べるように港湾都市の横浜、神戸間でも激化した。

確かに壊滅的な打撃を受けた企業は、関西をめざした。例えば、一九一二年に本所区松井町（現在の江東区新大橋）に金属加工業を設立した早川徳次（一八九三〜一九八〇）である。自身が発明したシャープ・ペンシルはアメリカでヒット商品になっていた。しかし大震災で早川は九死に一生を得たものの、工場と家族すべてを失った。三一歳の早川は心機一転、同年一二月に大阪へ移り、早川金属工業研究所（現在のシャープ株式会社）を設立、再起を図った。一九二五年に鉱石ラジオをシャープの名前で発売し、ラジオ時代の主力商品になった（早川徳次『私と事業』甲鳥書林新社、一九五八年）。

実際に東京の企業は関西や他の地域に移動したのであろうか。まず人口移動に注目しなければならない。当時の東京市と隣接する五つの郡は、図1-1のとおりである。

震災当初多くの住民が船や鉄道を利用して東京を離れた。しかし避難した場所で落ち着くことができたかどうかは別問題である。人の流れを見ることはなかなか難しいが、職業紹介事業から見るときめ細かい動きが判明する。例えば当初東京から市外へ向かった被災者は数十万人に上るが、村山祐司による「明治期以降行政界変遷デジタル地図」によると、最も多いのが、関東甲信越の六県（千葉、茨城、栃木、群馬、長野、新潟）と愛知、大阪である（図1-2）。

今泉飛鳥の研究（「関東大震災後の東京における産業復興の起点」）に依拠して人口と労働需要について紹介する。今泉によれば、求人側からの受け入れの動機は次の四つが考えら

図 1-1　東京市の各区と隣接 5 郡。出典：今泉飛鳥「関東大震災後の東京における産業復興の起点」、156 頁を一部改変

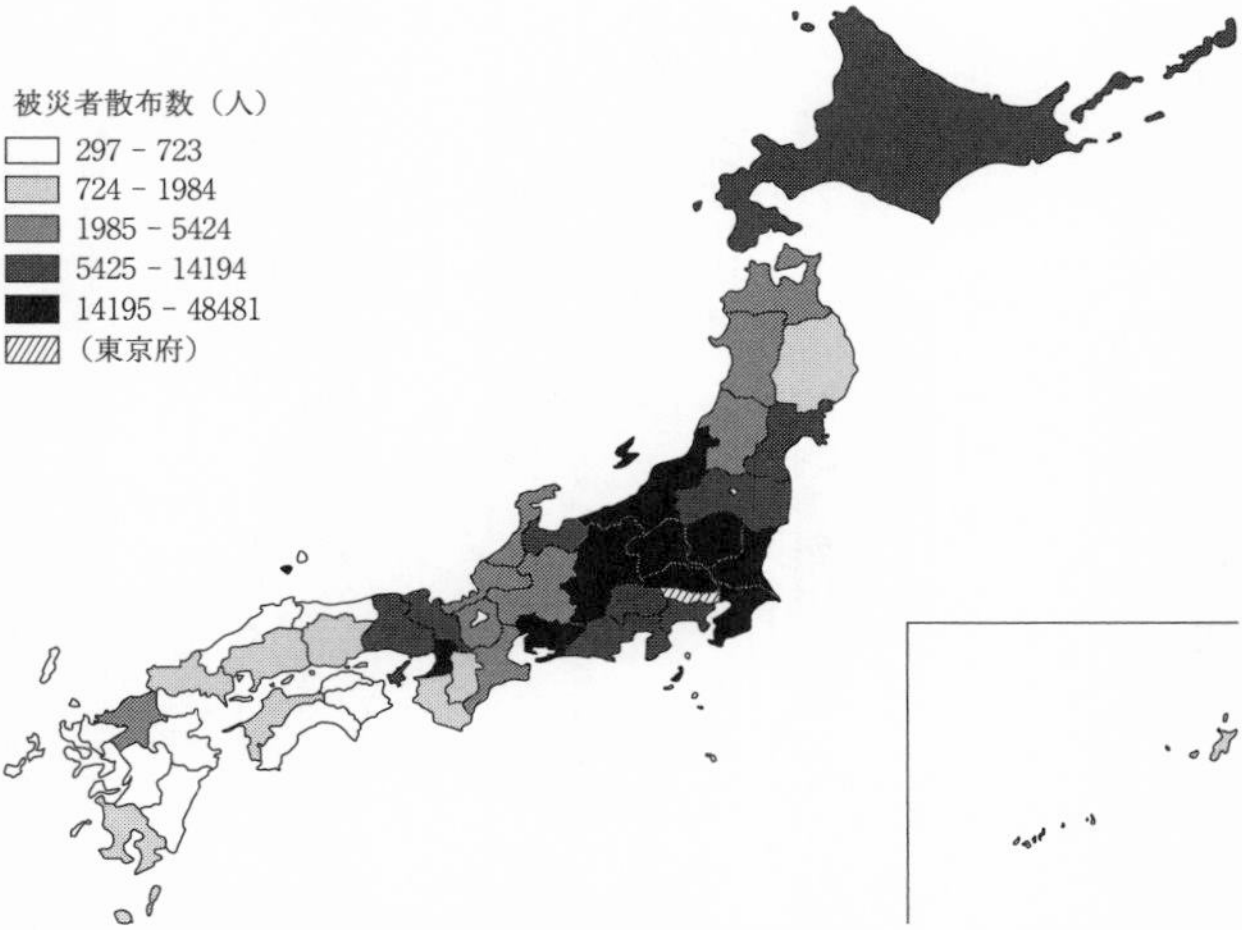

図1-2　被災者離散状況。東京市より（死者行方不明者を含む）の被災者散布数につき、最多の東京府下郡部を除いて流入数の多い方から9都道府県を5段階で色分けした（最少の層のみ10県）。出典：社会局編『震災調査報告』（1924）、157-159頁。地図データは村山祐司による「明治期以降行政界変遷デジタル地図」。社会局編『震災調査報告』（1924）の巻頭第十三図も参照

れる。一）震災による損失分の補塡、二）復興需要への対応、三）震災以前からの需要、四）経済的裏付けの弱い同情論である。一九二〇年代は、第一次大戦後の不況から全国的に見れば労働力に対する需要は決して高くはなかった。むしろ人員整理に苦心している経営者の嘆きが数多く聞こえた。したがって当初は被災した人々への同情から求人の呼びかけに呼応する事業者も多かったが、あくまでも一時しのぎであり、とて

も本採用や一年以上の雇用には結びつかなかった。

被災地以外の地域では、深刻な雇用のミスマッチがもたらされた。罹災求職者の多くは男性で、熟練工や事務員の仕事を求める人が多く含まれていた（表1-2）。東京府の死傷者行方不明以外の罹災失業者は、四二パーセントが工業、三七パーセントが商業であり、彼らは今までの工業や商業の仕事に従事することを希望した。したがって女性や若年層向けの求人では対応できなかった。また、仮に工業や商業の職につけたとしても、被災者の経歴や技能と結びつかないケースが多かった。例えば、神戸では、鉄鋼（大物）やマッチ（小物）といった主要産業が必要とする技能とは異なる技術を持つ職工を採用することができなかった。

さらに雇用者と被災者との雇用条件にもミスマッチがあった。雇用者が永続勤務を希望しても被災者は一時的な雇用を望むか、逆に雇用者が一時的に雇うという希望でも被災者は永続勤務を望むというように、なかなか両者のニーズが一致しなかった。さらに避難した地域と東京都の労働条件の違いや、被災者と受け入れ地域の生活環境や社会状況の違いも雇用の大きな障害になった。こうしたことからいったんは東京以外の地域に避難した人々も二〜三か月経過すると東京への復帰を強く希望するようになってきた。

また予想以上に東京で復興需要が発生してきた。約一か月経過した一〇月中旬になると

府県	男	女	計
東京	601	5	606
神奈川	58	4	62
千葉	127	0	127
被災３県	786	9	795
茨城	2	0	2
栃木	3	0	3
埼玉	1	0	1
群馬	2	0	2
関東	8	0	8
大阪	23	3	26
京都	4	0	4
兵庫	7	0	7
滋賀	1	0	1
関西	35	3	38
愛知	146	3	149
岐阜	2	0	2
静岡	4	0	4
長野	4	0	4
東海・中部	156	3	159
その他の地域	35	4	39
合計	1,020	19	1,039

表 1-2　就職者地方別統計表（1923 年 10 月〜1924 年 1 月）。原資料では女性計は 20 人、男女計は 1040 人となっており、各府県の合計と合致しない。「その他の地域」とは北海道、新潟、福井、宮城、福島、岩手、青森、岡山、山口、愛媛、福岡、熊本、佐賀、長崎、朝鮮。出典：中央職業紹介事務局『関東大震災に於ける職業紹介成績』（1924）、33-34 頁。前掲今泉、168 頁

（単位：人・%）

	東京市計	焼失面積 70% 以上の区	焼失面積 70% 未満の区
1920 年 10 月	2,164,591	1,107,957	1,056,634
1923 年 9 月 11 日	1,685,324	262,718	1,422,556
1923 年 9 月 21 日	1,398,738	230,167	1,168,571
1923 年 11 月	1,513,509	476,890	1,036,619
1924 年 10 月	1,907,826	856,029	1,051,797
1925 年 10 月	1,981,643	942,934	1,038,709
1920 年 10 月＝100			
1923 年 9 月 11 日	77.9	23.7	134.6
1923 年 9 月 21 日	64.6	20.8	110.6
1923 年 11 月	69.9	43.0	98.1
1924 年 10 月	88.1	77.3	99.5
1925 年 10 月	91.5	85.1	98.3

表 1-3　震災後の現住人口動向。焼失面積 70% 以上の区は神田、日本橋、京橋、浅草、本所、深川。東京市編（1927）による値には「水面」を含まない。『東京商業会議所報』による 9 月 11 日の値は、資料中の表（二）の現在人口の値を用いた。同表は合計と内訳が一致しないがそのまま用いた。出典：1920 年、1923 年 11 月、1924 年、1925 年：東京市編『東京市市勢統計原表』（1927）、4 頁。1923 年 9 月 11 日、9 月 21 日：「東京府下に於ける大震災の影響」『東京商業会議所報』第 6 巻第 10 号（1923 年 11 月）47、48 頁。前掲今泉、164 頁

天候も安定し、急速に復帰者が増加してきた（表1-3）。焼け跡への復帰者数は、一一月五日現在で四九万一〇八一人、翌年一月一〇日現在で六六万一二五二人、三月末には七六万五〇四二人と増加し続けた。震災後の人口は被害の程度により異なるが、東京市西部を中心として一九二〇年の水準に戻っている（東京商業会議所『東京商業会議所報』第六巻一〇号、一九二三年六月と、東京市編『東京市市勢統計原表』一九二七年）。

震災から二か月経過するころには、被災地において熟練工や職人など技術を持った労働者の需要が高まり遠隔地からも調達されるようになってきたことが分かる。しかし一九二五年になっても都心中央部では震災以前の一九二〇年の水準には達しなかった。一方大阪では一九二五年に東京の人口を抜き、日本一の都市に浮上した。いわゆる「大大阪」時代の到来であった。

†企業活動への影響

震災が企業に及ぼした影響をいくつか紹介しよう。

震災による鉄道や市電が崩壊しその復旧に時間がかかることから、運送手段として自動車が脚光を浴びることになった。自動車生産は、すそ野の広い産業といわれるが、自動車に付随する様々な部品や、修理需要が次々に生まれ、さらに継続し拡大していった。折から電化時代と相まって、東京の被災地の復興需要がビジネスチャンスとなり、焼け野原へ経営者や労働者を呼び戻すだけでなく、新たな人材を呼び込んだのである。

結局震災直後から帝都を東京から動かさず、帝都復興を宣言したため、もともと圧倒的な経済規模を誇る東京地区に、さらに自動車産業や部品メーカーなど多様な潜在需要を内包する都市経済を発達させることになった。その中心となったのは大企業ではなく中小零細工場であった。起業家精神にあふれる中小零細の企業家が、震災で倒壊した旧式設備を一新し、新たな需要に応えていった。中小企業のため巨大な設備を必要とせず、小回りが利いたのである。こうした傾向はすでに震災前から現れていた。それが震災による旧設備の破壊により皮肉にも前進するようになったのである。

東京の場合には大阪などを中心に域外からの物資の流入や関西への企業の本支店や人口流出を見ながらも、復興需要を東京地域内で好循環させて、地域内で復興の起点をつかむのに成功したことが、新規参入を促進させ長期的な東京の成長につながったといえよう。

銀座の資生堂は震災をきっかけに業界トップに飛躍した企業であった。一八七二年に日本初の民間洋風調剤薬局として銀座で創業した。震災前までは石鹼や化粧品業界での売り上げは第三位であった。ところが震災により、上位二社の中山太陽堂と平尾賛平商店は、東京本社や東京支店が消失し大損害を被った。幸い資生堂の被害は大きくなかった。被災民を中心に、衛生上石鹼の重要が今までになく高まるなかで、資生堂は便乗値上げせず、被災民に石鹼を配布した。これが同社に対する信用を一気に高めたのである。

震災や台風時の非常食として缶詰が普及したのは、関東大震災の避難民にサケ缶が配布されたことがきっかけといわれている。ニチロ（現在のマルハニチロ株式会社）を創業した堤清六と平塚常次郎が、一九一〇年にカムチャッカ半島の工場で紅サケの缶詰生産を開始した。主な輸出先であったイギリスで人気を博し、大量に生産されるようになった。輸出品であったため、庶民には知られていなかったが、震災での配布により缶詰の保存力が高く評価され、様々な商品が誕生した。

それでは財閥企業はどのような対応をしたのであろうか。三菱のケースを見ることにする。震災前から建設を始めていた東京駅の丸ビル内はほとんど損傷がなかった。三菱合資会社の本社機能には被害はなかったが、三菱倉庫東京支店や、その他の東京、神奈川の倉庫が全焼した。三菱銀行は深川支店、日本橋支店が全焼、三菱商事では横浜支店が倒壊し、支店長以下十余名が圧死した。三菱財閥の総帥、岩崎久弥は大磯の別邸に滞在中であったが、すぐに指示を出し、それを受けて岩崎家の諸事を行う家庭事務所がすべての救護活動を取り仕切った。湯島の一万二〇〇〇坪の岩崎久弥邸を開放し、上野や湯島方面から猛火に追われた市民を多数受け入れた。丸の内では被災者に対して炊き出しを行ったが、被災者の数が多すぎて対応しきれなかった(三菱地所株式会社社史編纂室編『丸の内百年のあゆみ』)。

三菱はこれらの救護活動に対して、東京市長の中村是公から感謝状を受け取っている。また京阪神三菱各社所長会議では、九月四日に仁川航路定期船大黒山丸を急遽救援船に仕立て、食糧、薬品、毛布、自転車など救援品三〇〇トンのほか、大阪毎日新聞、大阪朝日新聞の両社から委託された救恤品六〇〇トンを積み込み、神戸造船所病院長や救護班と人夫数十名が同乗し、九月六日には大阪港を出港し、一〇日に芝浦へ到着した。九月二三日には二番手船として三瓶山丸が芝浦に到着した。このほかにも救護のため三菱商事名古屋支店から人夫、三菱鉱業佐渡鉱山から鉱夫数十名も派遣された。九月一八日に被災地の秩序がほぼ回復したと考えられたので、同日非常組織を解散し、通常業務に復帰した。

一方、日比谷の帝国ホテルは、前年に地下室から火を出し焼失した本館に代わって、米国の建築家フランク・ロイド・ライトによって建てられたライト館と呼ばれる新館で、一九二三年九月一日、大震災発生の日に落成式が開かれていた。ライト館は激しい揺れに耐えて、それほどの被害は生じなかった。類焼を免れたのはライトが防災のためにエントランス前に大きな池を設置したおかげであった。火事が迫った時にその池から水をくむことができたため、延焼を食い止めることができたのであった。日比谷公園周辺に集まった被災民にホテルのロビーを開放し、数百人を収容した。

しかし三菱の岩崎邸や帝国ホテルのように被災民に避難場所を開放した人や企業は少なかった。ある皇族は、大邸宅の門のカギを厳重に施錠し、一人も敷地内に入れなかったと新聞に掲載された。

震災は東京の社会文化にもいくつかの変化をもたらした。例えば出版社に新しい動きがみられた。一九一〇年代から大人や子供向けの娯楽雑誌が販売され始めていた。野間清治が一九一一年に大衆娯楽雑誌『講談倶楽部』を創刊したが、それは教化主義とは一線を画す「面白い」雑誌であった。大日本雄弁会発行のためになる雑誌『少年倶楽部』『婦人倶楽部』と面白い雑誌を組み合わせたものとして、一九二四年一月に『キング』を創刊する予定であったが、関東大震災の発生により、創刊を一年延期した。講談社は社屋が無事であったので、創刊準備にあたっていた社員に、『キング』の代わりに『大正大震災大火災』を出版させた。新聞社が罹災していて新聞広告ができないため、約六〇万枚というはがきが広告に使用された。また雑誌扱いの特別配本にしたため、文具店や薬局を含む販売網に乗ることができ、大ベストセラーになった。これにより講談社は取次店の信用を獲得し、『キング』創刊号は初刷五〇万部という未曾有の売り上げを計上した。

一九二〇年代に入ると、主要な新聞が日曜娯楽欄を設けるようになった。一九二三年から「報知新聞」に掲載された麻生豊の漫画「ノンキナトウサン」は、関東大震災前後の東京での人々の生きる様子を描いたものであったが、大ヒット作になった。

震災でほとんどの大型建築物が倒壊または損傷したため、震災後は、耐震性の高い大型コンクリートの建物が次々と建てられることになった。「復興建築」と呼ばれる一連の建物は、それまでの木造建築とは異なり、鉄筋コンクリート造りで、官庁、駅、学校、オフィスや寺社、集合住宅など多様な建物が造られた。これがまた復興需要を生み出した。百貨店業界もその一つである。震災をきっかけに再建された百貨店店舗は高層化したため、売り場面積が拡大し取扱商品の種類・数量ともに増加した。第一次世界大戦後から職業婦人が発生し急増したが、百貨店では震災後の顧客の急増や顧客層の多様化から、女子店員に専門性を身に着けさせるようになってきた。その結果、百貨店の採用する女子店員は年々増加し、いわゆるデパートガールは新時代の花形職業の一つになった。

また庶民の生活に欠かすことのできない銭湯の建物も震災以前とは様変わりした。二〇二一年六月から九月にかけて開催された小金井市の「江戸東京たてもの園」の「ぬくもりと希望の空間　大銭湯展　第四期」によれば、震災で大きな被害を受けた銭湯は、再建する時に社寺建築のように重厚な屋根をしていて、天井も格式の高い「格《ごう》天井」を備える新しい型を求めたといわれている。豪華なつくりは人々の復興への意気込みを感じさせる。

大震災により東京の下町の姿は変わった。作家の谷崎潤一郎は幼い頃から知っている故郷ではなくなったと感じ、関西に移住した。古くからの建物が倒壊し、新しい道路が敷かれ、東京以外から多くの人が流入してきた下町は、谷崎にとってはよそよそしく感じられた(「岡本にて」)。

†「徳川時代の軍都」から「国際商業都市」へ

渋沢栄一、大倉喜八郎、浅野総一郎らは、首都東京をどのような都市として復興させるかという中長期の課題に取り組む。九月一九日、渋沢は山本内閣から帝都復興審議会の委員を命じられた。審議会は、総裁が山本権兵衛首相、幹事長が後藤内相、井上準之助蔵相、田健次郎《でんけんじろう》農商務相、犬養毅逓信相、平沼騏一郎司法相など主要閣僚のほか、高橋是清、加藤高明、伊東巳代治など錚々たるメンバーで構成されていた。実業界からは、渋沢栄一や和田豊治が委員に命じられた。渋沢は一八七四年以来、東京会議所会頭として道路補修、養育院設置等にかかわり、東京の近代化に深くかかわってきた。一八七八年に初代東京商法会議所会頭に就任、一九〇五年に中野武営が東京商業会議所会頭を引き継ぐまで、約四〇年にわたり東京経済界の重鎮として活動したので、東京の復興には渋沢独自のヴィジョンを持っていた。

渋沢は大倉喜八郎らと東京を、徳川時代の江戸城を中心とする軍都から、近代日本を支える経済の中心としての商業機能を重視した都市に再生しようと提言してきた。震災後間もない九月一〇日の「報知新聞」夕刊に掲載された渋沢へのインタビューには、「大東京といっても速《すみやか》に之を建設することは出来ないから、未来の帝都は唯斯くとの希望を子孫に伝えるという意味に於いてなしたいと思う。（中略）大東京の再造には武門政治的な都門（ママ）ではなく、商業本位の東京にしたいと思う」と明確な方向性を示していた。震災復興を、長年の夢を実現する機会ととらえ、大蔵省を辞して以来の「政府には入らない」という主義を曲げて、あえて渋沢は政府委員を引き受けた。また、大倉喜八郎も、九月三日の東京商業会議所内での会議で、東京を武門政治の都市から商工業を主とする近代都市としたい、という希望を表明した（『伝記資料』第三一巻、三二八頁）。

審議会は復興院の権威付けを行うため錚々たる顔ぶれであったが、後藤が中心にまとめた政府の復興案に対しては反対が相次いだ。

復興調査協会編の三〇〇〇頁を超える詳細な記録『帝都復興史』（全三巻、興文堂書院、一九三〇年）によれば、長老政治家の江木千之《かずゆき》貴族院議員は、政府は財政緊縮を掲げながら三〇間（五五メートル）の都市計画道路のような贅沢に陥り、東京築港や京浜運河など長年の懸案を震災復興のどさくさに紛れて実行しようとしていると手厳しく批判した。さらに伊東巳代治が政府・復興院の復興案には根本的に反対であると宣言した。伊東は、ワシントン軍縮条約後の国防充実が急務になっているのに、政府はあまりにも帝都復興にのみ目を向けすぎている、と大局的な観点から批判した。加えて、より現実的な問題として、伊東は、用地の買収を低価格で行うことは土地所有者の憲法上の所有権侵害にあたるとして抗議した。伊東は自らの進退をちらつかせ、復興案を根本的に改めるように要求した。これに対して、高橋是清政友会総裁や加藤高明憲政会総裁も続いた。

こうした流れを食い止めたのは渋沢栄一であった。審議会が混乱する中で渋沢は合意形成に大きな役割を果たした。彼は、被災民は復興計画がどうなるかを待ちあぐんでいる、ここで何とかしてまとめようではないかと述べ、さらに小委員会を設けてまとめてはいかがという提案を行った。審議会委員の多数が賛成し、山本首相は一〇名からなる特別委員会を任命した。鍵を握る委員長には、あえて政府案反対の急先鋒伊東巳代治を任命した。

九月二五日の特別委員会初日では、渋沢がこれ以上決定を遅らせることは好ましくないと議論をリードし、政府案に修正を加えて復興案を決定するべきと説いた。しかし高橋や加藤は東京湾築港と京浜運河の採用や、都市計画道路の新設に反対した。後藤は自説を譲らず、渋沢は伊東に委員長案の提示を求めた。しかし伊東は時期尚早と言い、翌日も委員会を続行することに決めた。ところが翌二六日、伊東は後藤内相など政府委員を退席させ、野党だけでさらに熟議した結果、急に態度を変え、政府案を部分修正するだけで特別委員会の意見を取りまとめてしまった。この間伊東と渋沢の間で何らかの下打ち合わせを行ったのかあるいは伊東の背後にいた土地所有者層を説得させることができたのかは不明であるが、大幅に修正された政府原案が承認され、復興計画は緒に就いた（五百旗頭真『大災害の時代』)。

この二日間の特別委員会では、渋沢は積極的に復興案をまとめるべく議論をリードし、反対意見も十分に開陳させた。伊東と渋沢の阿吽の呼吸は紛糾する委員会をまとめる大きな推進力となった。少人数の委員会で徹底的に討論し、参加者全員の納得の上で物事を決めていくという熟議民主主義の手法がうかがえるのである。東京を武門の政治都市から商業都市として復興させようと、和田豊治らと尽力した渋沢の案は、一八八〇年(明治一三)から渋沢が繰り返し主張していたもので、日本一の港である横浜を外港、東京を内港として整備し、二つの都市を運河で結び、東京の商業を発展させるという内容であった。渋沢の提案は、大蔵省による復興予算の縮小と伊東巳代治(当時枢密院顧問官)、横浜経済界などの反対により、この時は実現を見なかった。

渋沢らの構想は、第二次世界大戦後に日の目を見る。二一世紀の今日では、ほぼ渋沢らの構想に近い形で東京は、パリやロンドンのように、政治の中枢になっただけでなく、ニューヨークや上海など世界有数の商業・文化都市と肩を並べるまでに成長した。

†精神の復興――徳のある社会を目指して

人々が平和な生活を取り戻すためには、「物質の復興」の根底にある「精神の復興」が不可欠であると渋沢は考えていた。幼少期から論語を人生の指針としてきた渋沢は、大正時代に入り、しきりに「道徳経済合一説」や「論語と算盤」の精神を唱えていた。急速な近代化と第一次世界大戦中に発生したバブル景気の影響で、仁義道徳が廃れたと感じた渋沢は、政争に明け暮れる政治家や、公益を忘れ私利私欲に走る企業家を強く戒めていた。それを端的に示したのが、物議をかもすことになった「天譴論《てんけん》」であった。

渋沢は、「大震災と経済問題」という談話で、日本が明治維新よりわずか数十年で世界列強の中に入るという長足の進歩は、驚くべきことであると語った。同時に自らの歩みを振り返っている。「近頃わが国民の態度が余り太平に慣れすぎはしないかと思う。順調に進み平穏に終始するとどうしても精神が緩むのはやむを得ないかもしれないが、わが国民が大戦以来御調子づいて鼓腹撃壌に陥りはしなかったか、これは私の偏見であれば幸いであるが、兎に角、今回の大震災は到底人為的のものでなく、何か神業のようにも考えられなくもない。すなわち天譴地膺揚な自責の悔を感じないわけにはいかない」(『竜門雑誌』竜門社、一九二三年一二月)。

さらに一年後にも渋沢は、「天譴を餘りに早く忘れすぎはせぬか」(『竜門雑誌』一九二五年一月)と苦言を呈した。渋沢は関東大震災を天が譴わした罰ととらえ、近代化の一翼を担った自らも含めて、日本のリーダーを戒め、危機を克服するための精神論を説いたのである。明治維新以来、日本は経済だけでなく、文化も進歩したが、その源泉地は震災により壊滅的な被害を受けた東京、横浜であった。はたしてこの文化は道理にかない、天道にかなっていたのか、と渋沢は悩み、「天譴として畏縮」したのであった。

渋沢の天譴論をめぐって様々な意見が出された。増田義一はその一人であった。増田義一（一八六九〜一九四九）は、越後国（現在の新潟県上越市）出身で、東京専門学校卒業後、読売新聞社に入った。経済部記者として、渋沢栄一、大倉喜八郎、岩崎弥之助、安田善次郎など多くの実業家と親交を持った。一九〇〇年同社を退社して実業之日本社を創立し、社長となった。創刊当時から頻繁に寄稿していた渋沢は同社の経営を支援し続けた。渋沢の教えに共鳴した増田は、渋沢と共に天譴論を唱えた。

関西でも東京海上の常務取締役の平生《ひらお》釟三郎《はちさぶろう》も今回の震災は決して偶然に発生したのではなく我が国民が漁夫の利に酔って享楽主義に傾いていることへの神が与えた警告である。人心を戒め、損害を回復し、この災厄をかえって国家の幸福となるように努めなければならない、と日記に綴っている（甲南学園平生釟三郎日記編集委員会編『平生釟三郎日記』以下『平生日記』と略す、第五巻）。このほか実業家には賛同するものも多かったが、作家などからは評判が悪かった。天譴を受けるというのならば、真っ先に実業家が受けなければならないという手厳しい芥川龍之介の批判はともかく、菊池寛は、震災は「一つの社会革命だった」と興味深い指摘をした。それは震災後の東京市民はぼやぼやしていたら取り残されるという恐怖心もあったかもしれないが、復興への意欲が強く、競争心が湧き起こり、東京の復興が予想以上に早かったからである。政府の援助を待たずに、自分たちで素早くバラックや露店を作りだした。震災から約一か月後の九月末にはすでにバラックが三万戸も建っていたと報道されていた。菊池は、震災により、財産、地位、伝統が壊され、実力の世の中になった。むしろ震災後に人間はかえって悪くなったのではないかと次のように述べている。

「あの地震を天譴と解した人がいたが、私はあの地震で、天譴などが絶対にないことを知った。もし天譴があるならば、地震前栄耀栄華をしていた連中が、やられそうな筈《はず》が、結果はその正反対であった。（中略）

私自身、あの地震を境として、人間が少し悪くなったような気がする。恐らく東京人の多くもそうではないかしら。一つはボンヤリでも怖れていた天道を全く怖れなくなったのと、とにかく一の命拾いした以上、もっと面白おかしく暮らそうと云う享楽的な気分が生じたのではないかと思う」（御厨貴「『災後』をつくる」。五百旗頭真監修、御厨貴編『検証・防災と復興① 大震災復興過程の政策比較分析』一七〜一九頁）。

こうした人々の生活力について、ジャーナリストの馬場恒吾は「人間が生きんとする力」を高く評価し、後藤の復興都市計画を痛烈に批判している。しかし結果としては、この人々の、いち早くバラックを作り、市街地を形成していく生活力が、後藤の復興計画とうまく融合したように思われる。

これに対して、岩倉使節団に随行して詳細な見聞録を著し、岩倉使節団の評価をたからしめた久米邦武（一八三九～一九三一）も、第一世界大戦によるヨーロッパの破壊状況や大戦中から大戦後の日本の状況を見て、自分が推し進めてきた西洋化や近代化に疑問を呈するようになっていた。

フランスの作家ポール・ヴァレリー（Ambroise Paul Toussaint Jules Valery、一八七一～一九四五）は、第一次世界大戦後、『精神の危機（*La Crise de l'esprit*）』（恒川邦夫訳『精神の危機他十五編』）を著し、その中で、ヨーロッパが産業革命以来、科学技術の進歩により、世界を席巻してきた市場経済資本主義とその上に成り立ってきたヨーロッパ文明に対して警鐘を鳴らした。

渋沢の天譴論にも、ヴァレリーやシュペングラーなどのヨーロッパ知識人に共通したヨーロッパ近代化の歩みへの危惧が読み取れる。ドイツの文化哲学者、歴史学者オスヴァルト・シュペングラー（Oswald Arnold Gottfried Spengler、一八八〇～一九三六）は、米国とロシア（ソ連）の台頭を目の当たりにして書かれた『西洋の没落（*Der Untergang des*

Abendlandes)』（村松正俊訳『西洋の没落』五月書房、一九九六年）で、ヨーロッパ中心史観や文明観を厳しく批判した。この見方は哲学、歴史学、文化、芸術など広い分野に影響を及ぼした。

渋沢にとって、震災復興の長期的な目標は、徳のある社会を作り出すことであり、物質と精神の復興がなされてこそ、人々が安心して日常生活を送ることのできる社会になると考えた。現実には東京は予想以上に早く復興を遂げたが、渋沢の説くような徳のある社会とは異なる競争社会が生まれてくるのであった。

ともあれ、こうした財界や企業の震災復興への前向きなエネルギーは、長期的に見れば東京が復興していくという明るい見通しを人々に与えた。例えば外務省は震災の影響について独自の報告書をまとめた。その中で、震災により、「首都三百年の文化遺産と機械産業界の少なくとも一〇分の一の資材が烏有に帰すだけでなく、東京は日本の政界財界の中心地なので、その影響ははなはだ大きいが、然れどもわが商工業の中心はむしろ阪神に存在しかつ実際の損害のほとんどは東京、横浜の地方的商工業に関するものなので、日本の生産経済の立場をあまり悲観するには当たらない」と論じている。一九三〇年代初めの経済に占める東京・横浜のウエイトは少なく、今日のような首都圏の日本経済に占める大きさには程遠かったといえよう。

第二章
生糸輸出をめぐる横浜と神戸の攻防

横浜山手町山上より焼け跡を望む(横浜開港資料館所蔵)

†生糸貿易と横浜

横浜の歴史は日本の近代史と重なる。一八五三年(嘉永六)のマシュー・ペリー提督に率いられた米国艦隊の来航により二六〇年以上続いたいわゆる鎖国体制に終止符が打たれた。まさにその時、横浜の近代が始まった。

開国前の横浜は人口数百人が住む小さな村であった。多摩丘陵が海に迫る横浜一帯は、平坦な土地が少なく、横浜発展の基礎を築いたのは、江戸時代、吉田勘兵衛によって開墾された地域である。大岡川と中村川にはさまれ、関内地区から南西部に伸びる低地の市街地となった。一六五六年に始まった埋め立ては、大雨による洪水や高潮で埋立地が流され、いったん中断したが、勘兵衛の粘り強い住民への働きかけが功を奏し、工事は再開された。一六六七年に足掛け一二年にわたる難工事が終了、「野毛新田」と名付けられ、耕作が本格的に開始された。一六六九年、四代将軍徳川家綱が勘兵衛の功績をたたえ、「吉田新田」と改称させた。

一八五四年に、函館、新潟、兵庫、長崎と共に横浜が開港地に指定されてから、江戸に近い港町として急速に注目されるようになった。攘夷運動が盛んな幕末期には、生麦事件、ヒュースケンの暗殺など欧米外交官や通訳が襲撃されたため、横浜も長崎の出島のように関内と関外に分けられ、外国人はなかなか日本国内を自由に通行することはできなかった。

幕末から横浜港は日本の生糸の最大輸出港であった。生糸は、繭《まゆ》の糸を何本かまとめて一本の糸にしたもので、その生糸を包んでいるたんぱく質を取り除く精錬をしたものが絹である。日本で生産された生糸が、海外市場、とくに一九世紀の米国産絹織物の材料に適していたため、大幅に伸び、日本の数少ない輸出品になったのである。北関東の養蚕地から生糸は様々なルートで横浜に運ばれたが、一番有名なルートは、「日本のシルクロード」と呼ばれた八王子と横浜を結ぶ「神奈川往還」であった。

当時は外国商人（以下外商と略す）が輸出業務を掌握していたため、日本の生糸売込商は生糸を居留地の外商に販売するところまでしかかかわることができず、外商は受け取った商品に対してなんらの受取証や保管証明書も発行しなかった。いったん外商の手に渡った生糸はその後どのように保管され、海外市場へ運ばれるのかはまったく知ることができなかった。横浜の倉庫に運び入れる時に外商が簡単な検査をするだけで、もし海外で販売する時に品質が不良になっていた場合には、有無を言わさず売買契約は破棄され、購入代金は支払われないことがたびたび生じた。

外商や海外メディアが、こうした外商の横暴を考慮せずに、日本の生糸の品質の劣悪さや見本との違いを批判するのは、あまりにも一方的に過ぎると東京の渋沢栄一や生糸売込商は感じた。

日本側はどのような手を打ったのであろうか。彼らは、生糸貿易における外商の不正と横暴に対抗して、正常な取引ができる仕組みや舞台を創設することが商業道徳の向上につながると考えた。渋沢はさっそく横浜の生糸売込商が計画した連合荷扱所の設立・運営資金として、第一国立銀行、第二国立銀行、三井銀行が五〇〇万円以上の資金を前貸しすることを斡旋した。

外商たちはこの動きに強く反対したが、海外での日本の生糸に対する需要は底堅く、日本側は反対を押し切り連合荷扱所の設立にこぎつけた。加えて新井領一郎、その兄で群馬の製糸業者星野長太郎らの努力により、ニューヨークでの直《じき》貿易が軌道に乗り始め外商を通さない直輸出が動き始めた。

他方で、日本製生糸のブランドを守るために生糸の品質を公に保証する制度や施設が必要になった。一八九六年、官立の生糸検査所が横浜と神戸に設立された。最終的に生糸の品質管理の問題が解決されるのは、外商の活動を居留地に隔離してきた不平等な条項が撤廃され、一九一一年に日英、日米通商条約が改定、関税自主権を獲得するまで待たなければならなかった。

横浜は海外貿易が中心となって発展した近代都市であったため、輸出商が横浜財界を牽引した。中心となったのは、原善三郎、小野光景、大谷嘉兵衛、茂木保平、井坂孝らであった。

原善三郎（一八二七〜一八九九）は、武蔵国児玉郡渡瀬村（現在の埼玉県神川村）の商人の家に生まれた。開港直後から横浜に輸出生糸を出荷し始め、生糸売込商亀屋を開業した。小野善三郎、茂木惣兵衛、吉田幸兵衛、三越徳右衛門の五家で、横浜の生糸取扱量の約四分の三を占めていた。一八七四年に政府の為替方として設立された横浜為替会社を母体に第二国立銀行が創設された時に、初代頭取に就任した。東京、大阪に続いて一八八〇年四月に横浜商法会議所が創立された。初代・第三代会頭には原善三郎、第二代・六代会頭小野光景、生糸に続いて日本の主要輸出品であった茶の輸出商である大谷嘉兵衛が第四・七代会議所の会頭になった。

小野光景（一八四五〜一九一九）は、信濃国伊奈郡小野村（現在の長野県上伊那郡辰野町）の名家に生まれ、高遠藩の藩校進徳館で学んだ。一八八二年に横浜商法学校を創立し、翌年には絹糸輸出商社の小野商店を創業した。横浜正金銀行頭取に就任。第二代横浜商業会議所会頭になった。

大谷嘉兵衛（一八四五〜一九三三）は、伊勢国飯高郡谷野村（現在の三重県松阪市飯高町）に生まれた。一九歳で横浜に出てきて、製茶貿易の仕事に就いた。一八六七年スミス・ベーカー商会の製茶買い入れ方として海外取引の責任者になった。その後製茶輸出の第一人者となり、横浜財界のリーダーの一人となり、一九〇九年の渡米実業団にも横浜を代表して加わり、全米の六〇以上の都市を訪問した。

†想像を絶する震災被害

関東大震災に関する書物や報道の多くは、人的被害が最も大きかった首都東京に焦点が当たりがちであるが、横浜の方が被害はより甚大であった。官庁の建物や商業ビルのほとんどが壊滅し、交通・通信手段は寸断され、政治・経済は停止し、東京の玄関と呼ばれた港湾都市としての機能が壊滅した。

横浜では、明治期に入り、さらに埋め立て工事が何度か行われ、伊勢佐木町が生まれ、市街地として発展した。一九〇一年には横浜市に編入され、横浜港の後背地として桜木町、関内の官庁街、ビジネス街と共に伊勢佐木町、野毛町は横浜の中心街として発展した。しかし多摩丘陵の先端部分の地盤は固かったが、市の中心街の埋め立て地の地盤は脆弱であった。そこに大震災が襲ったのであった。

横浜の被害の実態を見てみよう。江戸時代からの干拓地や埋め立て地に横浜の中心部は造られていたため、多くの建物が倒壊し、崩れた瓦礫が道路をふさいで、完全に交通は麻痺した。昼食前で火を使っていたため、各所で火事が発生し、折からの強風にあおられて大火となった。横浜市の死者と行方不明者の数は二万六六二三人だが、そのうち火事による人数は二万四六四六人で、死者数としては東京より少ないが、当時の総人口に占める割合では、東京よりはるかに多い被害であった。横浜市の全戸数九万九八四〇戸のうち、全焼六万二六〇八戸、全壊九八〇〇戸、半壊一万〇七三二戸、欠損一万一七四二戸に及び、全体の約九五パーセントに当たる九万四八八二戸が被害を受けたのであった。

山手町の山上から撮られた写真（本章扉）を見ると、関内方面では開港記念横浜会館と横浜中央電話局新庁舎など少数のビルしか形をとどめていない。また倒壊を免れた建物でも、損傷はひどかった。官庁街や各会社のビルのほとんどが倒壊し焼失した。この瓦礫の山を埋め立てに使い、市民の憩いの場や観光名所として名高い山下公園ができた。横浜商業会議所の建物も倒壊焼失し、『横浜商業会議所月報』も完成していた八月号をすべて焼失してしまったため、約一年間休刊に追い込まれた。

当時横浜市内には多くの工場が稼働していた。工場施設はほぼ一〇〇パーセント焼失、壊滅した。例えば、現在筆者の住む保土ヶ谷区の富士瓦斯紡績保土ヶ谷工場ではレンガの壁が倒壊し、職工ら四五四人が亡くなるという大惨事になった。同社は震災一〇年に合わせて、受難者を弔うために地元の東光寺に建てた供養碑が現存している。

富士瓦斯紡績株式会社は、一八九六年に日比谷平左衛門が設立し、二年後から静岡県駿東郡の小山工場で操業を開始した。一九〇三年に神奈川県綴喜郡西谷村（現在の横浜市保土ヶ谷区西谷）に保土ヶ谷工場が建てられ、帷子川を利用しての染色作業を行っていた。品質は高く評価され、当時英国製の「スパンシルク」を圧倒していた。保土ヶ谷工場が壊滅したことにより、福井に染色工場を新設し、生産を続けた（『東洋経済新報 The Oriental Economist』October 1, 1923）。

横浜市内の交通網の被害が甚大だったので、震災からの復興は、現在に至る横浜の交通システムの原型を築くことになった。当時の陸上交通の中心的な役割を果たしていた鉄道、市電はほぼ壊滅した。

鉄道は、二代目横浜駅と桜木町駅の駅舎が消失した。鉄道省が東海道本線のルートを変更し、横浜駅を現在の場所に移設し、一九二八年に三代目の横浜駅が完成した。第二次世界大戦中、横浜大空襲にもかかわらず、横浜駅東口の駅舎は奇跡的に被害を受けなかった。ちなみに一九五二年に横浜駅周辺の土地接収が解除され、戦前から米国石油会社が所有していた横浜駅西口一帯の空き地は、神中《じんちゅう》鉄道を引き継いだ相模鉄道が譲り受けた。一九五六年に横浜駅名店街、一九五九年には高島屋を誘致して横浜初のターミナル百貨店を開業させた（老川慶喜『日本鉄道史』）。

また市民の身近な足になっていた市電の損害も大きかった。所有する一五三輛の半数以上が焼失または建物の倒壊により破壊された。線路も各所で寸断され、まったく機能しない状態になった。市電の動力源として電力を供給していた横浜電気局は、二つの変電所のほかに予備電源として高島町に火力発電所を持っていたが、倒壊しただけでなく、火災にも襲われ、壊滅的な打撃を受けた。電線も大火の高熱により、各地で寸断され、道路に垂れ下がり、避難民の通行の障害になった。

通信手段としての電話網も崩壊した。交通量が多く信号機が設置されていた馬車道や花崎橋などでは信号機が機能停止に陥った。市電の軌道も本牧と関内を結ぶ山手トンネルががけ崩れで入口が閉鎖されたほか、数多くの場所で寸断され、復旧のめどが立たなかった（横浜都市発展記念館編『激震、鉄道を襲う！』）。

横浜財界が最も衝撃を受けたのは、横浜の誇る港湾施設が壊滅し、横浜の輸出総額の七〇パーセント以上を占めていた生糸貿易が停止したことであった。いかにひどい状況であったかについて、横浜市中区に本社を置く大手港湾運輸業者の宇徳運輸株式会社（現在の株式会社宇徳）の社史によれば、「横浜中心部は、江戸時代後期以来の埋め立て地にあり、またそれを取り囲む地域の多くは台地の造成地であり、地盤が軟弱で、まず激震による第一次災害が甚大であった。居留地の面影を残した洋館は一斉に倒壊し、一瞬のうちに廃墟と化した。港湾施設も致命的な打撃を受けた。岸壁のほとんどが崩れ落ち、港を取りまく防波堤は海中に沈下して、突端の灯台も水没して見えなくなるほどであった。税関をはじめとした港内設備も火災などで大きな被害を受けた」（宇徳運輸社史編纂委員会編『宇徳運輸百年史』）。

図2-1からわかるように、横浜は日本の生糸輸出を一手に取り扱ってきた。当時生糸は、日本の輸出の約二〇パーセントを占める最も重要な輸出品であった。震災により、焼失した生糸の数量は、合計五万五六〇〇梱《こり》にも及び、横浜市内在貨数量の約八四パーセントに当たり、損失金額も約六二〇〇万円に達した。蚕糸業者は資金難に陥り、次々と廃業せざるを得なくなった。加えて、大蔵省の調査によれば、横浜市内の四二の銀行の本支店のうち三八の本支店が焼失または倒壊したことにより金融が麻痺し、相当数の商取引が連鎖的に停止となり、横浜の経済界全体が大混乱に陥った。とくに横浜港の機能停止は、横浜にとって死活問題となっただけでなく、日本の貿易全体の危機になった。

横浜財界にとって、緊急の課題はいかに早く港湾施設を復旧させ、生糸貿易を再開させるかであった。それだけでも大変な作業であるにもかかわらず、並行して横浜港の将来を左右する東京築港にかかわる折衝と神戸との生糸輸出に関する交渉を行わなければならなかった。

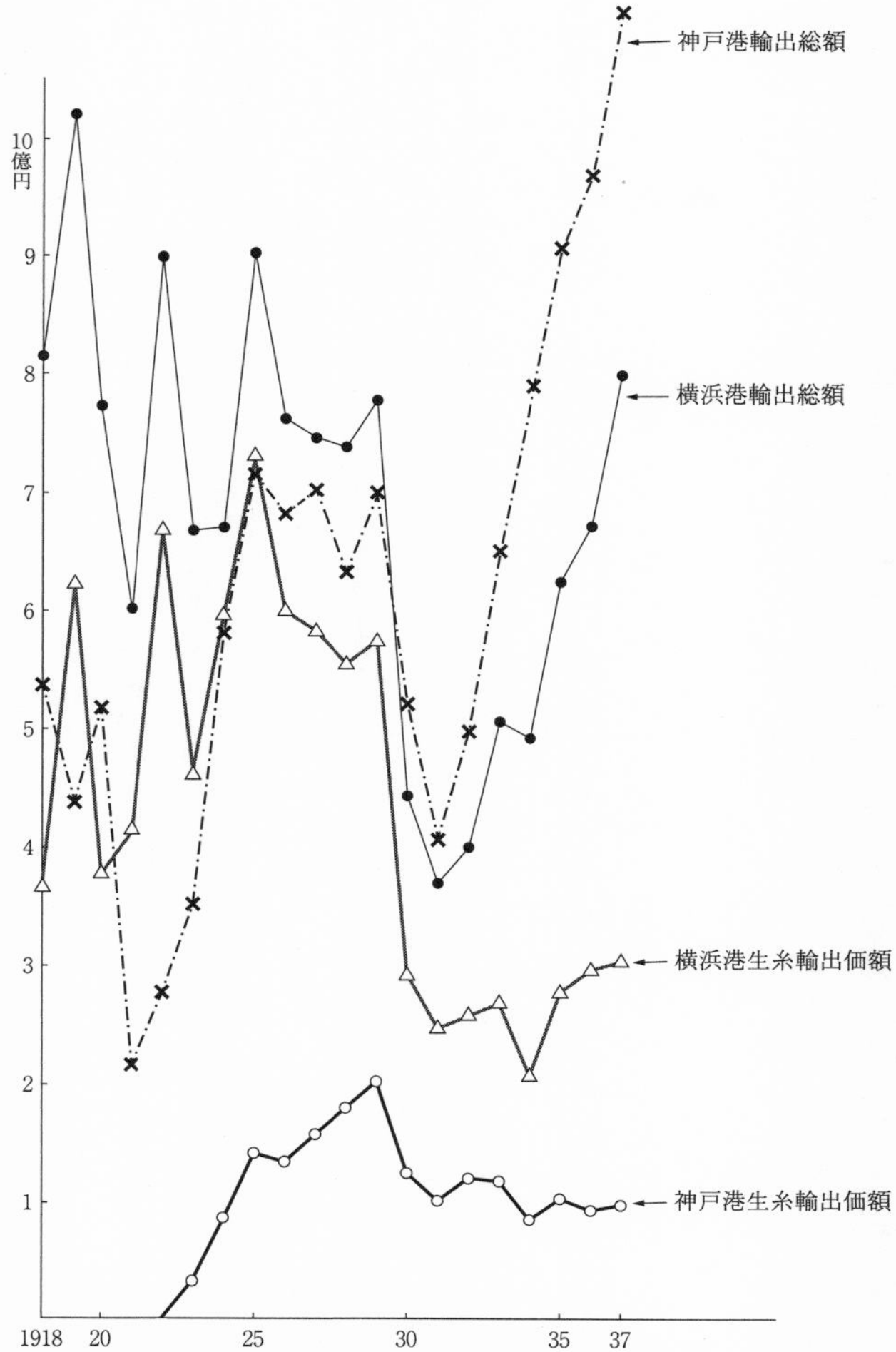

図 2-1　生糸輸出価額（横浜、神戸)。出典：大蔵省編『大日本外国貿易年表』『日本外国貿易年表』各年、神戸税関『神戸港外国貿易概況』各年、横浜市編『横浜市史』資料編二、日本貿易統計 1962 年により作成。白木沢旭児「関東大震災後の神戸港生糸輸出」(『歴史と神戸』第 32 巻第 3 号、1993 年 6 月）2 頁

†東京築港問題

関東大震災による横浜港の壊滅により、東京港の機能拡大が、首都復興案の中で議論されるようになり、横浜港の存立の危機となるのではないかという脅威論が高まった。まずは震災より前の東京築港をめぐる問題を見ておこう。

幕末の開港以来、幕府は外国船をできるだけ江戸には近づけないという方針をとった。したがって東京付近に外国船が接岸できるような港湾設備はまったくなかった。しかし徳川幕府が崩壊し、明治になり新首都となった東京では、次々と企業が設立され始め、東京への物資の輸送が活発になってきた。「東京築港論」は一八八一年から一八八五年ころまで、東京市を中心に議論されてきたが、その内容は、横浜港に代わって東京港を国際港として開港すべきというものであった。この時は横浜の猛反対に加えて、政府が横浜港重視政策をとったことと東京市の財政赤字から実現しなかった。

しかし東京の都市化の進展に伴い、海運需要は激増した。悩みの種であった財源については、東京市は埋め立て地を売却しながら捻出した。東京市営で東京湾に注ぐ隅田川口を整備するという考えのもと、一九〇六年二月六日付「隅田川口改良工事ノ儀ニ付東京築港調査常設委員会意見書」を受けて、東京市会では七月に工事費二六〇万円を採択した。これにより川口改良工事が開始された。これは実質上の東京築港の始まりであった。最初は、満潮時に四〇〇〜五〇〇トン級以下の小型帆船しか航行できなかった。一九一一年に開始された第二期工事により、航路幅員が拡大され、小船舶の停泊できる場所が設置された。

一九一七年に竣工した東京港は、第一次世界大戦に伴う海運好況でますます海運需要を高めることになった。実際、一〇〇〇トンから二〇〇〇トン程度の近海航路の船舶が、危険を冒して芝浦埋立地沖に集まり、荷主の輸送費節約の希望をかなえようとした。

東京市は、横浜港を煩わせている内航船を直接東京港に誘致して水運上、現在被っている不便を解消することを考えた。そこで六〇〇〇トン級の船舶が停泊できるようにし、荷役能力を三六〇万トンに引き上げるため、約一八〇〇万円をかけて工事に着工した。

それではなぜ東京市は財政赤字をかかえながらも第三期の拡張工事に踏み切ったのであろうか。その主因となった京浜間回漕の問題についてふれておこう。

一九二〇年一一月一二日、東京の貿易総会において、佐野善作（東京商科大学初代校長、現在の一橋大学）の「ロンドンから横浜までの運賃は、横浜港から東京港までの回漕費と同額なり」という発言がきっかけになり、回漕費の効率性を高めるために京浜間の回漕問題が俎上に載せられた。本格的な東京港築港要求が東京市と海運界から提出された。具体的には、次の四点であった（横浜港振興協会・横浜港史刊行委員会編『横浜港史　総論編』）。

一）毎年二月・八月前後の季節に、東北東の風浪により羽田沖で艀《はしけ》の事故が多発した（一九二〇年から一九二二年の二年間に、艀の沈没数は三八隻、衝突五件）

二）東京川口たまりの不備と及び六郷川による滞船が多いこと

三）横浜から芝浦までは七時間から一〇時間を要するため、五年に一度の回漕数は、三〇であり一か月六倍の三回程度に過ぎない

四）東京港に入る艀たまりと荷揚げ上の設備が悪く、荷役の活発を欠くこと及び荷揚げの設備が悪い

横浜港が玄関港と位置付けられてきた東京市は横浜の後背地であった。大震災前年の横浜港の内外貨物約八四〇〇万トンのうち、半分に相当する約四〇〇〇万トンは国内貨物で、残りの外国貨物の約七割が、東京への貨物であった。京浜間の貨物輸送の六割が艀による回漕であった。したがって京浜間回漕問題は東京への玄関港としての役割を十分に果たすことができるかどうかの鍵を握っているため、横浜にとっても看過できなかった。

これに対して横浜側も黙って見ていたわけではない。一九二〇年には横浜港第三期拡張工事が始まり、東京側の拡張工事に対抗した。横浜側は、東京市が第三期工事を完成した時には、すべての外国航路の寄港地を横浜から東京に移動させようと考えているのではないかと危惧したのであった。横浜側は本格的な東京築港に向けての工事を何とかとどまら

せようとして、財界や官界の有力者に働きかけを行い、政府への反対運動を強めていった。横浜としては、横浜港の拡張、整備を図り、この問題を解決して東京築港を不要なものにしたかったのである。

†京浜運河の開削

震災が発生する一九二三年一月の横浜市議会は、横浜港に諸施設を造り、発展させるために「横浜港調査会」を発足した。渡辺勝三郎市長を会長に据え、各政党の衆議院議員、内務、大蔵、逓信、鉄道、農商務、海軍など主要な省庁の幹部を一堂に集め、横浜がいかに東京築港問題を重視しているかを内外に知らしめるため、本格的に東京築港問題と京浜運河問題の検討に入った。まず、東京側が主張する京浜間回漕問題がいかに重要であるかを指摘し、東京側に同情するも、京浜運河の開削により、解決できると主張した。京浜運河は引き続き予算を取り工事を継続する必要を認め、横浜港の使命を奪って東京港に移すために莫大な費用を東京港に投資することの愚かさを強調した。

同委員会の方向が出たことを見計らい、一九二三年三月一日に第四六回帝国議会衆議院本会議でこの問題について横浜港の重要性を説き、横浜港の拡張と整備の推進を強調し、京浜運河開削の必要性を訴えた。この決議は本会議で採択されたので、京浜運河開削は実現の可能性を高め、東京築港の脅威は再小限に抑えることができると思われた。しかし関東大震災の発生により横浜港は壊滅し、横浜側のシナリオはもろくも崩れ去った。

震災発生直後から、後藤新平内相に率いられた帝都復興院は、震災復興計画の作成を急いだ。東京市は、横浜港の壊滅を理由として、東京築港を実現するように強力に陳情した。これに対して横浜側は、第三期拡張工事の再開と第四期拡張工事の開始および京浜運河開削により東京築港の必要はないとする「京浜運河開削意見書」を提出した。それによれば、東京と横浜が短期間に二大港を設置することは、国家的見地からも地方的な見地からもよい方法とは言えず、京浜運河開削を行うことこそ帝都復興を促進させる、と巻き返した。

これに対して帝都復興院は横浜港を帝都の外港とし、東京港を内港と位置づけ、横浜第三期拡張工事の再開、京浜運河の開削、東京築港すべてを震災復興計画に包括し、越年継続事業とし、予算額は総額七億円の全額国費を以て施工する案を決定した。この内容は、東京、横浜の両財界にとって好ましいものであった。

ところが第一章でも述べたように、横浜財界の望むような結果にはならなかった。一一月二二日の閣議では了承されたが、帝都復興審議会ではこの計画は総花的だと批判が相次ぎ、了承されなかった。さらに一二月一一日に開会した第四七回帝国議会でも、一九二四年度の政府の歳入欠陥が前年度に比べて約一億八〇〇〇万円も見込まれたことから、この案に対する批判が相次ぎ、京浜運河開削と東京築港はいずれも削除されてしまった。

しかし、震災の結果かえって帝都の都市化は進み、すでに東京市が今まで行ってきた東京築港への準備の実績が評価され、復興の対策上からも、東京築港と京浜運河開削は止められない流れになっていた。内務省も一九二四年五月には、部分的な東京築港と京浜運河開削を国費で実施する計画案をまとめるに至った。こうした状況を見て、横浜側は東京築港に反対するよりは横浜港の拡張と京浜運河開削を実現させ、東京・横浜両港の併存を図るほうが得策と考え、東京築港反対運動は沈静化した。

†浅野総一郎と京浜運河開削

その後、この問題はどのように進展したのであろうか。海浜開削の実施に熱心だった浅野総一郎の東京湾埋立会社と内務省・神奈川県との間で紛争が生じた。浅野総一郎（一八四八〜一九三〇）は越中国射水郡藪田村（現在の富山県氷見市）の出身で、二三歳で上京し、数々の仕事を経験したのち、薪炭商《しんたんしょう》を営みながら、セメントに目をつけた。渋沢栄一の支援と助言を受け、浅野セメントを創業、発展させ、日本のセメント王と呼ばれるようになった。その浅野が力を入れたのが、京浜運河開削であった。

一八九六年から一八九七年にかけて、欧米の港湾を視察した浅野は、欧米の港では大型船が直接岸壁に横付けし、船から鉄道へ電動式の機械で荷下ろしと積み込みが短時間のうちに行われていたことを学んだ。海外で優れた港湾設備を見学した浅野は、帰国後日本の港の貧弱な設備を見て欧米の港湾設備との落差の大きさに衝撃を受けた。東京湾内の港では水深が浅いため、大型船は岸壁まで近づけず、沖に停泊し艀が船取り口を往復して人や荷物を運んでいた。欧米に比べて作業効率は低く、これではとても競争できないと危機感を抱いた。

そこで浅野は、東京湾を埋め立てて臨海工業地帯を造成して、大型船が横付けできる埠頭を有する港を造り、船から陸揚げされた貨物は、埠頭の中まで引き込み線で入った貨車に積み込んで、鉄道を利用して各地に運搬するという大構想を建てた。一八九九年に品川の埋立計画を東京市に提出したが、あまりにも気宇壮大な構想に対して現実味がないとして許可されなかった。当時埋立といえば一万坪程度であったが、浅野の計画では一五〇万坪という桁違いの広さを考えていた。

しかし浅野はあきらめず、専門家の意見を聞き、より具体的な計画案を作成した。この内容に共感した安田善次郎が埋立の工費を負担すると浅野に約束した。安田善次郎（一八三八～一九二一）は、越中国富山藩の下級武士の子として生まれた。二〇歳で江戸へ出て、安田商店を設立し、乾物商と両替商から事業を発展させ、北海道の釧路炭田をはじめ、幅広く金融業、不動産売買を手掛け、安田財閥の祖といわれる大富豪になった。同郷の浅野の開拓事業を真っ先に支援することに決めたことが、渋沢栄一や大倉喜八郎らを浅野の支援に導いた。

一九一二年に鶴見埋立組合（現在の東亜建設工業）を設立し、鶴見川崎沖に一五〇万坪の埋立を行う計画案に神奈川県から認可を取り付け、約一五年かけて一九二八年に完成させた。安田は一九二一年に暗殺され、完成した姿を見ることはできなかった。

その後は浅野セメント工業、日本鋼管、旭硝子、浅野造船所、浅野製鉄所、石川島操船所、ライジングサン石油などに次々と埋立地を売却した。これが京浜工業地帯の礎になった。この工事途中で大震災が発生したが、埋立地の工場被害はそれほど大きくなかった。

浅野総一郎の東京湾埋立会社と内務省・神奈川県との間で、運河の性格、役割、事業主体の在り方をめぐって紛争が生じたが、一九三一年に満州事変が勃発し、軍需産業を中心とする重化学工業の発展が国策となったため、政府内務省は、国・公営と市営との特質を比較検討した結果、国の方針として京浜運河開削と埋立地造成を、東京・神奈川両府県が政府助成の下に行うことに決定した（「内務省ノ方針」一九三六年一二月九日）。

このため浅野や東京埋立会社の株主たちの事業の目的が京浜間の交通改善から工業港の造成に変更されたのであった。

†日本の生糸産業史

震災後の横浜と神戸との対立に入る前に、日本の製糸産業の歴史を簡単に振り返っておきたい。弥生時代に中国大陸から伝わったといわれる養蚕業であるが、江戸時代まではなかなか国産ではよい蚕糸は作ることができず、中国からの輸入に頼っていた。徳川時代になると幕府が養蚕を奨励したこともあり、各藩も殖産事業として力を入れた。このため民間で様々な養蚕技術書が出版され、技術が飛躍的に進歩した。上垣守国『養蚕秘録』、中村善右衛門『蚕当計秘訣』などである。特に中村の考案した「蚕当計」は当時の新技術といえる体温計から作られたもので、これにより、今まで勘に頼っていた温度管理を安定させることができるようになった。技術革新と品質改良により、幕末の開国期には中国の輸入品と変わらぬ生糸が作れるようになっていた。

養蚕業は農家にとって米作以外の収入源であった。皇室も養蚕には深くかかわっていた。一九世紀から二〇世紀半ばまでの日本の最大の輸出品は、生糸であった。慢性的な貿易赤字の中で、生糸貿易は貴重な外貨収入源であった。明治政府が悩んだのは、外国商人に買いたたかれ、価格を下げるために生糸が粗製乱造され、フランスやイタリアに比べて品質の面で著しく劣っていたことであった。これを放置すれば海外からの信用をなくすことが危惧された。このため政府みずから模範となる製糸場を立てることにし、大蔵少輔の伊藤博文と租税正の渋沢が担当となった。

一八七二年、フランス人技師ポール・ブリューナを雇い、養蚕業の盛んな群馬県に官営の製糸工場を設立した。ポール・ブリューナ（Paul Brunat、一八四〇〜一九〇八）は、蚕糸業が盛んなフランスドローム県ブール・ド・ペアージュで生まれ、リヨンの絹問屋に勤務した。当時リヨンはフランスにおける絹織物の中心地である商業都市であった。後年横浜正金銀行もリヨンに支店を置くほどであった。その後同地のリリアンタール商会に移り、一八六六年同社の横浜支店に派遣され、横浜の居留地内の事務所に勤務し始めた。

日本が製糸工場の建設を検討し始めると、ブリューナは一八七〇年から候補地の視察のため、良質の繭糸の生産地に近い関東北部や長野を廻り、その結果富岡を建設地として選んだ。その理由は交通の便が良く、広大な工場用地が確保でき、動力源の石炭と水が豊富であること、建材の石材が入手しやすいなどであった。渋沢栄一が論語の手ほどきを受けた恩師でかつ義兄（妻千代の兄）尾高惇忠が、勧農局から富岡製糸場長になり、製糸場の建設、女工の募集、技術移転などを行った。尾高の下で、実務を担当したのが、尾高家に仕えていた韮崎二三郎であった。大局的な視点から細かいところにまで目が行き届く渋沢、教育指導を得意とする尾高、実務能力にたけた韮崎のチームはうまく機能した。

富岡製糸場は当時、世界でも有数の大規模な工場で、全国から数百人の女工を募集した。当初はなかなか女工が集まらなかったが、尾高の娘までも女工に加わり、やっと操業に必要な人数が確保された。彼女たちは泊まり込みで繰糸の方法を学び、女工のリーダーとして各地の製糸工場に繰糸方法を伝授する役割を果たした。

明治期になると養蚕は最盛期を迎え、良質の生糸を大量に輸出した。当時日本の貿易は輸入が輸出をはるかに上回っていた。日本からの輸出品は、生糸、茶、陶磁器、海藻類などであったが、生糸は最も多かった。養蚕業は、明治政府の掲げた国家目標である「富国強兵と殖産興業」の中心的な産業であり、外貨を獲得できる数少ない商品となった。

さらに養蚕業の盛んなヨーロッパで蚕の伝染病が流行し、養蚕業が壊滅したという事情も重なり、二〇世紀転換期には、日本は中国を抜き、世界一の生糸輸出国になった。一九一七年には『大日本蚕業家名鑑』(扶桑社)も刊行された。同書によると、養蚕の産地には、南東北、北関東、甲信地方、南九州などがあった。繭の集散地として、山形県鶴岡市、福島県梁川町、埼玉県深谷市と熊谷市、富山県富山市八尾町、長野県上田市、愛知県豊橋市、京都府綾部市は蚕都とよばれていた。

その生糸輸出を一手に担ってきたのが横浜港であった。ところが一九二三年の震災により、横浜港が壊滅し、復興のめどは立ちそうもないとの情報を受け、全国の養蚕業者はかって生糸輸出を手掛けたことのある神戸港からの輸出を希望する声が高まった。

†横浜の対応

これに対して横浜財界の対応は早かった。九月一〇日三井物産横浜支店内で「横浜貿易復興会」が立ち上げられ横浜の生糸商原富太郎が理事長に就任した。原富太郎（一八六八〜一九三九）は美濃国厚見郡佐波村（現在の岐阜県柳津町佐波）出身。東京専門学校（現在の早稲田大学）卒業後跡見女学校で教師を務めた。横浜の豪商原善三郎の孫娘と結婚し、原家に入り絹の貿易を拡大させた。

原合名会社社長となった生糸業者原富太郎は、一九〇二年、原に経営権が移管された富岡製糸場を中心とした製糸工場を各地に持ち、製糸業を日本一の輸出産業に育成するために尽力した。また一九一五年には帝国蚕糸の社長に就任し、井坂孝らと横浜財界を牽引した。一九二〇年には横浜興信銀行（現在の横浜銀行）頭取に就任、横浜財界の中心的な人物であった。美術品の収集家や茶人としても知られていた。五〇〇〇点を超えるコレクションは没後に美術館や個人収集家に分散した。また、横浜に三溪園を建設したことでも有名である。一九〇六年に横浜本牧に開園された三溪園は岡倉天心、夏目漱石、インドの詩人タゴール、和辻哲郎なども来訪した。

原は震災後の生糸貿易に関して情勢分析をした結果、次のような決意表明を行った。「もし横浜貿易の生命とする生糸を今回の惨害によって他の都市に先んじられ、我々がこれに追従せねばならぬことになっては面目丸つぶれである。横浜港が開港以来六〇年以上かけて蓄積した経験や知識は金力や一時の便宜によって求められるべきものではない。横浜蚕糸貿易の復興を天下に向かって声明発表すべく、奮闘努力することが最大急務である。今後一週間後の九月一七日には市場を開始することを天下に声明します」と（河合清編『横浜生糸貿易復興録』志留久社、一九二六年と、藤本實也『原三溪翁伝』思文閣出版、二〇〇九年）。

横浜商業会議所会頭の井坂孝は震災の日、郷里の水戸へ墓参で帰省していた。井坂孝（一八七〇〜一九四九）は、常陸国茨城郡水戸（現在の茨城県水戸市）で水戸藩士の三男として生まれた。東京帝国大学法科を卒業し、東洋汽船に入社した。その後横浜海上火災保険の社長を務めたのち、経営破綻した七十四銀行の整理を行い、横浜興信銀行を設立しその頭取となった。一九二一年四月に横浜商業会議所第八代会頭に就任し、関東大震災への対応にあたることになった。

震災後、井坂は横浜への帰路の途中で大蔵省を訪ね、井上準之助蔵相と面談した。井上と井坂は、東京帝国大学時代の同級生で、寮生活を共にした。井上は横浜正金銀行の頭取を務めたこともあり、井坂とは公私ともに旧知の仲であった。井坂は井上から横浜援助の約束を取り付けた。井上蔵相は、現在横浜を生かす唯一の方法は、生糸貿易の復活である。横浜がすぐにこの措置を行うために、児玉謙次横浜正金銀行頭取と金融と為替の応急手当に関して協議のうえ、政府として最大最高の援助を与え、できるだけ早く生糸貿易の復活を行えるようにする意向だ、と井坂に明言した。

生糸貿易の復活の中心となって動くことになる復興会は、生糸売込よりも輸出再開に重きを置くという趣旨から輸出商を重視した。輸出商から井上治兵衛（三井物産）、佐藤永孝（横浜製糸会社）、日置保彦（日本綿花）、堀音吉（江商会社）が、売込商としては横浜商業会議所館員の中から渡辺文七（蚕糸貿易商組合長）、若尾幾造、渋沢義一、小野哲郎が選ばれた（『横浜商工会議所百年史』）。

†神戸の対応

神戸側の対応も早かった。九月三日、大阪商業会議所で大震災への対応について、京阪神三商業会議所連合会を開催した。会議では、緊急策として消極策と積極策の二つが決められた。消極策とは取引及びそれに伴う手形の関係をいかに処理するかであった。政府の方針が明らかではない段階では、債権の取り立てなどの金融取引については、取引関係者に対してできるだけ寛大な処置を行うことなどが話し合われた。しかし神戸としては京浜地区と関係の深い企業が多くないので、京都、大阪とは別に独自の対応を行うことになった(「神戸又新日報」九月四日付)。

神戸にとって最大の関心事は、この際神戸港での生糸輸出を横浜の代わりに行うことであった。すでに生糸貿易の再開へ向けて準備していたため、神戸商業会議所は九月五日に緊急総会を開き、横浜港に代わって「代理輸出」することを可決し、生糸貿易に関する秘密協議を開催して対策を練っていた。

それでは神戸は生糸輸出とどのような関係を持っていたのであろうか。神戸の生糸輸出の歴史に少し触れておきたい。幕末に五つの開港地に選ばれた兵庫港は一八七二年に神戸港と改称された。その神戸は、明治期に生糸輸出を行い、横浜と同時期に生糸検査場が設けられた。しかしいくつかの不祥事が起こり、生糸輸出は中断していた。神戸港では、西日本の製糸業の発達を背景に、神戸生糸市場を再開すべきという動きが第一次世界大戦後から出始めていた。いわゆる生糸輸出港として、横浜と神戸が行うという「横浜・神戸二大港制」(以下「二港制」)であった。一九二一年三月には、神戸生糸貿易促進同盟会が結成され、神戸港での生糸輸出再開へ向けての準備として、神戸市立の生糸検査所設置、問屋業を営む生糸会社設立運動が盛んになってきていた。

こうした流れの中で、突如発生したのが、関東大震災による横浜の壊滅であった。神戸財界は、神戸港からの生糸輸出を各方面に強く要請した。これに応えて神戸市議会は、九月一五日に「市立生糸検査所条例」と検査所を設立するための追加予算を可決した。生糸検査所ができるまでの間は、京都府立検査所と福井県立検査所へ生糸検査に必要な機械類の借り入れを申し込んだ。

神戸側から見れば、震災による横浜港の壊滅と生糸輸出の停止は、長年の希望であった「二港制」へ移行する絶好の機会になった。しかし火事場泥棒という批判を考慮して、臨時輸出港として準備を進めたが、横浜側はこれに猛反発した。さっそく神戸からの出荷を考え出した製糸家を横浜港につなぎとめるための措置をとった。まず横浜の売込商が分担して遊説員を全国に派遣した。

九月一四日、多くの生糸産地は、横浜の代わりに神戸からの積み出しを政府や各府県に要請した。長野県知事は、兵庫県知事と神戸商業会議所会頭宛てに、生糸貿易取引の事業開始計画を進行させることが急務であるとの電報を打った。こうした産地の後押しを得た神戸商業会議所は、横浜商業会議所に対して、今回の震災に対しては深く同情するが、この大災害のために日本の重要輸出製品である生糸貿易の前途が憂慮される。この際、神戸商業会議所は救済に尽力するため、連日の熟議を重ね、阪神輸出業者有志の賛同を得たので、神戸港から当分の間、生糸輸出の道を開き、貿易の途絶を防ぐために奔走する覚悟であるから、横浜商業会議所においても、国家産業という大局から考えて、一時的に神戸港から生糸を輸出することに賛同してもらいたい、という趣旨の所信を送った(『神戸商工会議所百年史』)。

†横浜と神戸の駆け引き

これに対して、横浜商業会議所を含め横浜経済界はまったく相いれないとして拒絶した。横浜側としては、もしこの神戸側の意向を受け入れてしまえば、神戸港からの生糸輸出を認めることになり、ひいては今まで築いてきた「生糸輸出一港体制」(以下「一港制」)という横浜の独占が崩れてしまうと考えたのである。一〇月一〇日に、井坂会頭と原貿易復興会理事長の二人が、震災救助のお礼のために神戸商業会議所を訪問し、神戸の財界リーダーと面談しようと試みた。しかし神戸側は多忙を理由に面会しなかった。横浜の生糸一港論は政府の支援を受けていたが、神戸側の生糸二港論とは鋭く対立していたのである。

とにかく横浜は生糸輸出の再開を急ぐために、港湾機能の修復を最優先した。生糸貿易再開には、港湾施設だけでなく、生糸倉庫の確保、交通機関の復旧、海外市場と国内生産地との通信網の再建など物的条件の整備と生糸金融への特別な配慮が当面不可欠であった。

加えて、生糸検査所の再建、消失生糸損失負担問題の処理、清算取引市場の再開も併せてすぐに行わなければならなかった。

まず港湾機能に関しては、本船接岸よりも小回りの利く艀荷役による積み出しはすぐに可能になった。生糸倉庫に関しては、焼失を免れた第二号保税倉庫を生糸専用に利用できるように借り受け、五万梱《こり》程度の収容能力を確保することができた。梱は、日本の綿糸取引の単位である。一梱は約一八一キログラムにあたる。次は生糸産地からの輸送路の確保であった。鉄道は東海道線をはじめ、復旧の目途が立たないので、それまでは、静岡県の清水港から横浜港へ船舶で輸送体制がとられた。長野の生糸は上信越線の復旧まで、損害が軽微であった中央線経由で名古屋駅へ運び、江尻駅から清水港を経て横浜へ輸送された。

通信はどのような状態にあったのか。一時的に通信手段は無線を除き、完全に寸断され、全国各地では横浜の被害状況が把握できなかった。だが徐々に通信手段も復活するようになった。桜木町駅前に郵便局がバラックで急増するとともに、横浜貿易振興会の中にも分室が設置された。海外通信は一商社一通信に限られたが、海外との連絡が可能になった。九月二二日からは最大の輸出市場の米国宛て通信は無制限扱いになった。

金融面の措置も同時に施行された。生糸金融面では、九月一二日以降、日本銀行と横浜正金銀行の生糸担保価格が、一梱六〇〇〇円から八〇〇〇円に引き上げられ、九月二〇日には、両行間の協定で、正金銀行が生糸問屋に対して発行する信用状に基づいて製糸業者が振り出した荷為替を地方銀行が割引した場合には、日本銀行は必要に応じてその荷為替手形を再割引する、という体制が整ったのである。

加えて神戸出荷を考え始めた生糸輸出商を横浜港につなぎとめるために、各売込商が分担して全国各地を回り、九月一四日には、九月一七日より市場を再開する旨を全国の製糸業者に通知した。

いち早く港湾業務の復旧への準備を行っていた宇徳運輸は、九月一六日には三井物産の船積所での東洋汽船春洋丸への震災後最初の生糸の積み込みを行った。東洋汽船は別の船内荷役業者（ステベ）が行うことになっていたが、震災でどこに避難しているか不明なため、三井物産の依頼を受けて代行した。同社の艀を利用して荷役の仕事を完遂した。

船積みの時には、三井物産横浜支店長や同社幹部がワッチマンを行い、着剣した陸軍兵士が作業中の監視を行うという物々しさであった。ワッチマンとは、密入国者のような外部からの乗船者や船内でのトラブルなどに注意し、時には船長や警察に連絡したりする業務を指す。通常は代理店が警備会社に依頼して行うが、震災後の緊急時であったため、三井物産の支店長以下自社社員が自ら行ったのである。この宇徳運輸の仕事ぶりは三井物産から絶賛されたという（『宇徳運輸百年史』）。

このように各企業は震災からの復旧復興に協力しながら、自らの営業開始に向けて準備を急いだ。製油所からの油流出により、湾内は火の海となり、宇徳運輸は保有している艀船、曳船、交通線の三分の一を焼失するという被害を受けた。焼失した本社ビルの再建や艀船の調達など一日も早く営業開始に向けて間髪を入れず手を打たなければならなかった。そこで、三井物産から特別融資を得て、玉造造船所、浦賀ドック、浅野造船所に発注して、鋼鉄製の艀船四六隻と一一四〇トンオイルバージ（船に油を補給する船）を新造した。震災後初の生糸積み出しで三井物産の評価を高めたことが大きかったと思われる。

これが鋼鉄艀船の先鞭をつけることになっただけでなく、艀船の絶対量が不足していた業界に貢献した。こうして宇徳運輸は、多くの会社が再建のめどが立たない中で、三井物産の援助を受けて、業界で優位な立場を維持することができ、自社再建も軌道に乗り、翌年九月には資本金を二〇万円に、二年後の五月には一〇〇万円に増資した。

震災直後、宇徳運輸は急ごしらえのバラックの建物を本社としていたが、東京新橋に鉄筋コンクリート建て五階の本社ビルを、横浜弁天通りには鉄筋コンクリート建て三階のビルを一九二九年に再建した。横浜の弁録ビルの設計は、ホテル・ニューグランドや上野の国立博物館、銀座四丁目の和光、占領期にＧＨＱの司令部が置かれた日比谷の第一生命ビルなどの設計を手掛けた渡辺仁が行った。

九月一七日午後には、急ごしらえのバラック建築内市場で、震災後最初の生糸の市場取引が行われた。震災前より高値ではあったが、三万三五〇〇トンの生糸の売買が実施された。さらに一九日には、横浜は蚕糸業者に対して圧力をかけた。つまり、もし今後名義を変えても、海外進出を目的とする生糸およびくず糸の販売または輸出行為およびその幇助を、ほかの市場または港湾において行った者には対しては、本組合員は永久絶対に取引を謝絶することという強硬な警鐘を鳴らした。

これは、神戸での出荷を牽制すると同時に、輸出商社の神戸での取引開始を阻止するためであった。さらに一〇月八日には、原と井坂が大阪と神戸に出かけ、日本綿花、江商、鈴木商店など神戸港からの輸出に傾きかけた商社に対し、横浜復興のため生糸貿易は横浜一港という従来の路線に協力するように依頼した。

当初の予想よりもかなり早く横浜港の機能が回復したことと原・井坂をはじめとする横浜商業会議所と横浜生糸貿易復興会の強い働きかけにより、状況に変化が現れ始めた。関西では鈴木商店を除いて、大手輸出商は神戸港利用の方針を変更し、神戸での生糸買い付けを手控えた(『横浜商業会議所百年史』)。

†揺れ動く政府の立場

一方政府はどのように対応したのであろうか。もともと政府は横浜一港論を支持していたので、その方針を変えず、農商務省は横浜生糸検査所復旧のために、神戸市が依頼したのと同じように京都や福井検査所からの機器借り入れを計画した。このため農商務省と神戸市が対立することとなった。神戸側はすでに京都と福井検査所とは借り入れの契約済みであるとの立場を貫いたが、農商務省は監督官庁の立場を強調して、京都検査所の神戸市への検査機器貸与を認めなかった。これに対して、神戸市長、同市議会議長、神戸商業会議所会頭が上京して交渉を行ったが、田健次郎農商務大臣が、神戸の対応を「火事場泥棒」と批判したことが神戸側を逆なでして、大激論になった。

神戸側は、農商務省の反対にもかかわらず着々と生糸輸出港への体制作りを進めた。一〇月二五日の蚕糸業同業組合中央大会でも、田大臣の一〇月三〇日の発言が問題となった。「東京日日新聞」によれば、田農相は、「あくまで横浜の復旧に努める方針」とし、「たとえ神戸港に生糸輸出の私的設備が完成しても政府では横浜以外に生糸輸出港は絶対に認めることはできない」と神戸を生糸輸出港にすることを否認するという内容であった。この発言は物議をかもした。

一一月七日から始まった蚕糸同業組合中央会の養蚕、蚕糸業者で構成する第一、第二部会では、田農商相の発言と横浜側の一港論に固執する態度に、京都の平野吉左衛門が、

「横浜は旧套を脱せず取引は久しきの因習をもって行い其改善は遅々たるは一港主義のはなはだしきものである」と説明し、神戸を生糸輸出港とする決議案を緊急動議として提出した。これに対して群馬の桑島定助は反対意見を述べたが、長野の馬場蔵次や広島の広瀬定太郎、福島の富田勘之介らの蚕糸業者が平野の意見に賛成することを次々と表明した。両部会全体としては賛成意見が多く、決議案は可決された。

ところが、第三部会の横浜生糸問屋はこの決議に反発し、もう一つの頭の痛い問題である焼失生糸保障問題を絡めてこの決議案を撤回させようと動きだした。このため、蚕糸同業組合中央会は、第一、第二部会で可決された決議案は総会に提出するが、論議は保留するという折衷案で何とか事態を収拾した。翌日の本会議では、平野から説明があったことにとどめて二港制問題は保留とされた。

ここからわかるように横浜の「一港制」への執着にはすさまじいものがあり、政府もそれを認めていたが、全国の蚕糸業者の多数は、「二港制」を支持していた。「一港制」か「二港制」かという対立は各新聞が注目した。横浜では「貿易新報」(現在の「神奈川新聞」)、神戸では「神戸新聞」や「神戸又新《ゆうしん》日報」も連日この問題を大きく取り上げ、事態の進展を詳細に伝えた。神戸側は、震災前から関西の蚕糸業者から強い要望があったが、田農商相の発言のように批判されることを避けるため、今回の要望は決して火事場泥棒ではないと積極的に動きながらも慎重な発言を繰り返した。そのうちに横浜の独占的な立場を誇示した「一港制」に対して、各地で不満がたまってきた。

例えば、一〇月二八日付「神戸又新日報」によれば、郡是（現在のグンゼ）の筒井直太郎が、全国蚕糸業者が集まって協議したうえで、生糸二港制をとり、神戸港を生糸輸出港として認めるべきという意見を出したが、政府は神戸港を生糸の輸出の「一般指定港」としないという。いったい「一般指定港」とは何を指すのか。そもそもどこの港から輸出するかは、製糸業者の自由意思によるものであって、政府が指定するというのはおかしいのではないかと疑問を呈したことが掲載されている。また信州諏訪の製糸業者は横浜「一港制」の独占的な立場に不信感を募らせていた。「神戸又新日報」や「神戸新聞」には、連日神戸港での生糸輸出に関して多方面の意見を掲載して、生糸輸出二港論の正当性を喚起した。

横浜の「生糸一港制」に対して地方の製糸家、養蚕家の多数は、神戸側の「二港制」を支持していたことが明らかになってきた。全国の養蚕業者の多数に、「一港制」への不満と「二港制」への根強い支持があることを知り、政府は姿勢を変化させてゆく。

一一月に入ると農商務省は、新たな条件を提示した。その内容は京都府立生糸検査所の新鋭機器を横浜生糸検査所に貸与することと、福井県立生糸検査所の機器を借り入れることを神戸市が認めた場合には、神戸市立生糸検査所を開設することを許可する、というものであった。工場側はその条件を受け入れ、一九二四年一月に生糸検査を開始した。

神戸側はさらに攻勢を強めた。神戸生糸輸出会社の設立計画を進め、三月の関西製糸業者大会で、神戸港からの生糸輸出を拡大させる方針を確認した。これにより、大手輸出商社の三井物産、日本綿花などは証券を確保するため、神戸で買い付けをする必要に迫られ、新しく生産された生糸から神戸での取引を開始することになった。

こうした動きに対して、横浜側は有効な対抗策を打ち出すことができなかった。それは、先にも触れたように、震災で焼失した生糸約五万五六〇〇梱の損害をどのように負担するかをめぐり関係者の協議の動向が絡んでいたからであった。横浜は、製糸業者の要求を全面的には承認することができなかったため、蚕糸業者を横浜「一港制」につなぎとめることは困難だった。

ついに一九二四年から神戸港は生糸輸出港に復帰することができた。こうして横浜の独占体制は崩れたわけである。一九二八年からは生糸清算取引も神戸で開始された。清算取引とは、決済期日に実物と代金受け渡しをすることによって決済することもできるが、それまでに反対取引を行い、その差金の授受によって決済することができる取引を指す。反対取引とは証券用語で信用取引や先物取引において、購入していた銘柄を売却しなければならない期日、または売却していた銘柄を購入しなければならない期日が迫っている時に、その期日までに、反対の売買を行わなくてはならないことを指す。

商工省も神戸側の申請に対して時期尚早という態度を取っていたが、一九二七年頃から認可を検討するように変わった。これを知った横浜側は反発し、横浜商工会議所（一九二八年商工会議所法の成立により改称）は、首相と商工・農林両大臣に神戸での生糸清算取引開始の反対を陳情した。しかし商工省は予定通り株式会社神戸取引所の蚕糸上場に対する申請を認可した。

これに対して、横浜側は猛反発し、商工大臣の態度は、「国家の重要産業を全然無視せる盲断」と激しく抗議した。横浜側の抗議も商工省の態度を変えることはできず、一九二八年四月に神戸取引所は正式に蚕糸上場の認可を受け、同年一二月から清算取引を開始した。横浜の清算取引市場における独占体制も崩れ、生糸取引は、実物、清算ともに横浜・神戸二か所で行われることになった。

この決定に対して、神戸の生糸売込商は念願がかなったとして喜んだ。神栄《しんえい》株式会社の対応を見てみよう。神栄会社は、一八八七年五月、姫路で三十八国立銀行の伊藤長次郎や岡崎藤吉などの幹部が中心となり、資本金一五万円で有限会社として創設した。その目的は横浜に独占されていた生糸市場を神戸に開くためであった。一八九三年に株式会社となり、一九一五年には貿易部を設置し、繊維、雑貨などの輸出を開始した。震災で横浜支店の店舗と倉庫が全焼した。このため売込問屋が抱えていた膨大な生糸の財貨が焼失した。九月九日に横浜支店を救護するために汽船以智丸を特派したが、焼失した生糸の在庫や支店の再建などに四苦八苦していた。しかし同社が待望していた神戸生糸市場が開設されることになり、息を吹き返すことができた（神栄一〇〇年史編纂委員会編『神栄百年史』）。

神戸にとっての朗報は、横浜側にとっては厳しい宣告となった。一九二〇年から一九三六年までの横浜港と神戸港の貿易動向をみると、図2-1（八三頁）のように横浜港のピークは震災前の一九二二年（大正一一）で、全国の貿易額に占める横浜の割合は約四三パーセントにまで達したが、大震災後には三三パーセントにまで低下した。さらに昭和恐慌期には二五パーセントにまで下がってしまった。

一九二〇年の反動不況と昭和恐慌からの回復速度も、全国平均より横浜は下回っていることが分かる。震災と大恐慌という二度の低下が影響しているといえよう。『神奈川県史通史編7　近代・現代（4）』（神奈川県県民部県史編集室編、一九八二年）の分析に従えば、横浜の輸出額が全国の輸出額に占める割合が低下する現象は、様々な輸出入品でも見られたが、生糸・絹織物の輸出が神戸に移流したことが最も大きな原因だということになる。

†横浜復興対策

震災直後から約三か月間に政府、東京、神戸との困難な交渉を行いながら生糸貿易や震災手形の発行など緊急を要する課題に取り組んだ横浜財界は、翌一九二四年になると、より長期的な横浜復興の対策に乗り出した。

四月一一日付で神奈川県産業部から諮問を受けた「大正十二年来る商工業及び海外貿易業の復旧其の他右に関する震災善後策として施設したる事項」への答申を井坂孝横浜商業会議所会頭名で五月三日に行った(「震災後貿易状況答申」『横浜商業会議所百年史』)。そのなかで、井坂はすでに実行したこととして、港湾復旧、生糸貿易の復活、横浜市復興、桜木町駅復旧と臨時市場開設などに触れた後、横浜復興対策を金融、商業、港湾行政の統一、工業、運輸交通に分類して、横浜商業会議所の復興具体策を表明した。

その中で、最も緊急としたのが、「商品陳列所」の設置であった。商品陳列所は、文字通り、各種商品を並べ、観覧させる建物であった。明治期に内外商品を陳列し、全国の商業者に公開し、商品知識を高めさせるとともに商人間の情報交換の場ともなった。すでに一九一二年頃から提唱してきた念願の構想であった。震災復興の方策としては数多くある中で、なぜ商品陳列所の設置をそれほど急いだのだろうか。その理由について、日本の貿易の首都である横浜市に商品陳列所がないので、「商工業者は外国における嗜好、流行等を研究する資料に乏しく、また内地生産品を外来人に紹介するの（ママ）機関なく、僅かに各商店による部分的見本を唯一の頼みとして取引し居たる次第に候」と記されている（同前）。

さらに横浜商業会議所は、震災後の状況を心配し、対応策を発表した。それによると、各商店による見本取引すら行えない状況になり、貿易取引の推進に支障をきたしている状態にある。ついては今後の復興策の第一に、この欠陥を補うために商品見本陳列、貿易品の改良を目的とする研究所、商品即売所の三つを兼ねた商品陳列所を至急設けてほしい。本来ならばこうした設備は、ほかの都市の例を見てもわかるように国が行うべきであるが、国家財政が苦しいなか、他方で、緊急を要する課題であるので、こうした横浜市民の衆知・衆力を集めて最善を尽くすという原則にのっとり、横浜商業会議所が折衝の任を引き受け、応急の計画を立てる。その予算は一〇万円として、国・県・市各々より二万円の補助を得て、ほかは一般の寄付金を充てる、と提言した。商品陳列所は市内の弁天通から吉田町にかけての敷地面積三〇〇坪、建坪二〇五坪の二階建ての建物が考案された。

あくまでも横浜財界は指導力を発揮して、自らが中心となり、横浜経済の復興を目指したことが分かる。

†震災手形救済問題

復興策は着々と実施されていったが、他方で、震災手形の整理が緊急な課題として浮上してきた。震災手形とは、大震災直後の一九二三年一〇月から政府が応急のモラトリアム解除後の措置として行った特別割引手形のことである。勅令第四二四号によれば、震災地では、震災当時の商業手形に対して、政府が日本銀行の損失一億円まで、保証するという内容であった。つまり震災発生時に市中銀行の手持ち約束手形を、振出人や引受人の自由意思によって勅令に基づき、新規書き換えをし、再建債務の関係を継続させたのであった。当初、この勅令の有効期間は満一年間であったが、議会が開かれるたびに延期された。しかしいつまでも引き延ばしはできず、一九二七年九月末日でその効力を失うことになり、震災手形をどう処理するかが緊急の課題になってきた。

横浜商業会議所は、震災手形の返済に失敗すれば、多くの企業が大打撃を受け、目途がみえてきた復興が根底から崩れてしまうことを恐れた。さっそく京浜経済五団体は政府に陳情書を送った。ちなみに京浜五経済団体とは、横浜商業会議所、横浜実業組合連合会、横浜輸出協会、東京実業組合連合会、東京商業会議所のことである。その中には詳しい具体策も盛り込まれていた。こうした京浜経済界の尽力が実を結び、一九二七年一月二六日に「震災手形損失補償公債法案および震災手形善後処理に関する法律案」を議会に提出し、衆議院、貴族院両院で無事に可決された。

そこで京浜五経済団体は、さらに大蔵大臣に宛てて、建議書を提出した。その内容は、震災手形の善後処理法は手形諸事銀行の救済だけでなく、むしろ手形債務者である商工業者を大震火災による深刻な打撃から解放し、財界の基調を堅実なものにするところにその立法精神がある。京浜五経済団体が政府に陳情した趣旨もそこにある。したがってこの法律を実施するにあたっては、この立法の精神に基づき、契約者が更改契約の締結に関して震災手形を債務者から要求のある場合には、必ず震災手形諸事銀行をしてこれに応ずる義務を負担させるという方針を確立して、適当な補法によって実現してほしい。具体的には、政府に、有力銀行で震災手形に類するものを所持しているが、震災当時に日本銀行にそれを提示してスタンプを受けることができなかったものについても、手形の償却に関してはできうる限り長期割賦の方法をとって、手形債務者の便宜を図るようにしてほしいという内容であった。

しかし震災手形処理は、その後も横浜経済に重くのしかかることになる。例えば、左右《そう》田《だ》銀行はその影響を受けて、一九二七年三月に休業に追い込まれた。一八九五年に設立された左右田銀行は、左右田貯蓄銀行と合併し、一九二二年三月に設立された横浜では名門銀行の一つであった。一九二〇年の反動不況で、横浜では茂木商店が破産し、七十四、神奈川、戸塚などの銀行で取り付け騒ぎが起こった。左右田銀行でも同様なことが生じたがその時は何とか切り抜けた。しかし大震災により経営はさらに悪化し、ついに閉店した。

頭取の左右田喜一郎（一八八一～一九二七）は、左右田金作の長男として横浜で生まれた。幼少のころから優秀で、東京高等商業学校（現在の一橋大学）で福田徳三や佐野善作に師事した。卒業後、ケンブリッジ大学に入学し、アルフレッド・マーシャルやウィリアム・カニンガムといった錚々たる経済学者に師事。その後ドイツに一〇年間留学し、アルフレッド・ルードリッヒ大学で学び、ハインリヒ・リッケルトなどにも学んだ。チュービンゲン大学で博士号を取得した。ドイツ留学中にドイツ語で著した『貨幣と価値』と『経済法則の論理的性質』が評価されて、帝国学士院賞を受賞したほどの優れた経済哲学者であった。一九一三年に家業を継ぐために帰国し、翌年左右田銀行の取締役に就任した。一九一五年父の左右田金作の死去に伴い、同銀行頭取になったが、経営不振を再建することができなかった。左右田銀行は閉店し、喜一郎は四六歳の若さで死去した。左右田銀行は、一九二〇年に設立された横浜興信銀行（現在の横浜銀行）により吸収された。

†神戸の状況

それでは少し時間をさかのぼって、関東大震災が起こるまでの神戸港の状況について振り返ってみよう。

神戸港の特徴は、幕末の開港時から輸出超過を続ける横浜港とは異なり、開港以来輸入超過を続けていることであった。特に二〇世紀転換期以降、常に輸入額は輸出額の二倍近くに達していた。日本の軽工業の発展を反映して、神戸港が、繰綿・羊毛・麻・生ゴム・鉄類などの原材料品や機械類の輸入を中心としていた。一九一〇年代初めの主要輸入品は、インドと米国からの繰綿、米国、ドイツなどからの鉄、英国や米国からの機械類、オーストラリアからの羊毛などであった。特に繰綿は日本の輸入総額の約四六パーセントを占め、阪神地方の紡績業の発展に貢献していた。それは輸出品にも表れていた。輸出額は少ないが、主要な商品は綿織糸であった。

日露戦争の後、阪神工業地帯の発展と海外市場の拡大によって、神戸港の貿易額は徐々に増加し、第一次世界大戦が勃発した一九一四年には、四億四九〇〇万円に達し、四億四八〇〇万円の横浜をわずかではあるが抜き、日本一となった。神戸港の貿易の急速な拡大を支えたのが、港湾施設の整備と拡大であった。日露戦争後の阪神工業地帯の発展により神戸港の輸出入量は一挙に増加した。従来の港湾施設では対応できなくなり、ついに政府も改修工事を開始させた。総工費は一七〇〇万円を超える大規模な工事になったが、途中財政上の事情により、事業は再三延期されたが、ようやく一九二二年五月に完成した。

この結果、神戸港は三〇〇〇トンから一万八〇〇〇トン級の船舶が一九隻同時に係留できるようになった。安全面でも東防波堤と南防波堤が築かれ万全な体制が整った。ところが第一次世界大戦中の好景気で、さらに大規模な港湾施設が必要になりさっそく拡張工事が始まった。一九二二年三月には、神戸港の面積は、一八八八年に拡張された港域に比べて面積は二倍になり海岸線の長さも一五キロを超え、年間船舶収容の最大能力は七〇〇〇万トン以上にまで達し、世界でも指折りの大港湾となった。

第一次世界大戦は、日露戦争以後の慢性的な不況と財政赤字に悩む日本に未曾有の好景気をもたらし、日本経済を立ち直らせた。神戸の企業もその恩恵にあずかった。最も大きな影響を受けたのは海運、造船業界であった。

世界的な船舶不足により、神戸では三菱神戸造船所や川崎造船所が大戦特需により大きく躍進した。ところが思いがけない難題が持ち上がった。世界的な鋼材不足のため米国は日本に対して船鉄の輸出を止めたことであった。輸出禁止令の適用は厳しく、すでに契約済みの鉄材でも連合国側の軍用品以外は一切積み出しを禁止した。この段階で日本が米国に発注していた造船用鉄材は約四六万トンであった。すでに英国も鉄材の輸出を禁止していたので、米国からの造船用鉄材は、日本の鉄材輸入量の九割以上を占めていた。まさに日本の造船業界の命綱が切れそうになったのである。この背景には、日本の海運の急速な発展に脅威を感じていた米英両国の思惑が働いていた。

米国側が、鉄鋼輸出解禁の条件として、日本の造船供給能力をはるかに上回る要求を突き付けてきたので、政府間交渉は暗礁に乗り上げ、対米交渉は打ち切られた。そこで神戸商工会議所会頭の松方幸次郎（川崎造船所社長）などが中心となって、渋沢栄一の協力を取り付け、外務省が手に余った難しい交渉を民間企業自らの手で解決に乗り出した。渋沢は米国人脈を活かし、米国の鉄鋼王USスティール会長のエルバート・ゲーリーや全米労働組合長のサミュエル・ゴンパースまで動かした。

国内では各造船会社の抜け駆けを抑え、要求を一本化して駐日大使モリスと交渉を再開した。米国側としてもヨーロッパ戦線で、連日輸送船がドイツの潜水艦の餌食になっている状況で、交渉を長引かせるのは得策ではなかった。そこでモリスは国務省と協議し、日本側の申し出に応じ、契約済みの鉄鋼に限り、一トン当たり一重量トンの船と交換する、交換に先立ち日本は一二隻の商船を米国側に引き渡すという条件で、船鉄交換条約を締結した。これにより造船業界は救われ、好景気を享受することができた。まさしく明治期以来の日本の対米民間経済外交の蓄積が効果を発揮したといえよう。

しかし大戦景気は終戦とともに急速に冷え込み、一九二〇年代に神戸経済も不況の風が吹いた。そのため港湾拡張工事は何度も中断され、一九三七年にようやく完成した。その間の一九二九年には、ウォール街の株大暴落に端を発する昭和恐慌に見舞われ、震災時に活躍した鈴木商店は、震災手形の返済に窮して倒産に追い込まれるのである。

神戸の企業の支援活動

震災後の救援活動に話を戻そう。震災直後から神戸商業会議所を中心に、神戸財界は支援活動を始めた。震災の被害は、予想をはるかに上回るものであった。まずは被災者や避難民の衣食の供給、安全な地域への輸送が緊急を要した。また被災地の復旧、復興には木材、鉄材、セメントなどの建築資材が大量に必要となった。震災の実態が明らかになってくると、全国各地では府県ごとに膨大な量の衣食住に必要な材料が山積みされていた。しかし東海道線をはじめ東京、横浜周辺の鉄道は利用できず、現在のような高速道路網などない時代であったので、陸路での輸送では間に合わなかった。物資輸送の主役は船舶であった。救援活動のために大型船に使用された船舶は四〇隻を超えたといわれる。

それではどのようにしてこれだけの船舶を調達したのであろうか。緊急時に個々の船主が輸送契約を結ぶのでは間に合わない。そこで日本船主協会が中心となって輸送に関する交渉を行った。社団法人日本船主協会は、海運業に関する調査と研究を行い、公正で自由な事業活動を促進し、日本海運の健全な発達に貢献するという目的で一九二〇年に設立された。その前身は明治期から航海奨励法と造船奨励法により国から手厚い保護を受けて急速に発展した日本の海運業界が、一八九二年に発足させた日本海運業界同盟会であった。

日本船主協会との交渉を通じて契約が終了した輸送船は、小樽、室蘭、大阪、神戸、門司などの港から次々に横浜と東京に向かった。用船料に関しては、各府県と船主との間で相当値段に開きがあったが、日本船主協会が公平な立場から一般の市場相場を参考にして決めた。このため用船料は公平なものと評価されたという(神戸市編『神戸市史　第三集行政編』神戸市、一九六二年)。

建築資材として膨大な木材の輸送が急がれた。移輸入建築資材として、北海道の材木は問題なかったが、北洋材と呼ばれた樺太材や沿海州材は、寒冷地のため一〇月から翌年四月までは摘み取りができなかった。そこで応急対策として、北米太平洋岸のピューゼットサウンド、コロンビアリバーなどから積み出される米国材木の大量買い付けが行われた。

神戸の鈴木商店が中心になってこの買い付けを行ったが、FOB(本船渡し)条件であったため船舶の輸入者である日本側が船舶の手当てをしなければならなかった。そこで米材の買い付けを行った鈴木商店船舶部の帝国汽船が中心となって、重量八〇〇〇トン以上の大型船舶を用意して輸送にあたった。運賃率に関しては、復興院との協議で時価に比べてかなり高率で協定したため、関係船主は予想外の収益を上げることになった。

こうした「大震災景気」と呼ばれるような状況は、関東各地の復興が終了するまでの相当期間続くと予想された。そこで神戸の不定期船主は船舶の確保に走ったが、新船を建造するには五年近くかかるので、すぐに間に合う中古の外国船を購入することにした。当時ヨーロッパでは、ディーゼル機関が船舶用エンジンとして普及しつつあり、昔ながらの蒸気機関のレシプロ船を凌駕しつつあった。レシプロ船とはレシプロエンジン（往復動機関またはピストン機関）を動力とする船舶で二〇世紀初頭までは主流であった。ヨーロッパの船主にとっては、日本からのレシプロ船への引き合いは、渡りに船であった。このためロンドン市場では、毎日数隻の商談が成立し、活況を呈していた。

日本の外国船を取り扱ったのは、Y.佐藤商店と日神海運商会の二社であったが、二社とも神戸の有力ブローカーであった。一九二三年から二四年にかけて輸入契約を結んだ外国船舶は六〇万トンを超え、記録的な盛況であった（『神戸市史　第三集　行政編』）。

時間が経過するとともに、大震災の被害が予想よりはるかに大きいことが分かり、また復興相後藤新平の復興計画が壮大なものであったため、衣料や食品の移入量も当初の予想をはるかに上回った。これに対応するため、船舶の需要が急増し、運賃率は好転した。震災前には、樺太から名古屋や横浜へ輸送する北洋材の相場は、一〇〇石につき一〇〇円から一二〇円であったが、震災後には急騰し最高値は二〇〇円と倍近くに跳ね上がった。米国材に関しても同様な値上がりが見られた。したがって船主にとってはまさしく「大震災景気」になったのであった。

北洋材や米国材の取り扱いは、日本郵船や大阪商船といった定期船会社は行わず、もっぱら山下汽船、帝国汽船、国際汽船、川崎汽船、太洋海運神戸海運といった不定期船の独壇場であった。これらの不定期船主がすべて神戸を中心とする船会社であったので、海運界における神戸の絶対的地位が確立されてきたといってよいであろう（『神戸市史　第三集行政編』）。

神戸の各企業も船舶の確保によって支援活動を活発に行うことができた。日本を代表する酒どころ灘五郷《なだごごう》（西郷、御影郷、魚崎郷、西宮郷、今津郷）の酒造メーカーの一つ大関の第九代長部文治郎はいち早く支援に乗り出した。社史によれば、大関は一七一一年今津郷で創業した当主の長部家は旧家で、第九代文治郎は一九〇五年に家督を相続して酒造業を発展させた。

その結果、灘五郷においても有力酒造家に成長した。一九〇四年には販売高が五八〇〇石であったのが、一九二三年には一万八五〇〇石と二〇年間に三倍以上の急成長を成し遂げた。この間、文治郎は、量的拡大を図るだけでなく、博覧会、共進会、品評会に応募し、受賞を繰り返した。一九一一年には朝鮮や中国大連の商店と特約を結び、同地への進出の先駆けをつくった。一九二〇年代には支店網を兵庫県全域や大阪にまで広げた。それとともに、酒造業界や地方行政にもかかわり、一九二〇年には灘五郷酒造組合連合会長に就任、全国酒造組合副会長として、日本の清酒業界のトップに立って、業界の取りまとめに奔走した。

関東大震災に際しては、グアム丸に復興資材の木材、トタン板、釘、毛布などの必需品と灘の銘酒を一緒に積んで救援物資として東京まで海路を使い二回送り届けた。大震災後灘の酒の東京一番乗りを果たすことができた（大関三百年史編纂委員会編『大関三百年正史』大関、二〇一四年）。

他方、震災により支店を失うなどの被害が続出した蔵元もあった。例えば白鶴酒造は、大戦景気に乗り活況を呈し、前年に店舗を新築した東京支店を震災で焼失した。幸い社員に被害はなかったが、損害額は新築落成費用八万六二四一円、売掛金・商品罹災欠損が一二万九八四〇円、合計二一万六〇八一円にも上った（白鶴酒造株式会社社史編纂室・山片平右衛門編『白鶴二百三十年の歩み』）。

†ユーハイムの神戸への移転

震災で横浜から神戸に移った企業もあった。例えば洋菓子の製造・販売を手掛けるユーハイムである。ユーハイムについて述べる前に神戸の洋菓子の製造についてみてみよう。

一八八二年に元町三丁目の盛神堂が外国人船員や旅行者向けに洋菓子の製造を始めたのが、神戸における洋菓子販売の嚆矢といえる。ところが日本人は洋菓子にあまり関心を示さなかった。このため和菓子の製造と献上が中心であった。明治時代になっても洋菓子は市民の間には普及せず、大正から昭和初期にかけても洋菓子の生産高は少なかった。一九二四年では、菓子製造全体の五パーセントにも満たない状態であった。むしろ瓦せんべいを中心とする和菓子が圧倒していた。

本格的な洋菓子店が開業したのは、一八九七年に開業した神戸凮月堂であった。しかし洋菓子店の基礎が固まるには、第一次世界大戦とロシア革命により日本へやってきた外国人経営者の洋菓子店の開店を待たなければならなかった。それはドイツ人パン職人のハインリッヒ・フロインドリーブ、ドイツ人菓子職人カール・ユーハイム、ロシアからの亡命者のマカロフ・ゴンチャロフとフィヨドル・ドミトリー・モロゾフであった。

一九〇九年に当時二三歳であったユーハイムは、ドイツの所有する青島市内で、ケーキ店を開業した。一九一五年日本の青島攻略が始まった。翌年ユーハイムは日本軍の捕虜となり、大阪俘虜収容所へ連行されてから、広島の似島検疫所に移送された。一九一九年に広島県物産陳列館（現在の原爆ドーム）で開催されたドイツ作品展で、バームクーヘンの製造販売を行った。これが日本初のバームクーヘンとなった（ユーハイム株式会社『バウムクーヘンに咲く花――ユーハイム70年の発展の軌跡』ユーハイム、一九九一年）。

一九二〇年に捕虜から解放されたユーハイムは青島から妻子を呼び寄せ、横浜へ来て、一九二二年に店を開いた。翌年の関東大震災で店を失い、神戸へ移り再び店を開いた。店は繁盛し、ユーハイムはゴンチャロフやモロゾフと共に、洋菓子を神戸の新しい魅力の一つに育てた。一九三〇年代に入ると日独関係は良好になり、一九四〇年に日独伊三国同盟が結ばれると、ユーハイムにとってはさらに追い風が吹いた。しかし第二次世界大戦でドイツが敗北し、神戸も空襲に見舞われ、原材料の入手が困難になった。そのような中で、カールは一九四五年終戦直前に死去した。まだ四六歳であった。戦後連合国の占領下に置かれたためカールの妻エリーゼは国外退去処分になった。ユーハイムが営業を再開するのは、占領期が終わり、エリーゼが再来日した時まで待たなければならなかった。

†横浜から神戸への華僑の移動

横浜から関西へ移動したのは、日本人ばかりでなく、多数の中国人の華僑も含まれていた。第一次世界大戦中の好景気で日本に移り住んだ華僑は数多く、日本在住の華僑の人口は大幅に増加した。それに伴い、日本各地の華僑が日本の商業会議所にあたる総商会の機関誌などの雑誌を通じて、情報交換を盛んに行い、意思疎通を図り、様々な形で相互の慈善活動にも参加し、活動が活発になってきた。横浜では、『中国実業雑誌』は付録として『横浜中華商務会月報』を発行したが、発刊記念号には、神戸や大阪の中華総商会や、日本の農商務省や大阪と神戸の商業会議所からも祝辞が寄せられた。

日本各地の華僑のつながりは、日本実業界とのパイプ作りを通じて、対華二十一か条要求により悪化した日中関係の修復に受けての第一歩となった。こうして活性化された人的ネットワークがその効力を発揮したのが、関東大震災の救済活動であった。

震災により焼け出された横浜在留の外国人が多数神戸に避難した。震災発生翌日の九月二日から一〇月二五日までに一〇九隻、そのうち外国船は三二隻で、神戸に避難した外国人の総数は八七九四名に上った。内訳は、欧米人およびインド人が三三四五名と中国人五四四九名であった。また陸路で避難してきた数は中国人六三〇名、その他の外国人は五二六名、合わせて一一五六名であった。神戸に避難した外国人の総数は約一万にも上った。

横浜華僑はほとんどが海路横浜を脱出し、神戸港または大阪港に到着し、そのうえで上海行きと香港行きの二ルートに分かれた。神戸に最終的に集まった中国人はいったん中華会館、福建公所、三江公所に収容され、その後神戸の親戚や知人のもとに留まる者と、被災地に戻る者、帰国する者に分かれた。日本郵船の中国人無賃海外輸送状況によると、上海、香港、天津などに帰国した中国人は一二〇〇名を超えた。神戸にそのまま居ついた横浜華僑も多く、一九二三年末には神戸在住の華僑は五〇〇〇名あまりに増加した。大阪在住の華僑の数も一〇〇〇名を超えた。

一方で、救済団が結成され、殉難華僑の遺骸収容チームを組織して、被災直後の横浜に向かい、横浜中華会館と協力して市街の掘り出しと遺体の火葬と遺骨の安置に従事した。一〇月一九日には、中華会館で華僑救済団主催の震災遭難追悼会が開催された。罹災者遺族と約一〇〇〇名の参列者が哀悼の意を表した。さらに翌二〇日大阪貿易同盟会が主催、大阪・神戸両商業会議所、神戸日誌実業協会が賛同して、中華会館において華僑慰霊追悼会が挙行された。大阪・兵庫両府県知事、大阪・神戸両市長、大阪商業会議所会頭稲畑勝太郎《いなばたかつたろう》、神戸商業会議所会頭瀧川儀作、中国領事、大阪貿易同盟会会長などの弔辞が読み上げられた。関帝廟住職を導師とする仏式の追悼式であった。日本側の弔辞は、東アジアが内外多事の折から、中日提携の重要性が高まっている。両国の事情に詳しく、日中両国の鎹《かすがい》となる有力な多数の善隣国（中国）の人々を失い痛惜に堪えない、という内容であった。

こうした阪神経済界と中国華僑との関係は日中関係にどのような影響をもたらしたのであろうか。実は一九二三年初めから夏ごろまでは、二十一か条要求問題に端を発する山東権益をめぐり、日貨ボイコットが起こった。続いて旅順大連の回収問題をめぐっても大規模な日貨排斥に見舞われていた。特に揚子江流域における日貨排斥運動は、大阪や神戸の輸出業界にとって大きな痛手になっていた。

中華会館編『落地生根《らくちせいこん》』によれば、神戸日支実業協会は阪神商業会議所、東京商業会議所や中国在留日本商人と足並みをそろえて、中国側の経済断交と日貨排斥は国際的信義に違背し、日中両国の通商条約に違反する由々しき事態だとみなす決議を発表したのであった。

こうした時に大震災が発生した。東京では華僑虐殺という痛ましい事件が発生したが、避難する華僑に対して日本も官民挙げて帰国への支援が行われたことも併せて記憶すべきであろう。こうした官民の活動は、中日両国の経済界の相互不信を和らげ、相互に理解を深め、中日親善へと向かわせる機運を生み出したのであった。日貨ボイコットは収束に向かい始めた。

一九二四年に神戸で行われた孫文の大アジア主義の講演に向けて中日親善ムードが高まり、同年神戸日支実業協会は、日華実業協会へと改名した。

†震災が横浜と神戸におよぼした影響

関東大震災が日本の二大港を擁する横浜と神戸に与えた影響はどのようなものであったかまとめておこう。

第一に、横浜の「一港制」が崩れ、神戸が主張していた「二港制」が全国の多数の蚕糸業者の賛同を得て、農商務省の態度を変更させ、神戸が横浜と並んで生糸輸出を行うことができるようになったことである。表2-1の通り、神戸の生糸輸出額は昭和三年以降横浜のそれの三分の一程度であったが、絹織物の輸出額については、一九二四年以降神戸が横浜を抜き全国第一位となった。海外貿易全体の金額は、関東大震災以前より、神戸は横浜を抜いて全国一位であったが、生糸輸出港となり、その地位は不動のものとなった。

また、ユーハイムに見られるように、震災前まで横浜で営業していた企業が神戸へ移転する事例が多く見られた。特に中国華僑やインド商人は多数神戸に移動し、その地で商売を始めることになった。現在に至るまで、神戸がインド商人の拠点になっている。エキゾ

	数			量	
	総量（A）	横浜（B）	(B/A)	神戸（C）	(C/A)
	担	担	%	担	%
大正13（1924）年	372,564	323,365	86.8	49,149	13.2
14（ '25）	438,449	366,655	83.6	71,794	16.4
昭和1（ '26）	442,978	362,056	81.7	80,922	18.3
2（ '27）	521,773	408,131	78.2	113,642	21.8
3（ '28）	549,256	413,470	75.3	135,786	24.7
4（ '29）	580,950	425,341	73.2	155,609	26.8
5（ '30）	477,322	336,219	70.4	141,103	29.6
6（ '31）	560,577	400,421	71.4	159,987	28.5

	価			額	
	総額（D）	横浜（E）	(E/D)	神戸（F）	(F/D)
	千円	千円	%	千円	%
大正13（1924）年	685,365	596,858	87.1	88,467	12.9
14（ '25）	879,657	735,916	83.7	143,740	16.3
昭和1（ '26）	734,052	600,928	81.9	133,123	18.1
2（ '27）	742,265	584,677	78.8	157,588	21.2
3（ '28）	733,436	551,684	75.2	181,751	24.8
4（ '29）	784,150	575,714	73.4	208,435	26.6
5（ '30）	419,107	292,617	69.8	126,489	30.2
6（ '31）	356,932	252,017	70.6	104,879	29.4

表2-1　横浜・神戸両港の生糸輸出数量・価額（玉糸を含む）の推移。大正13、昭和6年総量（額）には、横浜、神戸のほかに少量の他港輸出を含む。出典：『横浜市史　第5巻　下』（横浜市編集兼発行、1976年）、187頁

チックな都市と洋菓子の神戸というイメージが生まれたのも震災の副次的な影響といえるであろう。

一方横浜は、予想以上に速い港湾機能の復旧により、従来と同様、生糸輸出の金額は震災前よりも低下したとはいえ、全国一位の座は明け渡さなかった。生糸輸出全体は二港制になり増加していった。しかし日本の貿易全体に占める割合は、神戸に抜かれただけでなく、第三章で述べる大阪港の発展により下がってくるのであった。

次に東京港と大阪港が、横浜と神戸にとっての新たな競争相手になってきた。震災後東京が以前にもまして都市化が進み、予想以上の速いスピードで復興を遂げ、拡大するなかで、東京港への期待は高まる一方であり、横浜は東京港に吸収されないように対策を取らなければならなくなった。

神戸にとっても新たな脅威となってきたのは、対中貿易額において、大阪港が神戸港を抜いたことであった。神戸港は長年、対中貿易では全国一位であった。一九一三年では、日本の対中輸出の三四パーセント、輸入の三五パーセントを占めていた。ところが、日本郵船と大阪商船の対中航路が延長されるなどにより、一九二一年には大阪港は対中貿易の輸出では六〇パーセント、輸入では二一パーセントを占め、神戸港（輸出が一九パーセント、輸入が二六パーセント）を凌駕していた。

第三章

東洋一の経済圏をめざして
——「大大阪」時代

大阪商工会議所前の三人の銅像（左から五代友厚、土居通夫、稲畑勝太郎。筆者撮影）

†商都大阪の歴史

首都壊滅の報に接した関西財界はどのように対応したのであろうか。その前に、商都としての大阪の歴史を古代から簡単に振り返り、震災当時一九二〇年代の大阪経済の状況を見ておこう。

古代から大坂は、仁徳天皇の時代には難波宮、聖武天皇の時代には難波京と呼ばれ、首都や副都となった。難波津、住吉津からは遣隋使や遣唐使が送り出され、国際社会との交流の窓口であった。近世に入ると、一五八三年に大坂本願寺の跡地に豊臣秀吉が大坂城を建て、上町台地から大阪平野に広がる大坂の町を築いた。城下には秀吉配下の武将たちの屋敷や貿易港堺など周辺都市から集まった町人の店が立ち並び、政治・経済の中心地となった。豊臣家が大坂夏の陣で徳川家康に滅ぼされ一時荒廃したが、徳川幕府は、西国の大名へのにらみを利かせるために、大坂を天領とし、大坂城を復元し大坂城代を置いた。

江戸は海路に難点があったため、大坂が海上交通の拠点となった。水の都の名にふさわしく、堀が碁盤の目のように張り巡らされ、各藩の蔵屋敷が集まった。北前船などにより全国から運ばれた年貢米は、堀を伝って蔵屋敷に運ばれ、堂島米会所では世界初の先物取引が行われた。大坂は江戸時代に「天下の台所」といわれ、日本経済の中心地となった。

江戸の「八百八町」と並び称される大坂の「八百八橋」は、江戸の橋の多くが幕府によって作られたのに対して、大坂ではそのほとんどが町人により架設された。大坂商人の富の上に花開いたのが、井原西鶴、近松門左衛門、松尾芭蕉らが活躍した元禄文化であった。

明治になり、大久保利通は一時大阪遷都を考えたが、結局実現せず、明治天皇は「東下り」して江戸城を皇居とし、江戸も東京と名を変え首都となった。それ以降東京は、幕末の開港地横浜とともに新首都圏として目覚ましい発展を遂げた（表3-1参照）。

年次	東京市	郊　外
1913	2,050,126	765,388
14	2,103,777	785,229
15	2,247,463	804,946
16	2,283,840	862,043
17	2,353,230	946,525
18	2,347,442	1,018,695
19	2,359,636	1,070,047
20	2,377,884	1,178,429
21	2,437,503	1,269,311
22	2,478,233	1,431,604
23	1,527,489	1,715,555
24	1,626,310	1,987,143

表3-1　東京市及び郊外人口の推移。原資料は、東京市役所『東京市郊外に於ける交通機関の発達と人口の増加』（1928年）。出典：中西健一『日本私有鉄道史研究』増補版（ミネルヴァ書房、1979年）、255頁

一方、大阪はどうであったか。明治初期、いったん大阪経済は下降線をたどった。しかしもともと流通の中心地であった大阪では、五代友厚、松本重太郎、藤田伝三郎、外山脩造らが中心となって、大阪を近代化させるためのインフラ整備を行い、次々と企業を起こした（表3-2）。

五代友厚（一八三六〜八五）は、薩摩藩士の家に生まれ、長崎やヨーロッパで学んだ後、明治政府に出仕、外国事務局判事として大阪在勤となった。一年余りで官を辞し、大阪通商会社

氏名（生没年）	企業名	経済団体
五代友厚　（1836〜85）	堂島米商会所	大阪商法会議所会頭
松本重太郎（1844〜1913）	百三十国立銀行	
藤田伝三郎（1841〜1912）	藤田組	
外山脩造（1842〜1916）	阪神電鉄社長	
土居通夫（1837〜1917）	大阪電灯	大阪商業会議所会頭
稲畑勝太郎（1862〜1949）	稲畑勝太郎商店	大阪商工会議所会頭
住友友純（1865〜1926）	住友財閥総帥	
武田長兵衛（五代目）（1870〜1959）	武田長兵衛商店	
安宅弥吉（1873〜1949）	安宅産業	
吉本せい（1889〜1950）	吉本興業	
黒田善太郎（1879〜1969）	コクヨ	
平生釟三郎（1866〜1945）	東京海上	
小林一三（1873〜1957）	阪急電鉄	

表 3-2　大阪の主要企業家リスト

や大阪貿易会社を設立した。さらに政府の大久保利通や松方正義など薩摩人との太い人脈を活用し、堂島米商会所、大阪株式取引所などを設立し、一八七八年には大阪商法会議所会頭となった。五代は、渋沢栄一が安政五か国条約改正に向けての世論形成などを通じて、政・官・軍と並ぶ財界という新しい権力を導入し、日本の権力構造を変えようとしたのとは異なり、まずは江戸時代の株仲間のような大阪経済の発展を目指す業界を超えた商人の情報交換の場を創り出すことを優先した。大阪経済界の育成に尽力した五代だったが、一八八五年に過労がたたり、五代の人生で最も脂が乗り切った時に死去した。

五代の死後に大阪経済を牽引したのが松本重太郎と藤田伝三郎であった。松本重太郎（一八四四〜一九一三）は現在の京都府丹後市の農家に生まれた。一〇歳の時に京都の呉服商に丁稚奉公にあがった松本は、二四歳の時に独立し反物のブローカーとして財を成す。一八七三年には松本は、大阪の東区高麗橋に第百三十国立銀行を設立し、一八九八年に普通銀行百三十銀行となる。東京の渋沢栄一、益田孝、大倉喜八郎と松本を中心とする藤田伝三郎以下五六人の大阪の出資者と合本して、大阪紡績が誕生した。

これ以外にも私鉄阪神鉄道を設立し、後に和歌山と大阪を結ぶ南海鉄道、山陽鉄道を設立して、大阪を中心とする陸上交通網の拡大に努めた。海運でも琵琶湖で航路を運営していた湖南汽船(後の太湖汽船)、大阪運河会社にもかかわった。このように金融、繊維、鉄道、海運などの産業を中心に幅広く事業を展開した松本は一八九八年には大阪銀行集会所委員長となった。

西の松本、東の渋沢と並び称された勢いがあったが、このころから百三十銀行の経営は不振に陥り、一九〇四年六月に休業に追い込まれた。失敗の原因は松本が百三十銀行を自分の関係している事業の金融機関として利用していたことであった。また人物本位・担保なしで融資を行うことが多く、貸し倒れ危機への対応ができなかったことも挙げられた。こうして松本は失意のうちに六九歳で亡くなったが、彼が手がけた企業の多くは、今日も活動を続けている。例えば、大阪紡績(現在の東洋紡)、北浜銀行(現在の三菱UFJ銀行)、南海鉄道（現在の南海電鉄）、山陽鉄道（現在のJR西日本）、大阪ビール（現在のアサヒGHDアサヒビール）などである。

松本と並んで大阪財界を形成した藤田伝三郎（一八四一〜一九一二）は、長州萩藩（現在の山口県萩市付近）の醸造業の家に生まれた。商才に恵まれた藤田は、長州藩出身の政府の要人木戸孝允、井上馨、山県有朋などと深い関係を築き、土木建設（藤田組）、金融（北浜銀行）、鉱山（同和鉱業）、新聞（大阪毎日新聞）、電力（宇治川電機、関西電力の前身）など幅広い事業を展開、藤田財閥を形成し、松本、外山らとともに大阪経済界を築いた。

外山脩造《とやましゅうぞう》（一八四二〜一九一六）は越後国古志郡（現在の新潟県長岡市栃尾地域）の越後藩士の家に生まれ、家老河井継之助の下で戊辰戦争を戦った。明治になり慶應義塾を卒業すると、大蔵省に入り国立銀行創設に尽力した。渋沢栄一に見込まれた外山は大阪の第三十二銀行の経営を任され、大阪へ赴任した。外山は期待に応え、第三十二銀行の経営を立て直し、その後も日本銀行大阪支店、阪神電鉄の初代社長などを歴任するとともに、大阪興信所を設立し、大阪の金融、証券のインフラ整備に貢献した。大阪商業会議所副会頭として関西経済界の育成にも注力した。

企業勃興時代を経て、大阪経済は発展し、一九〇三年には内国実業博覧会を開催することになった。この博覧会の開催に大きな力を振るったのが、第七代大阪商業会議所会頭の土居通夫であった。土居通夫（一八三七～一九一七）は、伊予宇和島（現在の愛媛県宇和島市）藩士の家に生まれた。少年時代より漢学を学びながら剣の修業に打ち込んだ。開明的な藩主伊達宗城は世界に目を開き、高野長英や大村益次郎を藩内にかくまい、洋学を学ばせた。しかし土居は藩内の狭い世界に安住することを好まず、一八六五年に脱藩し、勤皇運動に加わった。その後、土居は鳥羽・伏見の戦いなどで活躍した後、明治政府に仕え、五代友厚の部下となる。政府では司法畑を進み、法曹界だけでなく政財界に広く人脈を築いた。

一八八四年に土居は司法省を退官、鴻池家の顧問となり、大阪電灯を設立し社長に就任した。これに続いて土居は大阪毎日新聞、宇治川鉄道、大阪土地建物など多くの会社の経営に関与した。一八八五年には五代友厚の推薦もあり、土居は第七代大阪商業会議所会頭に就任し、一九一七年に亡くなるまで二二年間在職した。この間土居は、一九〇三年には東京と争った後に大阪での内国博覧会の誘致にこぎつけた。パリの万博の仕組みを調査し、内国博覧会を成功に導いた。

海外から参加した政財界人の中には後に「中国の渋沢栄一」と呼ばれる張謇《ちようけん》（一八五三～一九二六）もいた。張謇は内国博覧会を見て、中国が日本に近代化や工業化ではるかに遅れていることを知り、滞在期間を延長し、北は北海道から日本全国の近代産業の現場を見学し、帰国後、中国の工業化に尽力した。

土居は博覧会の跡地に、大阪の近代化のシンボルとしてエッフェル塔を模した通天閣を建てた。また一九〇九年、渋沢栄一が率いる渡米実業団に、大阪財界を代表して中橋徳五郎、村田省蔵、岩本栄之助ら九人と共に参加し、三か月にわたり、全米の約六〇都市を視察した。一九一四年には、電気、電灯、電鉄関係者の社交を目的とする中央電気倶楽部を創設した。「中央」という名をつけたところに、東京に対する大阪人の気概やライバル意識を感じさせる。

この間、日露戦争後の不況にあえいでいた大阪も、第一次世界大戦の影響で、好景気に沸いていた。一九一七年に土居が死去した後、大阪経済界を牽引したのが、陸軍へのカーキ色の軍服の染色を一手に引き受け急成長した稲畑産業の創設者、稲畑勝太郎《いなばたかつたろう》(一八六二～一九四九)であった。稲畑は、現在の京都市烏丸通御池の菓子職人の家に生まれた。一五歳の時に、レオン・デュリーにより京都府派遣留学生に選ばれ、フランスのリヨンで染色技術の基本を学び、三年間の厳しい工場での徒弟生活を経て、リヨン大学で化学を学んだ。一八八五年に帰国した稲畑は、京都府染工講習所の教授として京都織物の創設に尽力し、西洋式染料の最先端技術の普及に努めた。一八九〇年、京都にフランスの染料メーカーのドニー社の総代理店として、稲畑染料店(現在の稲畑産業)を創業、合成染料の直輸入貿易を開始した。

その後ウール素材のモスリンの国産を目指して大阪に工場を建設し、染色加工業に手を広げた。「稲畑染め」と呼ばれた海老茶色は女学校の袴に用いられた。また日露戦争時にカーキ色の軍服を考案した。これは旅順の戦いで、日本の白たすきの軍服が目立ち、ロシア軍の要塞から機関銃の標的となり、多数の死傷者を出したことから、迷彩色のカーキ色の軍服が注目されたといわれている。明治・大正期の日本の染色、羊毛業界の近代化や業界活動の中心の一人として活躍した。

このほか稲畑はリヨン留学時代の友人オーギュスト・リュミエールからシネマトグラフを輸入し、一八九七年二月に大阪で日本発の映画興行に成功した。また駐日フランス大使のポール・クローデルとともに財団法人日仏文化協会を設立、東京の日仏会館と並ぶ関西日仏学館を京都に建設し、日仏文化交流に尽力した。

ほぼ完璧なフランス語を駆使できた稲畑は、早くから来日する外国要人の通訳もしていた。一九二二年第一〇代大阪商業会議所会頭に就任した稲畑は、同年の英米訪問実業団(団琢磨団長)の一員として、パリを訪問した時、「ル・マタン」紙に日本では数少ないフランス通財界人と紹介された。会頭として力を入れたのは、貿易振興であった。稲畑はそれまでにも大阪貿易学校の設立を土居会頭や今林林太郎副会頭に要望し、一九一七年の同校設立にあたっては自ら一〇〇〇円を寄付し、外国語や貿易実務に詳しい人材の育成に尽力してきた。会頭として、貿易振興策を政府に対して要求した。自らも第一次世界大戦後の欧米商工業視察、中国貿易のさらなる拡大、中近東（主にトルコ）、北アフリカ、中欧諸国への新市場開拓であった。ちなみに、現在大阪商工会義所の正面には商工会議所に貢献した三人の会頭の銅像が立っている。初代の五代友厚、第七代土居通夫、第一〇代稲畑勝太郎である。

†大阪財界の対応

明治から大正にかけて、大阪は軽工業を中心として発達し、東洋のマンチェスターと呼ばれ、東京よりも経済の規模は大きく、多くの企業の本社は大阪に置かれていた。五代、松本、藤田、土居という第一世代のリーダーが一九二〇年代の初めまでにほとんど死去したため、関東大震災発生時に大阪経済界を牽引していたのは、稲畑ら第二世代の企業家であった。

大震災により東京、横浜が壊滅状態になったという知らせを受けた大阪商業会議所は、九月三日に震災に関する委員会を開催した。出席者は、稲畑勝太郎会頭、安宅《あたか》弥吉《やきち》副会頭以下会議所役員が出席して行われた。まず稲畑会頭より義援金募集の報告があり、全会一致で承認された。その後、京都と神戸との三会議所協議会を開き、震災救済と経済上の善後策について協議の結果、三会議所内に震災に関する委員会を設置することにした。次に、三会議所が別々にその地の銀行集会所を訪問し、為替手形に関する寛大な処置をとるように陳情した。

翌四日大阪商業会議所では、震災対応の協議を行い、銀行の取り付け防止、モラトリアム暴利の取り締まり、産業貿易発展策について議論したが、横浜全滅の風説があるなかで日本の輸出の最重要品である生糸の輸出港問題について至急協議することになった。

九月一〇日には、委員会は関東の大震災への対応に関する決議を取り決め、在阪の日銀支店長、銀行集会所委員長、逓信局長を訪問し陳情した。その内容は、次の通りである。関東地方の震災のため日本の商工業と貿易は関西においてほとんど全部を負うことになるため、政府や日本銀行並びに一般銀行は、震災前よりも多額の資金を関西に供給すること。日本銀行は財界救済の手立てを至急行うことや輸出為替のために十分な資金の供給を行う。市場の安定を図るために有価証券に対し、荷為替を含む貸し出しを行い、金融の梗塞を防ぐこと。銀行間や貿易業者間の送金や商取引に関して速やかに暗号電報の使用を許可することなどを陳情した。すでに第二章で詳述したように、生糸の神戸港からの輸出を実施できるようにすることが緊急の事案だと再三強調した。

さらに大阪商業会議所が音頭を取って、京阪神商業会議所協議会や、関西有志商業会議所連合協議会を九月一七日に開催し、関西、北陸、中国、四国、九州各都市合計二七の商業会議所の代表が一堂に会した。具体的には七つの決議案が出され、字句の修正のみですべての議案が可決された。そのなかで興味深いのは、東北地方と関西地方との鉄道運輸・連絡に関する建議と北海道及び東北地方と関西地方との汽船連絡に関する決議である。いずれも大阪商業会議所が提出した決議案であった。

震災の結果、従来東京を経済の中心としていた東北地方から、関西地方への取引開始の申し込みが急激に増加してきたのに、東北地方と関西方面との鉄道輸送は東京を中継地とするため、今回の震災による急変に対応することができない(図3-1)。そこで、一般の民間船舶業者に対し、この際進んで日本海側の鉄道輸送の便を講じるように希望する。鉄道省もこの経済情勢の変化に応じてほしい。また震災の結果、東京と横浜を経済の中心とする北海道は東北地方より関西地方と直接海路で結ぶ航路に対する期待を膨らませている。したがって北海道と東北日本海側との貨物船の定期輸送航路を設置してほしいという内容であった。

大阪にとっては、江戸時代に活用された北前船の航路に、スピードアップされた商船が頻繁に輸送する定期航路が開設されることを強く要望したのであった(『大阪商業会議所月

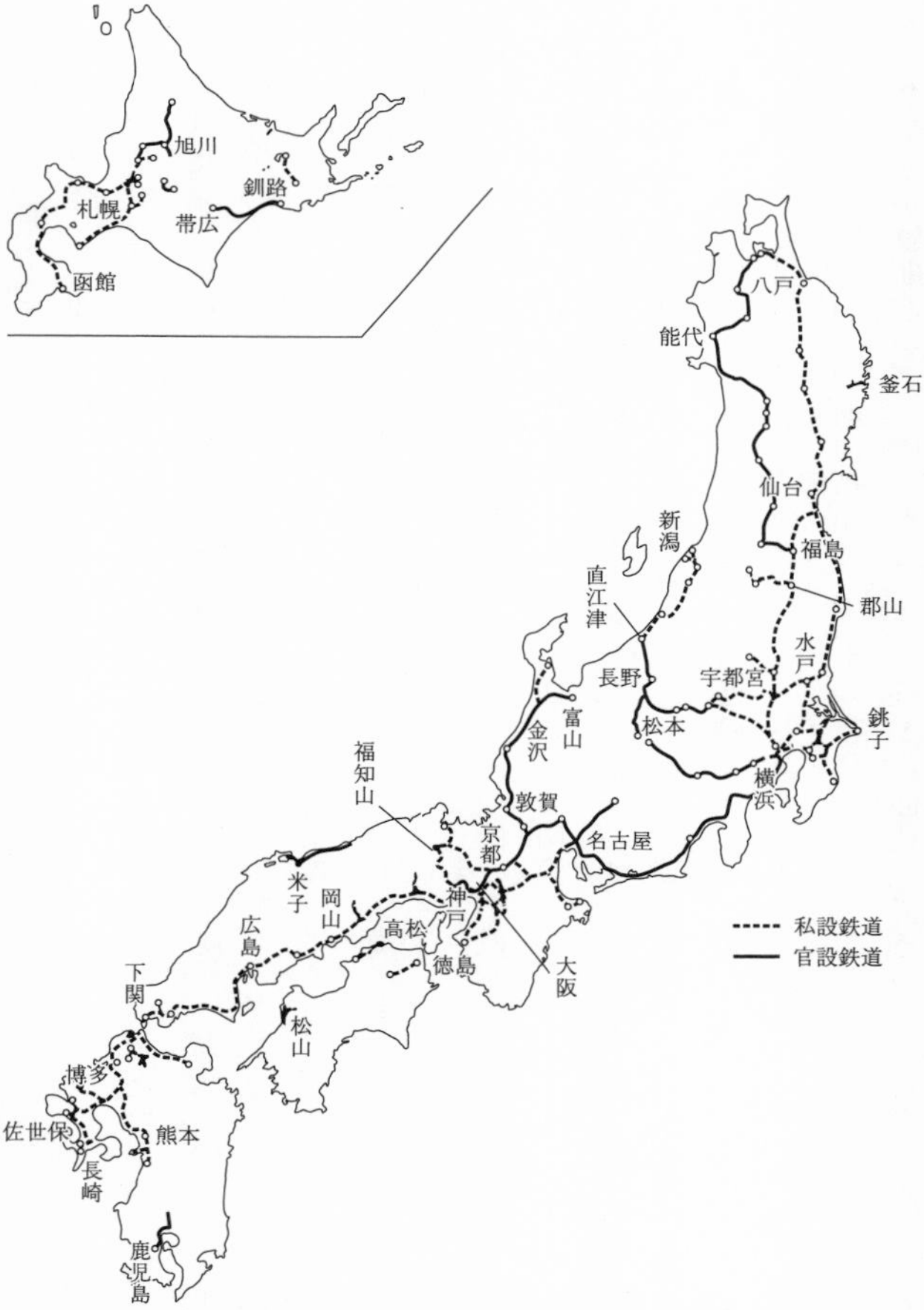

図 3-1　国内鉄道路線図（1906 年 3 月末現在）。出典：老川慶喜『日本史小百科　近代　鉄道』（東京堂出版、1996 年）付録 348-349 頁より、一部を改変

報』以下『大商月報』と略す、一九二三年一〇月)。

第四章で詳しく述べるが、当時ようやく東北から北陸、山陰にかけての日本海側の鉄道や汽船航路が建設されてきたが、江戸時代に比べると東北、北海道と関西の交通、運輸システムは東京、横浜に向けての物流が主要ルートになったため、開発が遅れていた。

江戸時代には天下の台所大坂や文化の中心地京都につなぐルートは、幾重にも張り巡らされていた。航路では北前船が中心となった。北前船のルートには、津軽海峡を通って江戸へ向かう東廻り航路と、北海道や日本海の港から瀬戸内海を経て大坂や江戸に向かう西廻りの二つの航路があった。

しかし、一八世紀の初めになると、西廻り航路のほうが盛んに利用されるようになった。その理由は、東廻り航路は北上する黒潮に逆らって南下するので速度も落ちるし、太平洋の荒波にもまれ、難しい航海技術が要求されたからであった。これに対して北から江差、松前、函館、土崎湊、酒田、寺泊、直江津、伏木、敦賀、小浜、神崎、境港、温泉津《ゆのつ》、下関、鞆《とも》、玉島、下津井、兵庫、大坂と巡る西廻り航路は、室町時代には若狭で陸揚げされ、琵琶湖の水運を利用して京都につながるルートとも結ばれていた。

しかし木造船や当時の航海技術では北前船は年一、二回しか運航できなかった。明治になり蒸気船が就航するようになると、年に五〜六回運航できるようになったが、鉄道の普及により、物資や人の輸送は鉄道が中心となり、西廻り航路は衰退してきた。

このような状況のなかで、大阪を中心とする関西経済界としては、東京、横浜を中心に物流のルートが建設されることに強い不満を抱いていた。それは北海道や東北地方の業者も同じ思いであった。

それが関東大震災により、首都東京と海外輸出の窓口であった横浜が一挙に壊滅的な打撃を受け、東海道線など鉄道の復旧、復興には相当な日時がかかると予想されたため、大阪が日本の中心となるという意識を持って、そのために必要な物流ルートを大阪中心に変更し、より重層的なものにしようともくろんだのであった。

稲畑は横浜港の壊滅により、神戸港だけでなく、大阪港の拡張を行い、貿易振興の中心にするべく港湾設備の修築を強く要望した。すでに述べたように古代から国内交通や海外貿易の要地であった大阪港の修築は、一八八七年以来、国庫補助によって総工費一八一二万八〇〇〇円の予算で、八か年計画により工事が進められたが、日清戦争(一八九四〜九五年)の影響でその完成が遅れた。一八九四年には九二〇万円が追加工費として認められたが、今度は日露戦争やその後の経済変動のため一九一五年の延長後工期までにもすべての工事を完了することができなかった。

その後大阪市は、一九一八年に残された工事と付帯設備の建設を六年間で行うこととして、その工事費に八二二万四〇〇〇円を計上した。ところが、物価高騰と賃金上昇のあおりを受けて、震災の起こる前年一九二一年には公費一五七五万円に増額され、工期も一九二六年まで延期された。このように大阪港の築港事業は難航を極めたが、大阪商業会議所は、大阪港を貿易振興の拠点にするためにこの完成を強く要望し続けた。その結果、第二章でもふれたように大阪港の港湾設備の拡充に伴い、その対中貿易取扱高は神戸港を抜き、対外貿易拡大の拠点として機能し始めた。

†株式市場の反応

さて、震災当日大阪では被害がなかったので、当日の株式取引所の立会《たちあい》は平穏でむしろ小高気味であった。すぐに東京や横浜との交通・通信が途絶え、断片的な情報だけが入らなくなったが、震災による被害の深刻さは容易に察することができた。そこで休日明け九月三日からは立合を休止した。非常時における株式市場の開閉は非常に重大な決断を要するが、大阪株式取引所としては、できるだけ各市場は同一歩調をとるべきという方針を採った。時間が経つにつれ、東京、横浜などの被災地の事情も明らかになってきた。

証券市場は公定相場が出ないので、証券に対する金融が梗塞してきた。理由なく長期間市場を閉鎖するよりは、市場を開いて公正な相場を示すことこそかえって人心を安定させ、取引所本来の使命を果たすことができると考えた大阪株式取引所は、あらかじめ相場の変動に備えるため、増証拠金を徴収したうえで、九月八日定刻から立合を再開した。一時相場は大暴落したが、日本銀行が救済声明を出したので、その後は大きな混乱に陥らずに推移した。大阪株式取引所としては、未曾有の深刻な事態にも株式取引の中心としての役割を果たせたことで安堵した（塩川藤吉、大阪株式取引所編『大株五十年史』大阪株式取引所、一九二八年）。

震災発生の知らせを受けた在阪企業各社がまず行ったのは、東京や横浜の支店、工場など会社関係の従業員の安否確認と支店や工場の被災状況の把握であった。大阪の軽工業を代表する東洋紡績は主要工場が近畿・東海地方に所在していたので、直接の被害は比較的少なかったが、それでも東京府北豊島軍王子町（現在の東京都北区堀船）の王子工場は被災し、死者九二人、重傷者一九人、そして精紡機三万四六六七錘、撚糸機一万一八〇六錘が被害を受けた。

王子工場から本社へ被害報告のため、社員が二日午前六時に王子工場を出発、東海道線が不通のため、北陸線を経由して三日の午後九時五〇分に本社に到着した。約四〇時間かかったわけである。本社ではすぐに社員一一人、看護婦七人、人夫五人からなる第一班救援隊を派遣した。四日朝梅田駅を出発した救援隊は翌五日王子工場に到着。続いて二三人からなる第二救援隊が六日午後大阪港を出発し、一一日には王子工場に到着、第一班とともに救護の任に当たった（東洋紡績株式会社社史編集室『百年史　東洋紡』上巻、東洋紡績、一九八六年）。

王子工場の復旧にあたっては、レンガ造りを止め、鉄筋コンクリート造りにして耐震、耐火の補強工事を行った。東洋紡は震災から二年経たない一九二五年上期には、精紡機や撚糸機も復元させ、大震災からいち早く復興することができた。

†住友銀行の東京進出

金融機関はどのように対応したのであろうか。関西を代表する住友銀行について見てみよう。住友銀行は一九二〇年の恐慌により業容拡大は停滞したが、国内支店の数は東京と大阪で倍増して五八店舗にまで増加した。しかし大震災で東京の既設店舗ばかりでなく新設の店舗も大きな被害を受けた。震災で受けた損害は甚大であったが、一九二三年下半期決算で全額を償却した。償却額は六八九万円に達したため、配当を維持するために六八〇万円の準備金を取り崩した。その事情については、同期の営業報告書に、被った損害は着々と償却整理することで埋め合わせたが、年来の方針に沿って当行の基礎と将来の利益を確固とするためにはこの際思い切って償却を断行することはやむを得ないので、了解願いたい、と明記された（『住友銀行百年史』住友銀行、一九九八年）。

大震災の被害の詳細を九月二日早朝の号外で入手した住友合資会社は、中田錦吉総理事以下役員が社長室に集合、対策を協議し、直ちに食糧、医薬品などの救援物資を救援隊に持たせ、陸路と海路を利用して臨時震災救護事務局へ送り届けた。住友家当主の住友友純《ともいと》（一八六五〜一九二六、雅号春翠）は震災の義援金として二五〇万円を寄付した。

住友の対応で注目すべき点は、大震災発生二日後に、東京販売店支配人の矢島富造が被害状況を正確に知らせ大阪本社と情報を共有するために人員を派遣した決断といえよう（海原亮「関東大震災発生と大阪本社の情報収集」、『住友史料館報』第五〇号、二〇一八年五月）。

住友銀行にとって幸いだったのは、同行や住友倉庫の東京支店が焼け残り、帳簿類や保管品が無事であったことだ。このことが震災前まで関東では不利な地位にあった住友銀行が大きく認められ、住友の事業の東京進出を活発にする一因となった（住友春翠編纂委員会編『住友春翠』住友春翠編纂委員会、一九五五年）。

震災が、麴町に本店を置き山の手中心に営業していた田中興業銀行の買収を促したのは確かであった。同行は創業こそ一八九四年と住友銀行より早いが、株式会社といってもオーナーの田中家がすべての株式を所有しているという田中武兵衛個人の銀行であった。山の手の立地からは資金運用先が少なく、預金高に比して貸出額が少なく経営は苦しかった。

これに対して住友銀行は本所や両国といった下町中心に店舗を展開していた。前年に大企業の集まる丸の内に丸の内支店を開設していたものの田中興業銀行を合併すれば、今まで手薄であった山の手地域に進出する絶好の機会になると考えられ、買収に踏み切った。住友銀行は、震災後に中規模の商店が集まる地域に四谷支店を開設し、預貸資金を拡大させた。こうした積極的姿勢が住友銀行の東京での飛躍のきっかけになった(『住友銀行百年史』)。

震災の影響は東京、横浜だけにとどまらず、住友銀行の大阪本店ビルの建築にも影響を与えた。一九一七年から地質調査を行った東区北浜(現在の中央区北浜)の本店所有の空き地に、一九二一年、本店ビルを新築する計画が具体化した。しかし、関東大震災後の焼け跡を回り、惨状を目撃した住友吉左衛門(春翠)は、当初の計画にあった七階建てという計画を変更した。吉左衛門が防火、避難体制を考慮して、建築計画の見直しを指示した結果、新築されたビルは耐火耐震構造を最優先したものとなった。「壁や柱にイタリア産の大理石や国内産の花こう岩を用い、入り口にギリシャイオニア式の円柱を要する近世復興様式の重厚な建物」(『住友銀行百年史』一三〇頁)になった。

大阪商業会議所会頭の稲畑勝太郎が創業した染料メーカーの稲畑産業はどのように対応したのであろうか。第一次世界大戦終結とともに、染料業界では輸入の再開を予想して手持ちの品物を売り急いだため、市価が急落し、倒産する染料業者が続出した。一九二〇年三月には大戦後の不況が日本にも及び、株式市場は株価の暴落で大混乱に陥った。染料業界も未曾有の不況に突入した。稲畑産業が受けた打撃も大きく、染料部門を縮小し、神戸支店を閉鎖した。一九二二年になると中国の天津支店も閉鎖し、翌一九二三年にやっと第一次世界大戦後の損失を補充することができた（稲畑産業株式会社編『稲畑百年史』稲畑産業、一九九一年）。

そのさなかに大震災が起きたのであった。稲畑産業は東京支店が消失したが、従業員とその家族には死傷者は出なかった。本社から見舞金と衣料品や食糧を至急送り有楽町一丁目の有楽館内六階に仮事務所を開設し、翌年三月には店舗を復興した。

†安宅産業の対応

震災当時、大阪商工会議所副会頭として稲畑会頭を補佐していたのは、安宅産業を創設した安宅弥吉（一八七三〜一九四九）であった。石川県金沢市に生まれた安宅は、甲南女子学園を創設した。安宅産業は、三井物産、三菱商事、伊藤忠商事、丸紅などとともに日本の十大商社の一角を占めるまでに成長した。しかし弥吉の死後、同族経営のひずみが生じて、一九七七年に破綻して、住友銀行、協和銀行主導で、伊藤忠商事に吸収合併された。

『安宅産業六十年史』(安宅産業株式会社社史編集室編)によれば、安宅産業東京支店は日本橋の住友銀行東京支店ビルの二階にあった。日本橋界隈で、ほとんどの家屋は焼失したなかで倒壊類焼を免れたが、危険防止のため数日間はビルへの立ち入りは禁止された。このため本店から派遣された数名の社員とともに品川区下大崎の堅忍寮を仮の本拠として対策に取り組んだ。

さっそく社員やその家族の安否を相互に確認しあったが、翌二日には支店関係者は茶谷支店長を除いて全員無事が確認された。三日に千葉県市川市の支店長の自宅を社員が訪問し、茶谷夫人や家族全員の無事を確認したが、依然として支店長の安否は不明であった。震災当日横浜へ出張していた支店長は横浜港の桟橋付近で震災に遭った。陸上で移動するのは危険と判断して、すぐに接岸していた外国船に乗ったが、高潮を警戒したこの船は沖合に出て待機した後、東京芝浦へ接岸した。この間陸上との連絡は全く取れなかった。しかし、四日昼過ぎに支店長は堅忍寮に戻り、家族と社員を安堵させた。

支店長が行方不明のなか、社員たちは震災後の支店の状況をできるだけ早く本社に連絡することを考えた。通信網が寸断されていた当時、三日朝、支店社員二名が徒歩で堅忍寮を出発、埼玉県川口町へ向かった。しかし同地からも打電できず、さらに汽車で群馬県高崎市まで赴いてようやく打電できた。「チャタニシ、ヨコハマユウキノママショウソクフメイナルモ、ソノタシャイン　カゾク　ジムショミナブジ」という簡単な内容であったが、憂色に包まれていた本店にとっては貴重な一報であった。

東京支店では事務所から書類や帳簿類を運び出せないため、事態を把握するため係員の記憶に頼って損害の程度を算出した。その結果最悪の場合、商品関係七五万円、債権関係（売掛金・受取手形）九三万円、不動産・出資関係八万円、合計で一七六万円以上と見込まれた。これは相当深刻な数字であった。もちろんこの数字の中には回収可能なものや保険によって保障されるものが含まれているため、希望的な見積もりをすれば七四万円程度になった。

しかしこれら以外に海外から買い付けた商品で、すでに積み出しされたものや近く船積み予定の物がかなり含まれていた。一刻も早く善後措置を進め、実行に移さないと輸入品は受け渡し不能のまま代金決済に追われることになり、事態はかなり深刻であった。

このため東京支店では、市場や取引の実態調査を至急行うことと並行して一般情勢の把握に本店へ緊急の連絡を取り、次の三点を実施した。一）輸出国をすでに出向しているものは国内での売り先を変更する、二）輸出国において船積みされていないものに関しては、解約または船積みの一時延期を要請する、三）輸出国において船積みが完了していないが、復興資材として必要な商品に関しては、二）とは反対に積み出しの督促を行う。これらの対策が功を奏し、東京支店が最終的に被った損失は、四九万円弱に食い止めることができた。

一方、半月前の一九二三年八月一〇日に開店した安宅産業ロンドン支店では、開店間もない九月一日に関東大震災の報に接し沈痛な思いに駆られていると、本店から鋼材類の大量買い付けを指示した電報を受けた。支店社員はにわかに生気を取り戻した。さっそく十数社に対して、薄板、厚板、亜鉛鉄板など一〇種類以上の買い付け注文を行い、復興資材として日本に向け、船積みされることになった。

また震災のため木造家屋がほとんど倒壊焼失した事実を重く見た安宅社長は、大阪商業会議所を代表して震災地慰問のため上京した。被災地での木造建築の倒壊状況を見て、安宅は多数の人命を預かる場所として木造建築はいかに不適格であるかを痛感した。そこで、大阪東区高麗橋の木造二階建ての本社ビルの代わりに、耐震耐火の新社屋を建築することにした。幸い社屋建設用地として入手していた二〇一坪の土地があったので、新築に踏み切った。大林組による施工で、震災の翌年一九二四年三月に着工、同年一二月には竣工することができた。

大阪商船は日本郵船に次ぐ日本第二の船会社であった。震災発生時には、横浜港にろんどん丸、ぱりい丸、湘南丸の三隻が停泊していた。多数の被災者を救助しただけでなく、三隻の無線通信機が震災地では数少ない通信機関として、公私の用に提供された（「大阪商船株式会社七十五年史　草案」沿革編）。

†吉本興業の活躍

関西のお笑いの中心である吉本興業の前身として吉本泰蔵が進めていた事業も震災の影響を大きく受けた。『吉本興業百五年史』（吉本興業、二〇一七年）によれば、当時吉本は、東京にも進出し、当時はまだ吉本の専属になっていなかった横山エンタツも東京で震災に遭った。大阪から東京の小屋に出演していた桂小文治は、『大正大震災紀念書――惨状と惨話』（立石亀一編、大正大震災紀念刊行会、一九二三年）の中で、落語家は、針小棒大に話すのが商売だが、この震災による被災者の悲惨な状況は身振り手振りをしても語ることはできないと断って、浪花節語りの吉田久菊兄弟の賛辞を涙ながらに語っていた。小文治は東京から大阪まで列車で逃げた様子を後に「時事　大震災難物語」というタイトルで、レコードにも吹き込んだ。

吉本興業社長の吉本吉兵衛（通称泰三）はこうした惨状を知り、震災被災者救済のために大阪で、「慈善演芸会」を開催した。その利益で、救援毛布二〇〇枚と慰問品を買い入れ、東京演芸人を救出するために義弟の林正之助と支配人二人を東京に派遣した。三人は大阪港から長崎丸で東京芝浦に上陸し、田端に向かい、被災した演芸人を捜し訪ね、彼らを慰労すると同時に大阪での興行を招聘した。

混乱の中での捜索は困難を伴ったが、三人は、東京落語の代表的存在であった三代目柳家小さん、五代目柳亭左楽らをやっとの思いで捜し出した。さらに横浜まで足を延ばし、磯子の焼け残った家で仮眠をとりながら捜索を続けた。芸人に会うと持参した毛布や慰問品を手渡し、励ました。こうした活動は東京の芸人たちに感銘を与えた。その結果、一〇月以降、柳家小さん、柳亭左楽、講談の神田伯山ら東京演芸会の大物が来阪し、吉本の演芸場に出演した。東京の大物芸人への興味と同情人気で、どこも大入りで、吉本の興行に貢献することになった。

関東大震災をきっかけとして、皮肉なことに大阪の演芸会は賑わいを見せることになった。他方東京でも震災の翌一九二四年には定員三六五人の神田花月がよみがえり、開場記念には、柳家小さん、柳亭左楽、桂小文治、桂文楽、桂正蔵らが名を連ねた。また横浜花月では、五代目橘家圓蔵、八代目朝寝坊夢楽が、かつては別派だった春風亭柳枝と一緒に登場したように、一時的にせよ大同団結の機運が生じて、東京落語協会が発足した。

翌一九二四年吉本吉兵衛が脳溢血で倒れ、三七歳の若さで急逝した。夫人の吉本せいは三四歳であったが、実弟林正之助に経営全体の指揮を執らせ、自分はその背後で実力を発揮し、「女興行師・吉本せい」としての地位を確立していった。吉本泰三の葬儀は、四天王寺本坊で行われたが、東京から発足間もない東京落語協会会長の柳亭左楽、同顧問の三遊亭円右や春風亭華柳など多くの関係者が参列した。関東大震災が意図せずもたらした東西演芸人の交流が実現したのであった。

†コクヨの東京進出

震災は人の流れを誘発しただけでなく、企業の市場開拓にも影響を与えた。ユーハイムは横浜から神戸へ移転してきた代表的な例であるが、大阪の企業も震災を契機に東京への進出を果たした。関西企業の東京進出の例として、コクヨを紹介したい。

創業は一九〇五年創業者黒田善太郎が大阪市西区南堀江に和式帳簿の「黒田表紙店」を開業したのが始まりであった。表紙店とは、当時一般的に使用されていた和式帳簿の表紙製造だけを問屋から請け負うという地味な仕事であった。表紙は帳簿全体の価格の五パーセントにも満たなかった。西洋化の流れを見極めた黒田は、西洋複式簿記に移行、洋式帳簿のニーズが高まることを見越して、一九一三年に洋式帳簿の販売を開始した。同時に、伝票、仕切り書、複写簿、便箋などの製造も手掛け始め、紙製品メーカーとなっていった。一九一四年には黒田国光堂と社名を変更し、一九一七年には、商標を「国誉《こくよ》」とした。

この「国」というのは、一九歳で家族や知人に見送られて離れた故郷、越中富山を指す。国誉とは、国の光、誉れになる、という初心を忘れないように、自戒の念を込めて命名されたという。

創業者黒田のモットーは、「買う身になって作る」と「良品廉価」であった。コクヨにとっての最大の難関は、大阪から出発したため、全国に至る販売網を形成することにあった。そのためには東京を中心とする東日本市場の開拓が急務であった。しかし、東日本では、大阪の商品は「阪物《さかもの》」と称され、拒絶反応が強く、伸び悩んでいた。

大震災により東京のメーカーが大打撃を受け、東京からの需要が急拡大した。黒田は、出荷製品の検査を厳重にして、ほかの地方より安い価格で東京へ出荷した。その結果、関東の有力問屋からの信用を一気に高めた（コクヨビジネスサービス編『コクヨ100年のあゆみ』）。

†武田薬品の東京進出

震災により多くの負傷者が出た時に緊急に必要なものの一つが医薬品である。震災により関東における薬種集散地であった日本橋本町一帯の薬種問屋街も廃墟と化した。一八八四年に薬業の向上発展に関する調査や研究を目的として創設された東京薬種問屋組合の組合員一四一名中、類焼を免れたのはわずか一〇店舗、事務所、倉庫その他の建物三五棟が全焼してしまった。このため全国に医薬品の発注が行われたが、大阪の薬問屋が集まる道《ど》修町《しょうまち》の対応が注目された。

道修町は、江戸時代に清やオランダから長崎を通じて輸入された薬（唐薬種）を一手に扱う薬種問屋が、幕府に公認された株仲間として「薬種仲買仲間」を結成した。一七二一年には和薬種（日本を産地とする薬）を検査する和薬種改会所が道修町に設置された。日本で商われる薬はすべて、道修町に集まり、品質と目方を保証されてから全国に流通した。震災当時も多くの薬問屋や製薬会社が本社を置いていた。道修町にある少彦名《すくなひこな》神社は一七八〇年に薬祖神（薬の神様）として勧請された。

数多くの医薬品会社の中から、武田薬品工業の対応についてみてみよう。一七八一年創業の武田薬品は、『武田二百年史』（武田二百年史編纂委員会編、武田薬品工業、一九八三年）によると、震災発生時、幸運なことに同社の薬はすべて内務省の東京衛生試験所や住友倉庫などに保管されていた。そのため在庫品が確保でき、さらに関東の代理店小西新兵衛商店が所有していた工場は池袋にあり被災を免れたので、政府の医薬品緊急徴発に応じることができた。

それではどのようにして大阪から医薬品を東京に届けたのであろうか。陸路は北陸線経由で、また海路は東京芝浦に荷揚げして医薬品の普及に努めた。武田薬品の新薬部東京出張所は日本橋本石町不動産銀行ビル内にあったが、奇跡的に類焼を免れた。さっそく在庫として保管していたカルモチン、ビオフェルミン、ノボロフォルム、ブドウ糖注射液などの新薬見本品を各方面に提供した。

武田薬品の試験部では、九月七日ごろから震災地方からの注文が急増した。まずアンチピリン、ピラミドン、サリチル酸ソーダ、オレフ油、次硫酸蒼鉛、アスピリンなどであった。次に塩酸コカイン、ホウ酸、リゾール、石炭酸、プロムカリなどが出荷された。出荷個数は九月七日と一一日に、二万九九五〇個、九月一〇日と二〇日にはそれぞれ四万一五一一個、三〇日には七万四三〇三個、合計で一四万五〇〇〇個という膨大な数量に上った。

武田薬品では当時常に豊富な在庫品を保有していたので、政府の応急供出要請に応えることができたが、その後も東京市の震災対策本部から次々と注文が入るので、毎日残業して、梱包と発送にあたった。しかし武田薬品の店内の荷造り場ではさばききれないため、付近にある同社の所有地の空き地で荷造り作業が続けられた。こうした作業は一一月末まで続けられ、薬屋が集まる道笑町（道修町）でも注目された。

東京薬種貿易商同業組合では、こうした医薬品に対する需要の増加に対応するために、臨時薬品供給所規定を設けて、大阪市場からの共同購入計画を応急対策として作成した。

小西新兵衛同組合副組長など五名の委員が九月二二日信越線周りで、大阪に到着、二六日に大阪薬種卸仲買商組合の代表と会見した。大量の医薬品の東京への売り渡しに否定的な意見も出されたが、大阪組合長の五代目武田長兵衛の裁断により、売渡が決まり、東京側が要求した大部分の薬品を入れ札によって一括売り渡すことになった。

†生命保険業界の危機

生命保険業界にとって震災は大きな試練を与えた。まず本社社屋の消失した会社は三〇社に及び、一一社しか被災を免れることはできなかった。生命保険協会では、九月八日、政府の支払い猶予令（モラトリアム）の施行にもかかわらず、保険金の即時支払いを断行した。払い込み期限が到来する保険料については、さらに二か月払い込み猶予期間を延長した。また無料診療所を設けて、一般傷病者の治療にあたった。生命保険協会によれば、震災による死亡保険金支払い件数は生保三六社で、五六一七件、金額にして七〇六万円に上った。

大阪に本社のあった大同生命は、本社内に臨時災害事務所を設けて、義援金の贈呈、救護班の活動、被災代理店に対する慰問、食料品などの物資の供給、慰問のための職員派遣、新聞広告や印刷物の送付など救援活動に注力した。死亡保険金の支払い総額が三〇万円、東京・横浜両店舗の不動産に対する損害が一〇万円、そのほか四万円で合計四四万円に上ったが、業界各社の中ではその損害は軽微であった。京橋区南伝馬町の東京支店が思いのほか損害が少なかったため、いったんは丸の内の生命保険会社協会へ移転していたが、東京支店に戻り営業を続けた（大同生命保険相互会社『大同生命七十年史』大同生命保険相互会社、一九七三年）。

この大震災が東京だけでなく生命保険業界全体にとって深刻な問題に発展するといち早く予想したのは、平生《ひらお》釟三郎《はちさぶろう》（一八六六〜一九四五）であった。美濃国（現在の岐阜県岐阜市）加納藩士の家に生まれた平生は、東京高等商業学校（現在の一橋大学）を卒業後、神戸商業学校の校長を務め、一八九四年に東京海上に入社、一九一七年には同社専務取締役に就任した。その後、大正海上火災、東京海上保険、川崎重工などの多くの企業経営に参加するとともに、一九二三年には旧制甲南高等学校（現在の甲南大学、甲南高等学校・中学校）を、また一九三四年には甲南病院を設立した社会事業家であった。広い視野と長期的なビジョンを持った平生は、後にブラジル移住事業も手掛けた（『平生釟三郎自伝』名古屋大学出版会、一九九六年）。

平生は約三二年間、ほぼ毎日詳細な日記をつけていた（『平生釟三郎日記』、以下『平生日記』と略す）。当時の関西財界人、社会事業家の視点から鋭い考察がなされている。以下藤本建夫（『平生日記』編集委員会委員長）の『平生日記』第五巻の後記に依拠しながら、平生の考えや対応を紹介していく。一九二三年九月一日に六甲山の山荘で、息子たちとクリケットを楽しんだ平生は、二日に六甲から御影の自宅へ向かう阪急電車の中で乗客が読んでいた新聞から関東大震災の発生を知った。同日に兵庫県知事の要請を受け県庁に行き、実業家や議員らと、被災地へ送る食料品の調達を行い、自らは三〇〇〇円を救済基金に寄付した。

火災保険に通じていた平生の頭をよぎったのは、震災による大火災により東京、横浜が大損害を受けたことの火災保険会社への影響についてであった。九月三日の日記によれば、「震災によるこの損害を保険契約によって支払うべきか否やなり」と記され、深刻な火災保険に関する問題が起きると直感していることが分かる。さらに続けて、保険約款上は、地震に起因する損害は間接、直接にかかわらず延焼から生ずるものも一切担保しないことを明記しているので、約款上は保険者に支払いの義務はない。もしこの損害を保険会社が支払うことになれば、日本の保険会社は一、二社を除いてすべて破産してしまう。だが、この問題は単純に解決できず、必ず大きな社会問題になる。というのは火災保険協会の議題になり、そこに政治家や政府も干渉してくるので、日本連合火災保険協会長の各務鎌吉《かがみけんきち》は極めて不快な状況を覚悟することになると危惧していた。

各務鎌吉（一八六九〜一九三九）は、美濃国方県郡（現在の岐阜県岐阜市）の農家出身で、東京高等商業学校を卒業後、京都府立商業学校教師などを経て、一八九一年に東京海上保険会社に入社した。一八九四年にロンドンで保険業の理論と実態を調査し、当時経営難に陥った同社の再建案を作成した。また積極的に海外進出を図るために現在の日本損害保険協会の結成に尽力した。一九二五年から一九三九年に亡くなるまで、当協会の会長をつとめた。東京海上のほか三菱信託銀行の設立など三菱財閥系企業の要職を占め、三井財閥の池田成彬とはライバル関係にあった。一九三一年の濱口内閣の金解禁政策をめぐって、政友会の各務は、民政党の井上準之助蔵相を支持する池田と激しい論戦を展開した。

一九一九年のアトランティック国際通商会議に日本財界を代表して参加するなど各務は国際的に活躍できる数少ない財界人であった。同会議は、第一次世界大戦によって荒廃したヨーロッパの産業や経済を復興させ、自由な国際通商を実現するために米、英、仏、イタリアなどの約四〇〇〇人の産業人が、米国アトランティックシティに集まったもので、一九二〇年に創立される国際商業会議所（ＩＣＣ）の礎となった。各務は当時の日本財界人には珍しく海外に知られた人物であった。「タイム」誌の表紙に掲載されるなど国際的な評価も高かった。九月七日に各務は平生の心配に対してこう答えている。

保険約款には地震による火災またはその延焼の除外規定はあるが、すべての火災を延焼とみなせるかどうか、放火によるものではないかというクレームが出て複雑な法律問題が起きるのは覚悟しなければならない。この種の火災を保険会社が責任を負うとなれば、損失が少なかった東京海上を除いては、日本の保険会社は、投資物件や担保物件の損失や取引銀行の支払い不能によりすべて倒産するであろう。単純な同情問題としても、保険者の責任を拒絶するのはやむを得ないであろう（『平生日記』九月七日）。

これに対して、平生は直ちに、約款に書かれているため法理上は何も問題はないとしても、世の中の人々は、この惨状に窮迫している被保険者に同情する。文筆家やジャーナリストも同調するので大きな社会問題となり、政府も黙視することはできず、被害者団体と火災保険協会の対立に陥る。つまり弱者は世間の同情を集めるので、この問題は調査をしておく必要があると返信した（『平生日記』同右）。

†被災者に対する火災保険の支払い

平生の予想したとおり、新聞各社は一斉にこの問題を大きく取り上げた。東京、神奈川の火災保険契約残高は二二億円のうち七割に当たる約一五億円の契約物件が被災した。他方火災保険業者の総資産は二億七〇〇〇〜八〇〇〇万円で、被災額の二割すら支払うことができない（表3-3）。農商務省はもし火災保険業者が約款には含まれない特別の支払いをするならば、低利資金の貸与の意向があると報じた。これに対して平生は疑問を呈した。政府には個人の契約によって除外された損失を強いて支払わせる権限はないので、政府が情実を以て支払いを強要することはできないと記している（『平生日記』九月九日）。

しかし、帝都復興・産業復興資金は、まっさきに火災保険の支払いを行うべきとしていたし、岡本英太郎農商務省次官は火災保険会社に対して、この国難に際して、法律規則を超越する大権の発動もできるが、その前に自発的に破産しない程度に弁償してはどうかと迫っていた。こうした冷静な判断力を失った政府を平生は強く批判している。

それ以上に平生が重要視していたのは、外国の保険会社の取り扱いであった。国内の保険会社に対しては、政府が強権を発動して支払わせることができても、外国の保険会社には強要できない。もしこれを強要すれば、こうした動きはすぐに海外メディアに伝わり、今までの日本に対する同情が薄れ、復興基金として募集している外債もこのような無法な応急策をあえて行う日本の公債は危険だという風評が流れ、公債募集に応じなくなるのではないかと心配した（『平生日記』九月一二日）。

こうした平生の懸念をさらに増幅したのが、九月一二日の詔勅の発令であった。首都を東京から動かさずとして、いちはやく遷都論を封じたこの詔勅には、「個人もしくは一会社利益のために多衆災民の安固を脅かすことがあれば、人心動揺して止まるところがな

種別	東京			横浜		
	動産	不動産	計	動産	不動産	計
	百万円	百万円	百万円	百万円	百万円	百万円
外国会社	219	263	482	239	84	323
内国会社	426	723	1,149	170	135	305

【関東側】	資本金	払込額	諸積立金	見舞金	支払後資産
	千円	千円	千円	千円	千円
東京海上	30,000	30,000	56,796	3,200	83,596
帝国海上	10,000	2,500	4,820	3,600	3,720
日本火災	10,000	4,000	11,220	12,000	3,220
東洋海上	3,000	750	2,050	740	2,060
中央火災	5,000	1,250	310	650	910
三菱海上	5,000	1,250	3,250	5,640	× 1,140
帝国火災	10,000	2,500	2,480	6,300	× 1,320
東神火災	5,000	1,250	266	4,050	× 2,534
横浜火災	12,500	3,125	7,880	12,500	× 1,495
東邦火災	3,000	750	800	3,050	× 1,500
明治火災	1,000	1,000	12,083	15,670	× 2,587
東京火災	10,000	2,500	9,300	12,300	× 500
千代田火災	10,000	2,500	2,930	9,270	× 3,840
【関西側】	資本金	払込額	諸積立金	見舞金	支払後資産
	千円	千円	千円	千円	千円
神戸海上	15,000	3,750	7,890	5,355	6,285
日本海上	10,000	2,650	4,420	1,797	5,273
大阪海上	10,000	2,790	5,680	4,800	3,670
朝日海上	10,000	2,500	560	1,300	1,760
大福海上	5,000	1,250	300	805	745
大正海上	5,000	1,250	1,960	2,600	610
豊国火災	3,000	750	2,890	4,700	× 1,060
福寿火災	2,000	500	1,440	3,500	× 1,560
共同火災	10,000	2,500	3,600	10,060	× 3,960

×印は資産不足額を示す。

表3-3　関東大震災による火災保険損害。出典：大正ニュース事典編纂委員会、毎日コミュニケーションズ出版事業部編『大正ニュース事典』第6巻〔大正12年—大正13年〕（毎日コミュニケーションズ、1988年）、112頁

い」という一文が挿入されていた。九月一四日には、田健次郎農商務大臣がより具体的に会社とは保険会社であることを示す内容の談話が「朝日新聞」に掲載された。さらに一六日には山本権兵衛首相が国民に対する「告諭」のなかで、各自は公徳心に訴えて、私利は後回しにしなければならない。例えば保険事業は、社会公衆の安固を目的としているので、数十万の信頼を負うために犠牲の精神を発揮してほしい旨を明言した。

平生は、田農相の談話に対して、人道上徳義上支払うべきという論を展開している。つまり被災者の中には三井、三菱、安田などの大富豪が含まれている。彼らは保険金支払いを受けなくてもそれほど痛みを感じない。火災保険問題をうんぬんする人々は資本家階級に属し、日本工業倶楽部や商工会議所などを通じて政府高官と太いパイプを持っている。保険問題に通暁していない政治家をそそのかして、政府に資本家階級のために火災保険を支払わせるのは、富める者に篤く、貧しき者に冷たい結果になり、実に不公平である。政府が今行うべきことは、保険に入ることもできない貧しい人々に救済資金を給付することではないかと憤慨している。特にこうした動きの元凶は、富士瓦斯紡績会社の和田豊治など工業倶楽部役員と考えた平生は、彼らを「狡猾卑劣は真に唾棄」すべき人物と厳しく断じた（『平生日記』九月二〇日）。

和田豊治（一八六一～一九二四）は、豊前国（現在の大分県）の中津藩士の家に生まれた。

慶應義塾を卒業後、渡米し職工として働いた。一八九一年に帰国後、日本郵船、三井銀行勤務を経て、鐘紡紡績東京本店支配人に就任、同社の経営再建に尽力した。一八九三年から一九〇〇年まで中国各地を回り、日清戦争後の遼東半島還付や義和団の乱を見聞した。帰国後は、三井を離れ、富士瓦斯紡績に入社し専務取締役になった。そのほかにも数々の企業の設立に関係した。加えて渋沢敬三の仲人を務めるなど渋沢栄一とも関係が深かったので、財界人としての渋沢栄一の後継者の一人として注目されていた。しかし、和田は震災の翌年に胃がんで急逝した。

富士瓦斯紡績は震災により、保土ヶ谷工場が全壊するなど大被害を受けていた。和田はその損害を保険金で補塡しようと考え、工業倶楽部の会合で産業復興には保険金受領以外になく、一九〇六年のサンフランシスコ大地震による大火災に対して、火災保険会社が保険金支払いに応じたことを引き合いに出した。さらに戦時保険の場合と同様に、保険者が二〇パーセント、政府が八〇パーセントを負担すれば解決すると論じた。工業倶楽部で賛同された和田はさっそく各省大臣を回り説得した。このため伊香保で静養していた各務は、農商務省から東京へ呼び出された。政府は、保険会社は法律に拘泥せずに支払うべきという世論を先導し、新聞も保険会社は支払わざるを得ないし、政府もそれを補助せざるを得ないと書き立てた。

†関西系生命保険会社の抵抗

各務は火災保険協会会長として、被災した保険契約額を二〇億円としてその一割を「見舞金」として保険会社が支払い、それに政府からは「無利子五十カ年賦」で償還するという内容の案を提出した。関東の保険会社は受け入れたが、関西系の保険会社はこの案を受け入れなかった。その理由は無利息五十年賦といっても毎年五〇分の一を償還しなければならない。またこれを公表すると、顧客の保険会社への信用を失い、営業を継続し得なくなるというものであった。関西系の保険会社が反対した背景には、第一次大戦後の経済不況があった。関西の保険会社は不況下で、海上保険の経営が厳しくなり、それをカバーするために火災保険を手掛け始めたが、各社の過当競争を生み出し協定料率を繰り返し協議するがなかなか守られないという状況であった。

保険協会の「見舞金」が公表されると、保険金残額補償を要求する被保険者からの反対の声が上がった。一〇月二日に東京海上ビルで火災保険金全額支払い期成同盟会の委員と火災保険協会側との会談は殺気が漂い、いつ修羅場になるかとかたずをのむ雰囲気となった。おそらく全額支払い同盟会の背後には和田豊治らの実業家がいて先導していたと、平生は怒りをあらわにしている（『平生日記』一〇月五日）。

状況が切迫してきたと判断した各務は、平生が示していた融資会社による一〇パーセントの保障という具体的な案を作成し、自力で支払える保険会社は支払う。それが無理な会社は政府の支援を受けて支払うことにする。しかし協会として全社一致しての行動はとれないので、政府の決定に従う、と政府にボールを投げ返した。

こうなると政府は各務案を聞き入れれば、各務案に納得しない被保険者から全額支払いを要求される。もし政府が各務案を聞き入れなければ、被災者を平等に扱わなければならなくなり、償還不能な公債を発行せざるを得なくなる。また関西系の保険会社や、外国系保険会社に対してどのような措置をとるのか、八方ふさがりの立場に追い込まれる、と平生は予想した。

†事態の急展開と政府案による東西妥協の成立

ところが、渋沢栄一が大阪保険会社側と会見したことにより事態は急変した。渋沢は保険会社側の意見と事情を理解し、政府が被保険人を扇動し示威運動をさせたことを憤慨した。渋沢はさっそく震災善後会会長の徳川家達を連れて、山本首相に会見し、今回の政府の処置を震災善後会として非難・忠告した。これが政府の態度を変えることにつながった。期成同盟会の代表が各務に再度会見し、各務の保険会社の現状説明に耳を傾け、各務の案に全面的に賛同すると述べた。また一〇月五日に、田農商相と井上蔵相に会見した各務や同席した豊国火災社長大谷順作は、政府としては、保険会社に決して支払いを強制しない。可能な程度に被災被保険人に同情して支払いをすればよいというように態度を軟化させた。資産全部を投げ出し、身を捨ててこそ浮かぶ瀬もありなどと発言した田の豹変ぶりには驚かされたと、大阪に戻った大谷は平生に語ったという（『平生日記』一〇月九日）。

しかし問題はまだ終わっていなかった。各務案に基づいて、個々の会社がいくら支払うかという問題に移ると、神戸海上保険、大阪海上保険、共同火災などの関西系会社が、各務の一割支払い案には絶対反対であることが明らかになってきた。政府も手の打ちようがなく、各務が一〇月二四日、大阪のなだ万ホテルで記者会見を行い、東京案や政府の態度を丁寧に説明した。強硬に反対する関西系の保険会社に対して、各務は平生とともに、一割の見舞金すらも支払わなければ、それらの会社に被保険者から訴訟が起こるし会社資産の十数倍の訴訟を起こされる。政府もこれを支持するので、信用を基とする保険会社が、こうした訴訟を引き受けたら何が起こるかは火を見るよりも明らかである、と説得した。

各務と平生の必死の説得により神戸海上と大阪海上は同意を表明したが、共同火災は折れなかった。それどころか関西系保険会社六社が秘密会議を開き、新案として、契約に対する責任準備金（約一〇〇〇万円）を支出して、シンジケート（企業連合）を組織して、このシンジケートが政府から支払うべき一割の資金を借り入れる、今回の震災からこの組織が責任を持つ。各社は一定額の責任準備額を限度として責任を負うが、それ以上は関係しない、という内容であった。

これは保険会社にとって都合の良いものであり、政府も世論も無視した内容といえた。東京側は、今まで大変な苦労をして満場一致で決まった結果が実は自己責任を回避する案の提出となったなら、政府や裁判所や世論の保険会社に対する心証を著しく悪くするので、このような案は採用できないと突っぱねた。もし関西六社がこの案に固執するならば、直接田農商相に提出し、意向を確かめるべきであるという意見で東京側はまとまった。

関西側から出された新案への対処に東京側が戸惑うなかで、関西六社は東京側の切り崩しを図った。各務案に基づき、政府から個別に資金融通を受けると、それはバランスシート上に自己資産以上の負債を抱えることになるため会社の信用は落ち、将来の営業が困難になる。信用が安定している東京海上だけは政府資金を必要としない。したがってこの案は東京海上に有利になる案である。それよりも関西の新案のほうがはるかに得策であるという論法であった。

政府は、東京案と関西案のどちらかを採用するにも、政府として立場を決めなければならなかった。そこで一二月一〇日から開催される臨時国会に提出するため政府案を作成したが、その内容は政府に都合よくできた折衷案であった。しかしこの政府案に対しても関西側は、実質的には各務案と同じ内容であるとして反対の態度を崩さなかった。

一一月二九日に東西の火災保険会社が一堂に会して一割支払い問題について総会を開催し議論したが、賛否両論の意見はまとまらず採決には至らなかった、翌日東京側と関西側の代表が田農商相と井上蔵相と会談したが、関西側は自説に固執して譲らなかった。

この政府の折衷案も、臨時国会で審議されたが、多数を占める野党政友会の反対で成立せず、次の国会まで待つことになった。平生は、こうした関東と関西の東西対立により、意見の一致を見なかったのは遺憾であるとし、その理由として、関西系保険会社が、あまりにも狭量で、勘定に駆られて鹿を追って山を見ないという愚挙だと記している。また東西の人情の違いにも言及している。

つまり上方人は先方が弱みを見せれば必ず望蜀の手段に出るのが常だが、東京人はいったん言明した以上はたとえ損になるとわかっていても、やせ我慢をして辛抱する。この違いがよく表れたのが火災保険問題である。一切の責任を政府に追わせるために詐欺めいた籠脱けのような新案を考え出したのが上方人で、東京側はこれが有利だとわかっていても、これに同意すれば、自己の体面を汚すばかりか、政府や被保険者に支持してもらえないことが分かっている。そこで問題にしないのだと、興味深い東西比較文化論を展開している

(『平生日記』一一月一三日)。

結局翌年、政府の閣議決定案は、政府の出損額は八〇〇〇万円、期限五〇か年利子四分、形式は貸付ではなく、純然たる援助という内容になった。これに対して、実業同志会発足のため金沢を訪れていた武藤山治は、「大阪時事新報」記者に、火災保険問題に関する政府決定についての意見をこう語っている。

農商務省の案には大体賛成である。一九〇六年にサンフランシスコを襲った大地震により大火災が起き、市街地を焼き尽くし、港湾施設も壊滅的な打撃を受けた。その際、保険会社が震災によって受けた火災の契約保険金支払いの無効を農商務省に申請し、認可をもらい、日本の保険会社は契約書の裏面にこの点を書き加えたのに、今回の大震災の際には、政府がどさくさにまぎれて、保険会社に保険金を支払うべきとしたのが事の始まりであった。山本内閣の閣僚がサンフランシスコ大地震の際の対応を知らずに態度を決したのが間違いであった。

さらに武藤は、政府と保険会社が協定して特別議会に提出し、誰もが納得する案を決めなければ仕方がない。保険会社にも一割支払いができない会社もあれば、四割支払える会社もある。政府が八〇〇〇万円を貸し付ける法案が議会を通過しても商法に抵触しない。本来政府が被保険者に見舞金を与えるべしと決めたのが間違いだが、今となっては、政府もできる限り補助する責任がある。したがって今回の農商務省の提出した案には賛成する。それより武藤が問題視したのは、今後の商工資金の配分である。つまり被保険者だけを潤して、保険をかけていない商工業者をどのように救うのか。この点に関しては政府を糾弾するつもりだがしばらくは成り行きを見る（『大阪時事新報』一九二四年二月二七日付）と述べた。

†震災手形問題

火災保険よりも大阪経済全体に深刻な影響を及ぼしたのは、震災手形の償還であった。震災手形とは、関東大震災のため支払いができなくなったため、一時的に政府が肩代わりをした手形を指す。特別な震災手形が出回ったわけではなく、一般に流通する手形のうち、被災地にかかわるものだけが緊急勅令によるモラトリアムや法令により日本銀行が再割引することで補償の対象になった。

しかし実際には第一次大戦後の不況のなかで、不良債権になっていた手形がどさくさに紛れ、震災手形として紛れ込んでいた。一九二〇年代に繰り返し発生した恐慌により体力を弱らせていた会社にとっては、震災手形の償還は命取りになる危険があった。そのため政府も償還時期を延ばし延ばしにしていたがついに一九二七年には償還期限を迎えた。しかし震災手形善後処理に対する政府法案にたいしては様々な批判が出た。

たとえば武藤山治率いる実業同志会の反対論である。一九二七年二月二三日午後武藤は衆議院内で実業同志会の代議士会を開き、「正直者は馬鹿を見る政商保護法案」と題し、法案に対する反対声明書を読み上げ、反対演説をした。ここでいう政商とは和田豊治のように、震災による自社の損害を火災保険金の支払いにより救済してもらおうと考え、政府に圧力をかけた大企業経営者であった。

声明書によれば、震災手形については世間に大きな誤解がある。震災手形は震災被害者の手形と考えている人が多いが、実は一九二三年九月二七日緊急勅令第一二四号には、重大なる欠陥がある。

それは震災に関係ない財界の有力者をも同時に救済することを目的としているので、今回政府が提案した震災手形一億七〇〇〇万円の中には、大部分が震災に関係ないものである。日本銀行において割引した手形は総額四億三〇〇〇万円ほどであったが、そのうち二億二三〇〇〇万円はすでに取り立てられて、残っていたのは救済する理由のないものばかりである。政府が震災手形の所有者名と金額を公表しないのは、世論の反対を受けることを恐れているからだ。

ここからわかるように、震災で被害を受けた者は大部分が救われず、かえって震災手形の口実の下に大実業家を国民の負担により救済しようとするものである。この理由からこの法案に極力反対する、と締めくくっていた（一九二七年二月二八日大阪中央公会堂における演説より。『武藤山治全集』第五巻、新樹社、一九六四年）。

つまり、もしこの法案に基づき震災手形が処理されたことが公になれば、民衆の反感を高めるに違いない。財界を混乱に陥れ、社会の平和を害する極めて不良な政商保護法といって差し支えないという内容であった。

事実、台湾銀行の約二億円にも上る不良手形が含まれていたのである。震災手形の償還が一九二七年の恐慌の引き金になり、神戸の名門商社の鈴木商店は倒産に追い込まれた。その結果、日本の国際競争力は低下し、第一次世界大戦で中断していた金本位制への復帰が遅れることになった。

†対中貿易の拡大を目指して

稲畑会頭など大阪商業会議所が、大坂経済発展の切り札として考えていた貿易振興はどのようになっていったのであろうか。そのカギを握るのは対中貿易の拡大であった。上海における対中貿易の状況は、第一次世界大戦前にくらべ数量は増加していたが、米英との激しい競争にさらされ、第二位と三位の間を行ったり来たりしていた。関東大震災の影響が貿易の増加につながったのは、中国製畳表《たたみおもて》の対日輸出であった。震災以降の復興需要を見込んで、相場は漸騰の趨勢を示していた。九月中に日本向け輸出は約三六万枚にも上った。その大部分は大阪、神戸向けに輸出されたものであった。ちなみに大阪は五四パーセント、神戸は三九パーセントと両港合わせると輸入量全体の九三パーセントにも上った。

しかし心配の種はつきなかった。稲畑以下対中貿易に注力していた当時、中国では排日運動や日本製品ボイコット運動が起こっていたが、震災後一〇月に入るとすっかり沈静化した。それどころか第五章で詳しく述べるが、日本の予想を上回る震災支援物資が中国各地から届いた。しかしこれは一時的なものでしかないと稲畑は考えた。中国における反日感情は根深く、いずれ高まると予想され、そこから発生する日貨ボイコット運動がおこることは容易に想像できた。

中国は米国に次いで日本の第二の輸出市場として注目されていた。特に大阪は地理的、歴史的に中国と日本のどの地域よりも深い経済関係を有していた。ところが第一次世界大戦後に戦争景気が終わると対中貿易は急速に減退した。稲畑はこの急減少の背景には、経済的理由のほかに中国国内の排日感情の高まりがあると考えた。そこで次のような提案を大阪商工会議所として行った。

一、日支両国の経済的利害は唇歯輔車の関係にあるを以て対支貿易に関しては特に慎

重考慮の上左の各項に留意すること
(A)我が対支外交をして政争圏外に超越せしめ国策上の見地よりその方針を確立し挙国一致これが支持に努むる様本会議諸派適当なる運動を起すこと
(B)対支経済的提携はあくまでも共存共栄を基調とし日本自身のためにも支那自身のためにも相互に有利かつ近接なるゆえんを合理的に支那要人並びに有力実業家に理解せしむるため本会議所は絶えず適当なる機会を利用し先の方法によりこれが徹底を期すること
(一)支那訪問実業団を送ること
(二)上海其の他各地の有力実業家より成れる日本訪問団を迎えること
(三)実業家、青年学生並びに宗教家など相互訪問の交流団体を設けること
(C)東三省は本邦と特殊関係にあるを以てこれが経済上の権益を確保挙国一致するためその開発に努力すること
(D)支那各地に於ける暴力に依る排日貨運動は最近一時収束を見たるも国民党本部はさらに日支通商条約の改定商議を有利に転回せしめんがため、日貨排斥の常套手段にいでんとする形成ありと伝えられる不幸にして排貨運動再燃せんかあるいは外交上重大危機に陥るの恐れなしとせず彼等排日団体の暴状に至りては国際的戦

争以上に相互国民の生命、財産に対する気概損失甚大なるものあり且つ日支両国相互の産業貿易の発達を阻止するのみならず国際正義に反する不法行為たるが故に本会議所は世界永遠の平和確保と国際通商自由障碍除去の精神に依りこれ等暴的行動の絶滅を期する様適当なる方策を講ずること（『大商月報』第二七〇号、一九二九年一一月）

加えて、稲畑は対中貿易の振興のためには、まず日中関係の親密化が不可欠と痛感し、中日協会を設立し、中国要人を自邸に招いて親善茶話会を催した。

さらに稲畑は、対中貿易だけでなく、今まで日本製品が浸透していなかった東南アジア、東アフリカ、中東・地中海地方、さらには中東欧にまで日本の輸出市場を拡大しようと考えその可能性を信じ、定期航路の開設を要望した。つまり日本のように輸入超過国においては海外活躍が国際決済上きわめて緊要である。貿易は国規に伴う、したがって今の不定期な航路が直通定期航路に拡張されれば、貿易の進展、特に日本の工業製品を同地域に輸出することを促進することは間違いないという内容であった（『大阪商工会議所百年史』一九七九年）。稲畑はまた、中東や中東欧に視察に出かけ、トルコや北アフリカ市場の将来性に注目した（稲畑勝太郎『欧亜に使して』日本評論社、一九二九年）。

†「大大阪」時代の到来と幻の「加古川遷都」

大阪商業会議所を中心として各企業は震災発生に伴い、莫大な資金と労力を投入して被災民の救助や支援を行ったが、しかし被災地に対しての支援は短期間で終わるべきとの考えも出てきていた。一九二三年九月二九日の会議所役員会では、大震災善後会義援金依頼の件について議論された。そのなかで、現在以上に義援金を募集することは困難なので、大阪市知事は義援金募集の依頼を謝絶したとの報告があった。さらに稲畑会頭や常議員は東京へ行き、政府に対して金融保険などについての大阪財界側の考えを説明するとともに、産業資金や貿易振興支援を強く陳情した。一〇月二二日の会議所総会においては、大阪の果たす役割について、「この際一層商工業者としての責任を重んじ信用を高められんことを切望す」という次のような決議を行った。

「(前略) 今や関東の大震災に際して輸出貿易の振興は国富の充実のためにますますその緊要を加え国内における商品の有無相通は刻下の急務になれり。我が国商工業の中心地にして東南洋貿易の本拠たる我が大阪の営業者諸氏は、この国難に際し、邦家のため同胞のため最善の努力を払い、今後ますます優良品の廉価供給に向かって専念し、これに伴う商取引上の手続きそのほかに関しても親切を旨とせられ、以て信用を基礎とせる商取引の隆盛を図るるの重大なる責任ありと思惟この際我か大阪商品は優秀にして廉価なりとの信用を高めて商取引の隆盛をきたすにいたらばまことに大阪商工業界のみならず商工業の中心都市としての責務を全うし国家経済に貢献するところすこぶる多大なるべきを信す。願わくば貴組合において本書の進言を納れられ、この際組合員諸氏堅き信念のもとに信用確立のため協同一致して今後ますます優良品を廉価に供給し、以て大阪商品に対し絶大の声価を獲得せらるるよう極力勧奨督励せられんことを」(『大商月報』一九二三年一一月、傍線筆者)

この決議は文書にして稲畑会頭名で、大阪市内重要物産同業組合と準則組合の組合長宛てに郵送された。

一一月五日に稲畑勝太郎、伊藤忠兵衛、安宅弥吉など大阪の著名な実業家が集まり、時局問題研究会を組織して、大阪市内の今橋ホテルで、政治、財政、経済などの問題について自由討議が行われた。その中で注目すべき議論がなされた。

要約すると次のようになる。帝都復興費の政府支援に対して、政府は当初の発表時より、暫時支援金額を増額しているが、他方で産業不振、貿易逆調の折から全国的に負担の軽減を要望している。したがって、帝都復興についてもその費用は最小限度にすべきである。

大阪市も都市計画に対しての政府支援の増額を望んでいるがなかなか実現しないので、

（単位：人）

年 次	大阪市人口	東京市人口
1920（大正9年）	1,252,983	2,173,201
1925（大正14年）	2,114,804	1,995,567
1930（昭和5年）	2,453,573	2,070,943
1935（昭和10年）	2,989,874	5,875,667

表3-4　東京・大阪の両都市の人口の推移の比較表

計画を遅延、または中止に追い込まれている。東京市はこの際都市計画の費用を自己の負担として市債を発行すべきである。政府は一時これを立て替え東京市の復活するまで国庫がその利息を補助する。東京市が復活した後に徐々に立て替え分を償還させる。政府は陸海軍費や一般行政費を前年度比で二割ほど減額する必要があるという内容であった（「変災及救済関係雑件　関東大震災ノ件」）。

　大阪財界としては、国家財政が苦しいなかで、東京市復興だけを特別扱いにするのはおかしいと疑問を呈し、大阪が事実上の日本経済の中心となっているのであるから大阪への予算配分が減るようなことは慎んでほしいという考えであった。すでに述べたとおり確かに関東大震災により、東京、横浜方面から多数の人口が大阪、神戸に流入し、大阪は一九二五年には人口数で東京を抜き、日本一の大都市になった（表3-4）。いわゆる「大大阪時代」になったのである。

　東洋のマンチェスターと呼ばれるほど繊維産業を中心として軽工業が発展し、大阪、神戸両港を合わせれば、東京、横浜両港の取扱高をはるかにしのいでいた。したがってもし九月一二日に発せられた「首都を東京から移動させない」という詔勅がなく、第一章で述べたように、陸軍の今村均によって作成された遷都案の候補に挙がっていた加古川への遷都が実現していれば、一九三〇年代以降、今日に至る日本の姿は大きく変わった可能性があった。現在のような東京とそれを取り巻く首都圏（神奈川東部、千葉西部、茨城西部、埼玉）への政治、経済、教育、文化すべての一極集中は起きず、バランスの取れた姿になっていたかもしれない。

第四章

地方経済界の驚くべき対応

田園都市株式会社渋沢栄一招待会にて。1927年6月30日、多摩川園内(渋沢史料館所蔵)

†地方は関東大震災をどう見たか

関東大震災は、被災の中心である東京・横浜以外の日本全国においてはどう捉えられ、各地域の経済界はどのような影響を受けたのであろうか。さらに被災地以外の地方経済界や民間企業（企業家）はどのような対応をしたのであろうか。

一九二三年当時、日本の領土（約三七万平方キロメートル）は現在に比べてかなり広かった。明治以降日本は急速に領土を拡大した。まず一八七九年に琉球を清国から切り離し沖縄県とした。いわゆる琉球処分である。一八九五年の下関条約で清国から澎湖諸島と台湾を、一九〇五年のポーツマス条約でロシアから北緯五〇度以南の樺太を、一九一〇年の韓国併合により朝鮮半島を、一九一九年のベルサイユ条約によりドイツ領南洋諸島（マーシャル諸島、マリアナ諸島、カロリン諸島、パラオ諸島）を委任統治することになり、領土の総面積は約七〇万平方キロメートルと現在の二倍近くの広さとなった（図4-1）。

第二次世界大戦の敗北と連合国の占領期を経て平和国家として再出発した経験を有する我々とは、震災発生当時の日本人は、国土に対する見方や考え方が異なっていたことを念頭に置かなければならない。したがって関東大震災に対する反応を見る場合にも、朝鮮の京城（現在のソウル）、釜山《プサン》、仁川《インチョン》や台北《タイペイ》などを含む必要がある。本章では、資料的裏付け

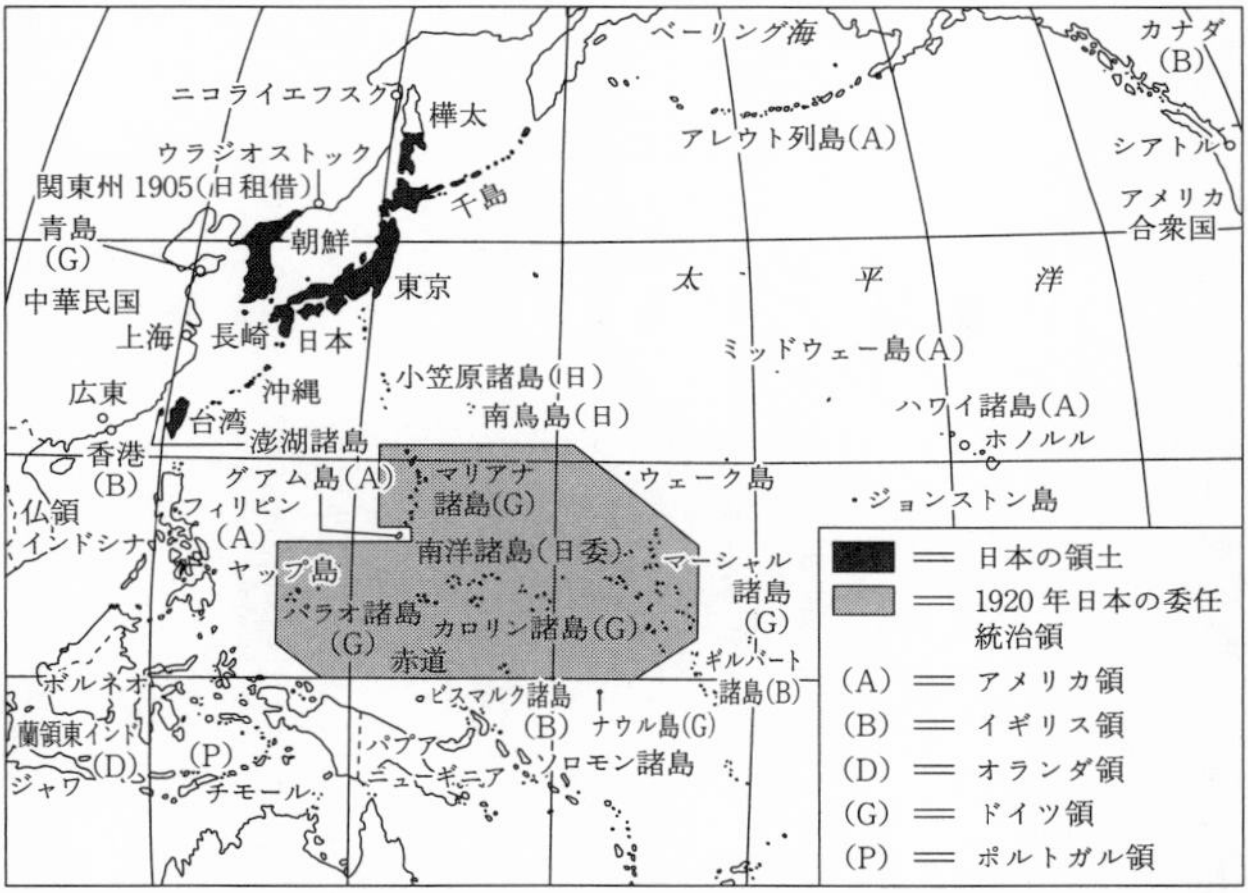

図 4-1　関東大震災発生時の日本の領土。出典：『増補版　標準世界史地図』（吉川弘文館、1982）、49 頁より一部改変

のできた北海道（札幌、小樽、函館）、東北（秋田、仙台、福島）と新潟、北陸（金沢、富山）、北関東（高崎、桐生など）、名古屋、東海（静岡、豊橋）、関西（京都、大阪、神戸）、岡山、松山、下関、京城、釜山などの商業会議所に焦点を当て、地方経済界の対応を考えていこう。

†なぜ商業会議所に注目するのか

商業会議所（チェンバー・オブ・コマース／Chamber of Commerce）の起源は、一五九九年に地中海の港湾都市マルセイユに創設されたものといわれている。日本では一八七八年東京と大阪に商法会議所として設立された。

それではどのようないきさつで設立に至ったのであろうか。当時明治政府は、幕末に諸外国と締結したいわゆる不平等条約の改正に取り組んでいた。しかし西洋諸国は日本の改正要求になかなか応じなかった。その主な理由の一つは、英国公使パークスが指摘したように、条約改正は政府からの要望ばかりで、貿易取引に従事する商人や一般民衆の声が聞こえてこない、ということであった。つまり条約改正に向けての世論が形成されていなかったのである。

当時の政府の伊藤博文や大隈重信は渋沢栄一に相談を持ち掛けた。大蔵省を退職し、実業家として活動していた渋沢は、福地源一郎や益田孝など親しい実業家を交え、欧米のチェンバー・オブ・コマースを導入することを決め、一八七八年、政府から一〇〇〇円の補助金を得て、東京商法会議所を創設し、自ら初代会頭に就任した。設立発起人には、渋沢栄一（第一国立銀行頭取）のほかに、益田孝（三井物産社長）、福地源一郎（東京日日新聞社長）、三野村利助（三井銀行）、大倉喜八郎（西洋織物商）、渋沢喜作（生糸米穀商）、竹中邦香（米商会頭取）、米倉一平（両替商）など東京の代表的な八人の実業家が名を連ねた。

その目的は、まず明治政府が掲げた目標の一つである殖産興業を促進すること、次に条約改正へ向けての世論を形成することであった。商法会議所という新しい公の場で議論し、条約改正に向けての請願書を政府に提出した。こうした活動を通じて、異業種の商人や実業家が情報交換することができる経済界を創出したわけである。

同年に、大阪では五代友厚が中心となり、大阪商法会議所を創設した。その主な目的は明治になってからの大阪経済の退潮を挽回することであった。江戸時代の株仲間や同業者組合的な要素が強かった大阪では、各商業の規則を苦労しながらも取りまとめ、一八八〇年に「商工振興四根本策」として大阪府知事に請願した。

その後商法会議所は、一八八三年に東京商工会に、さらに一八九一年商業会議所に改称された。当初渋沢、益田、大倉らは、英米方式の会員制の任意組織を目指したが、財政的自立が困難なため、政府からの補助金を受け取らざるを得なかった。その後一時期は、政府の補助金と会員の拠出金で運営していたが、一八八〇年七月からは補助金が廃止されたため、会員の拠出金を倍額にして活動の維持に努めた。

これは自律性の確保という点では好ましかったが、相当の金額を支払える企業しか議員になれなかった。結局大企業が運営の中心となり、中小企業の会員からは、排他的な組織になっていると不満が起こった。つまり会議所の持つ平等性が失われることが、商業会議所制定の過程で顕在化した。そこですべての商工業者が強制的に加入する商業会議所が制定されることになった。

一方、商法会議所は名称を変えながらも横浜、名古屋、京都、門司、新潟、函館など日本の主要都市から全国に広がり、地域経済界の中核になった。

他方商業会議所は都市を中心とする商工業者の組織であり、あくまでも地域の経済団体であった。したがって地域を越えた問題に対処する際には、商業会議所連合会の名の下に、数か所の商業会議所の代表が集まり協議会を開き、決議した結果を要望書としてまとめ、政府に陳情した。関東大震災への対応の場合にも、各商業会議所としてだけでなく、名古屋、京都、大阪、福岡といった地方中核都市の商業会議所会頭が呼び掛けて緊急連合会を開催し、対応策をまとめたのである。現在の自由参加の商工会議所とは異なり、関東大震災当時は商業会議所法に基づき、強制参加が原則であったため、商業会議所の動向を見れば地方経済界を把握できたのである。

明治以降日本全国の主要都市に設立されてきた商業会議所は、一九二〇年代になっても地方経済界を代表する団体であることに変わりなかった。したがって震災による首都壊滅という突然起こった未曾有の大災害に対して各地域はその影響をどのように捉え、各地域経済の発展や自らの企業活動の促進にどのように反映させていったかは、商業会議所の動きに注目しなければならないのであった。

震災発生直後の九月三日に、第一章で紹介したように、東京商業会議所から全国の商業会議所宛てに、「貴会議所は此際之と協力して全国商業会義所は国民的大運動を起し、直

県	9.1 推計人口	死亡 行方不明	11.15 罹災現存	11.15 現在人口	（11.15現在人口＝東京市及び神奈川県調査人口、他は推計人口に避難者を加えたる数）
東京府	4,050,600	70,497	1,495,926	3,634,199	－416,401
（東京市）	2,265,300	68,660	1,021,956	1,527,277	－738,023
神奈川県	1,379,000	31,859	1,024,071	1,242,532	－136,468
（横浜市）	442,600	23,335	254,556	311,402	－131,198
千葉	1,347,200	1,420	194,318	1,400,655	53,455
埼玉	1,353,800	316	125,801	1,391,098	37,298
静岡	1,626,300	492	90,044	1,646,614	20,314
山梨	602,000	20	34,144	611,812	9,812
茨城	1,399,100	15	32,320	1,428,982	29,882

表4-1　震災一府六県の人口。出典：社会局『震災調査報告』（1924年）、148-149頁

ちに救済事業に取りかかり、食料品その他日用の必要品を東京に供給する方法を講ぜられんことを切に望む」（『東京商業会議所百年史』）という気迫のこもった救済方針が打電されていた。

これを受けて全国の各都市商業会議所は本格的に救援活動に動き出すことになった。各地の商業会議所や各企業がまず取り組まなければならなかったのは、震災の被害状況を把握し、被災地に居住もしくは滞在していた各企業の社員や家族の安否を確認することであった。ラジオ放送が開始される前の段階で、情報は電信電話、無線、航空機や新聞であった。しかし、これまでの章で明らかにしたように東京、横浜方面への電信電話回線や新聞社の本社社屋倒壊や焼失により、震災の第一報が届いてから、場所によりかなり異なるが、詳細な情報を得るのに数日かかっ

た。

震災の被害状況を把握する一方で増え続ける避難民をどのように受け入れるか、そして救援隊や救援物資をどのような方法で運ぶかに取り組まなければならなかった(表4-1)。避難民は各市町村の公務員が中心となり受け入れ体制を整えたが、実際には地元の経済界が炊き出しや仮住まいの提供に尽力したのであった。

†東京・横浜以外の被災地の動向

第一章と第二章で東京市と横浜市の被害状況を紹介したが、ここではその周辺で大震災の直接の被害を受けた地域から見ていこう。

まず神奈川県の相模湾沿岸では、津波が押し寄せ、多数の溺死者が出た。その様子を日記に書き残した人は多いが、ベルギー大使のバッソンピエールもその一人である。八月中旬から家族と一緒に逗子に滞在していた駐日フランス大使のポール・クローデルの娘マリーと自分の娘たちを連れて海岸へサーフボードを楽しみに出かけていた。しかし潮の流れが速いのを見て不吉な予感がしたバッソンピエールは、マリーに岸から遠くに行かないように注意していた。なぜか海の状態が気に入らなかった。ある場所は暖かいと思えば、別の場所は冷たくて波は低く、サーフボードには向いていないと思った。

すると運命の瞬間が訪れた。彼は日記に、次のように恐怖の体験を綴っている。

「突然私はよろめいて眼がくらんだ。私は日射病にかかったか、めまいをおこしたのかと思った。その時、「ああ！　たいへんよ！　流れが！」という恐怖にかられた叫びが耳に入った。恐ろしい現実に気づくと私は少し先にいたマリーのそばにとんでゆき、ひきずるようにして岸につれ戻そうとした。泣くんじゃない。泣いてもなんにもならない。他のものを「動揺させる」だけだ。私はそう彼女にいいつづけていた。

海岸と私たちのあいだに私の娘がいて右に左にうろたえながら恐怖の叫びをあげていた。そして私たちと同じように岸にたどり着こうと懸命になっていた。

震動で完全に流砂と化した砂といっしょに、水ははげしい力で私たちを後ろにひっぱろうとした。私たちは沖の方へ「吸いとられる」という恐ろしい感じをうけた。もはや波はなく、ただ奇怪な音をたてていた。おそらく水中で揺さぶられる砂の音だったのだろう。

娘を見失わないようにするとともに、マリー・クローデルを元気づけながら私は岸の方を見わたした。太陽はヴェールをかぶされたようで、どんよりと曇っていた。そのとき、ほとんどのすべての丘が崩れて巨大な斜面がいっきにすべり落ちてくるのを見た。そのと同時に、眼の前の家々の屋根がくさむらのなかに落ちたり、瓦が空中に舞いあがったりした。右の方に眼を走らせて私は、私たちの家がまだ「くっついている」のを見たように思う――。
私はそのとき、恐ろしさでわなないているマリーに向かって、「これはものすごい地殻の変動なんだ。元気をお出し、もうすぐだ」と言ったことをおぼえている」
（アルベール・ド・バッソンピエール、磯見辰典訳『ベルギー大使の見た戦前日本――バッソンピエール回想録』講談社学術文庫、二〇一六年）

こうした地震による津波は湘南海岸全体に押し寄せ、数多くの溺死者や行方不明者を出した。

神奈川県は震源地に最も近い県として震災の被害は甚大であった。死者、行方不明者は、県全体で三万一八五九人に上った。そのうち横浜市だけで二万三三三五人で、残りの地域の合計は八五二四人であった。同県外への避難者は一一月一五日現在で一三万人以上であった。根府川駅が土砂にうずもれたのをはじめ、東海道線は県内各地で寸断され、復旧には相当な時間がかかると考えられた。

†小田原市――交通網の整備へ

神奈川県西部の中心として江戸時代から城下町として栄えた小田原市はどうだったか。まず小田原市内の状況である。小田原商工会議所編『小田原地方商工業史』によれば、市内全家屋の四割以上が焼失し、二割近くが全壊、一割強が半壊した。小田原自慢の商店のほとんどが一瞬にして壊滅的な打撃を受けた。企業の生産活動では、小田原紡績が二六七万三〇〇〇円以上、日本帆布会社の五万円、小田原製紙の二九万円ほか、繊維関係、石材、箱根の物産関係の工場などが被害を受けた。また第一次産業では田畑が流失・崩壊し、漁業は諸道具や漁網が破壊され、林業も被害を受け、ほぼ産業全体に多大な損害を被った。

震災復興に対して、政府は、県や大都市を中心に救済を行い、その他市町村は自力で復興することを基本方針にしていた。したがって、小田原の場合も、江戸時代の宝暦の富士山噴火の際の発想と全く同じであった。当時幕府が注力したのは小田原城下に洪水の被害をもたらす酒匂川の土木工事であったが、大正の震災後に真っ先に開始されたのも主要道路の補修・拡張であった。県の費用で約七・三メートルの幅の道路建設が計画されたが、県の予算だけでは足らず、政府が認めた市債や町債を起債して復興の財源に充てた。小田原の町債は二〇〇万円で返済期限は三〇年余りで、商店は、県から別に小口生業資金として約六〇人に対して、総額一万円を貸し付け、その返済期間は六か月から一〇か月であった。しかし二年経過しても返済できたのはわずか四人しかいなかった。震災後の不景気は長引き、一九二七年一〇月には、大工、鳶、石工、建工職などの組合からの申し出により賃金が引き下げられたほどであった。

次に鉄道の被害状況である。小田原電気鉄道では登山鉄道線の小涌谷と宮ノ下間で車両転覆事故が起き、約三〇〇万円の損害を被り社会的信用も傷ついた。その結果、同社は関東進出をうかがっていた日本電力株式会社に一九二八年三月に合併吸収された。日本電力は一九二〇年に設立された関西地方を基盤とした電力会社で、小田原電気鉄道の経営危機は関東進出の好機になったのであった。しかし震災からの復興が進み、横浜に神奈川県の中心が移ると、日本電力営業所の電力事業と鉄道事業の分離が行われ、鉄道部門は箱根登山鉄道株式会社として設立された。同社は、すぐに復興機運に乗り、熱海線の開通や東海道線の小田原駅乗り入れが追い風となり、昭和期に小田原地区の有力企業として成長し、今日に至っている。これは大震災の余波といえよう。

このように震災は小田原経済界に暗い影を投げかけたが、ようやく震災から七年経った一九三〇年になると、町の外観は震災以前に勝る姿になった。同年四月には、「復興祭」が華々しく開催され、小学生や女学生のパレードに続き、芝居や山車が繰り出され、震災後の暗雲を払いのけようとした。この祭りにうたわれたのが、次のような復興歌であった。

はるかに海に連りし　見よ建物は満しみてり　見よ街条は整へり　姿雄々しき復興の

小田原町の花の春（「横浜貿易新報」）

一九二九年九月のニューヨーク株式市場の大暴落に端を発した世界大恐慌のなかで、商店界にとっては一服の清涼剤になったであろう。

一方で商店界にとって脅威になったのが、相次ぐ百貨店の進出であった。一九二九年に入ると、大型店舗から百貨店に転換した横浜の京浜デパート、相模屋、野沢屋などが相次いで小田原で衣料や食品の出張販売を行った。これに対抗して小田原商店界の連合組織である小田原商業連合団は大売出しを街中各所で行うだけでなく、湘南地方や東伊豆方面へ出張販売に出向くなどの積極策も取った。その間隙を突くように野沢屋が小田原街中で出張販売を行うなど猛烈な販売競争がくり広げられた。町民にとっては、この安売り競争は大歓迎であった。しかし横浜の百貨店の店舗開設や加熱した安売りによる商品相場の値崩れなど外部からの攻勢と昭和恐慌のあおりを受け、小田原商店界は不景気のどん底にあえぐことになった。

そのような厳しい環境のなかで、町の振興と商業の進展との一体化を進めていた商店界にとって、震災が与えた将来への希望は小田原地方の交通網の整備であった。まず鉄道は、国鉄が震災の被害を克服し、一九二五年には熱海まで延長したため、東京と小田原、箱根、湯河原、熱海間の所要時間が大幅に短縮された。同年、小田原と関本を結ぶ大雄山鉄道が、また私鉄では一九二七年に小田急が新宿、小田原間で開通した。箱根登山鉄道が小田原、湯本間を結び、強羅までに至る交通網ができあがった。その鉄道網の中心が小田原駅になった。さらに乗合自動車網が震災後に補修・拡張された道路に沿ってめぐらされた。

小田原商店界は将来を見越して積極策に打って出た。すでに明治時代から伊藤博文ら政治家により小田原は別荘地として開発されていたが、さらに海水浴場を開設し、小田原を遊覧地として箱根と共に売り出し人を集めようとしたのであった。さらには桜の名所として小田原城の内堀沿いでは稚児行列を行い、小田原城外堀のあった小峰《こみね》では自転車競走も催した。この結果小田原駅の乗降客は約三万七〇〇〇人と通常の五倍ほどの人数に達した。大不況下で消費意欲が冷え切っている時としては珍しかった。小田原町では、市制施行に向けて、遊覧都市と住宅特使を目標に掲げ、町ぐるみで振興会が結成された。こうして次々と積極策がとられた結果一九三四年には東海道本線の急行燕《つばめ》号が小田原駅に停車することが決まり、京阪神方面からも観光客が来るようになった。この年の七月と八月の乗降客数はそれぞれ、一九万人を超えた。関東大震災後の交通網の整備が都市の発展に結びついた好事例と考えてよいであろう。

†郊外化の進展と私鉄の路線拡大

都市圏別	会社数	公称資本金	建設費	営業マイル	乗客数	乗客運賃
東京	13	21,365(26.1)	16,202(50.5)	466(16.0)	24,139(21.2)	2,121(25.2)
大阪	7	33,615(8.8)	19,664(5.9)	373(2.6)	31,999(6.2)	3,819(8.9)
名古屋	7	3,931(8.0)	3,933(10.7)	181(3.4)	3,428(15.3)	504(22.1)
合計	27	58,911	39,798	1,019	59,566	6,443

表4-2　三大都市圏（東京・大阪・名古屋）における郊外私鉄（1928年、単位：万人・万円）。出典：中西健一『日本私有鉄道史研究』増補版（ミネルヴァ書房、1979年）、251〜252頁

関東大震災が都市交通網の整備拡張につながった背景には、東京や大阪など大都市の郊外化の進展とそれに伴う鉄道輸送の拡大があった。それは国鉄や市電ばかりでなく、私鉄路線の延長にも当てはまった。一九〇五年に日露戦争が終結した頃から一九二〇年代までの東京圏と大阪圏の発展を比較しよう。私鉄の路線拡大に関しては、東京圏よりも大阪圏の方が早かった（表4-2）。すでに明治時代に、南海鉄道、大阪鉄道、阪神電気鉄道、箕面有馬電気鉄道、京阪鉄道などが開業し、大阪市と隣接する京都、神戸に路線は拡大していた。東京圏では明治期に現在の東武線、京王線、西武線、京浜急行線、東急線などの前身となる会社は設立されていたが、営業区間は東武線を除いては東京、川崎、横浜の各市内の短距離運転に限られていた。

その中で東武鉄道は一八九九年に北千住駅から埼玉県久喜駅を結ぶ路線（現在の東武伊勢崎線の一部）を開業した。その後営業不振に陥ったため、一九〇五年に根津嘉一郎を東武鉄道社長に迎えた。根津は営業成績を回復させ、一九一二年には佐野鉄道（現在

の佐野線）を、翌年には太田軽便鉄道（現在の桐生線）を合併した。さらに一九二〇年には、東上鉄道（現在の東上本線）と東武鉄道の名前を残して対等合併し、東京から北関東にかけて国鉄を補完する路線となった。区間エリアでは関東大震災で大きな被害を受けたが、一九二九年に、日光線を全線開通させ、日本発の電車による一〇〇キロ以上の長距離運転を開始した。一九三一年には浅草雷門駅（現在の浅草駅）に乗り入れ、東京地下鉄道（現在の東京メトロ）銀座線と接続した。

東武鉄道以外の私鉄各社が路線を拡大したのは、大正期に入り郊外化に伴い、東京市内の人口の増加率より郊外の人口増加率の方が高くなってからである。東京市内と郊外の人口が逆転したのが、まさしく関東大震災に見舞われた一九二三年であった。私鉄の路線は拡大基調にあったが、東武鉄道はその動きに拍車をかけた。

京王電鉄の成り立ちは、一九〇五年に日本電気鉄道が蒲田から調布町、府中町を経て立川駅に至る電気鉄道路線の敷設を出願した時にさかのぼる。翌年武蔵電気軌道と改称し、路線計画を変更し、現在の京王線の基を築いた。その後同名の会社が現れたので、一九一〇年に京王電気軌道と改称した。同社は合併を繰り返しながら着実に路線を延長し、新宿と八王子の甲州街道沿いの経路を結び、同地域の発展に貢献した。一九二七年には、新宿、八王子間全線が開通した。

西武鉄道は、一九一二年に開業した武蔵野線（現在の池袋線系統）が、旧西武鉄道を吸収した私鉄である。西武鉄道の業務拡大に多大な影響を及ぼした人物は、堤康次郎（一八八九〜一九六四）である。堤は早稲田大学在学中から不動産事業に関心を持ち、沓掛村（現在の中軽井沢）一帯の別荘地開発を手掛けた。不動産購入資金を何とか工面した堤は、購入した沓掛の土地を簡易別荘として販売し利益を上げた。その資金を元手に、堤は一九一九年に箱根の強羅に一〇万坪の土地を買収し、翌年には箱根土地株式会社を設立した。一九二三年には駿豆鉄道（現在の伊豆箱根鉄道）の経営権を掌握した。

関東大震災後、堤は都内の皇族や華族の大邸宅を次々に買収し、目白文化村など住宅地として販売した。強引なまでに不動産売買を繰り返しながら、一九二五年までに池袋、飯能間を全線電化し、大泉学園や小平学園都市開発に着手、東京商科大学の誘致に成功した。太平洋戦争中には、周辺の武蔵野鉄道や多摩湖鉄道を合併させ、西武鉄道の経営多角化に寄与した。

京浜急行電鉄の前身は、一八九八年に設立された大師電気鉄道（現在の大師線の一部）で、日本では三番目、関東地方では最初の電気鉄道会社であった。安田財閥が創立に人的にも、資金的にも支援したため、現在でも安田財閥の流れをくむ芙蓉グループの一員となっている。川崎駅と大師駅（現在の川崎大師駅）との間で営業を開始し、京浜電気鉄道と社名を変更した。その後蒲田、川崎、東神奈川へと路線を延長していった。東京市電との相互乗り入れや三浦半島への路線延長を実施し、現在に至っている。

東急電鉄の歴史は、渋沢栄一の田園都市構想に結びついている。渋沢は、英国の社会改良家エベネザー・ハワードが一八九八年に提唱した田園都市構想に関心を持った。日本の近代化の過程で生まれた新しい経済人が、豊かで教養ある中産階級として社会を支えていくためには、より良い住環境が必要ではないかと思うようになったのだ。つまり『論語と算盤』で語られているような公徳心を持った有産階級を育成するためには、東京の下町のような職住接近した住宅地ではなく、自然環境の豊かな郊外に造成しなければならないと考えたのである。

英国で学んできた郊外の理想的な住宅地としての田園都市の開発を目的に、渋沢は、中野武営や服部金太郎（服部時計店創業者）、緒明圭造（東京横浜電鉄経営者）らを大株主として、一九一八年に土地や家屋の分譲販売を行う会社として田園都市株式会社を設立した。新会社設立の趣旨のなかに、空気清浄な郊外に住宅地を移して、健康を保ち、様々な設備を整えて、生活上の利便を図ること、という一文が明記された。

その鉄道部門が一九二二年に子会社として分離し、目黒蒲田電鉄となった。同社は、荏原電気鉄道、池上電気鉄道、武蔵電気鉄道などと図り路線を拡充し続けた。一九二〇年の反動不況の際には、関西から小林一三を誘い、名前を表に出さず、無報酬で毎月日曜日だけ東京へ行くという小林が要求した三条件を受け入れ、社長に就任させ、沿線の土地買収を行うと同時に、鉄道事業と電灯供給事業も手掛け多角経営を行った。経営状態が上向くと、小林は、後継者として、五島慶太を推薦した。五島慶太は一九一一年に東京帝国大学を卒業後、鉄道省で、一九一八年に退官するまで私鉄の監督業務に携わっていた。一九二〇年から武蔵電鉄の常務取締役となっていた。小林の勧誘に応じた五島は、一九二二年に目黒蒲田電気鉄道を設立し、洗足、多摩川一帯の土地を住宅分譲地として買収した。また同社は鉄道路線の拡張を進めた。一方一九二四年に武蔵電鉄は東京横浜電気鉄道と改称した。小林は郊外の私鉄沿線に住宅地を分譲するというアイデアを実現するため、箕面有馬電軌の沿線の土地を買収し、住宅地だけでなく、宝塚劇場や遊園地など多角的沿線開発に乗り出したが、五島はそれに加え、高等学校の誘致を行い、双方向の乗客を確保した。

関東大震災以前から、東京市と八王子、多摩、横浜市など郊外の諸地域への人口移動の急増が始まっていた。このため私鉄の路線が拡張され、私鉄が人々の通勤、通学、遊興などの移動手段となった。関東大震災はまさしく郊外化現象に拍車をかけることになったのである。

†八王子市——「日本のシルクロード」を復興する

東京都内ではあるが、陸軍中佐今村均が首都移転の三番目の候補地として挙げた八王子の損害は比較的軽微であった。破壊された建物は随所に見られたが、幸い大火には至らなかったため、死者、行方不明の合計も二〇名程度であった。

一九一七年に市制が施行された時の八王子の人口は四万二〇四三人、戸数は七一二六戸で約三割が商業に従事していた。四年後の一九二一年には、商業人口は四二パーセントに増え、商店は甲州街道沿いの町を中心に、市内各地に広く分布していた。

第一次世界大戦を境にして日本全国で、織物の機械化が進み、製織能率が高められたが、八王子はその代表的な例であった。一九一二年には手織機三七五八台、力織機一八二台であったのが、一〇年後の一九二〇年には、手織機二一〇二台、力織機八六〇二台と手織機と力織機の数が逆転し、従業員も五二五三人（男性一九四七人、女性三三〇六人）まで増加した。

近代化に伴い生産高も増加し、同年には、生産数は三五〇万点を突破し、生産額が四〇五六万円と、一九一一年の二倍を超え、全国一の生産高を上げることができた。ちなみに、国内生産高のベストテンは、一位が八王子、二位が伊勢崎（群馬）、三位が西陣（京都）、

以下米沢（山形）、秩父（埼玉）、見附（新潟）、十日町（新潟）、山形（山形）、五泉（新潟）、青梅（東京）であった（八王子商工会議所100周年記念誌編纂委員会編『100年の歩み――八王子商工会議所創立100年記念誌』八王子商工会議所、一九九四年）。

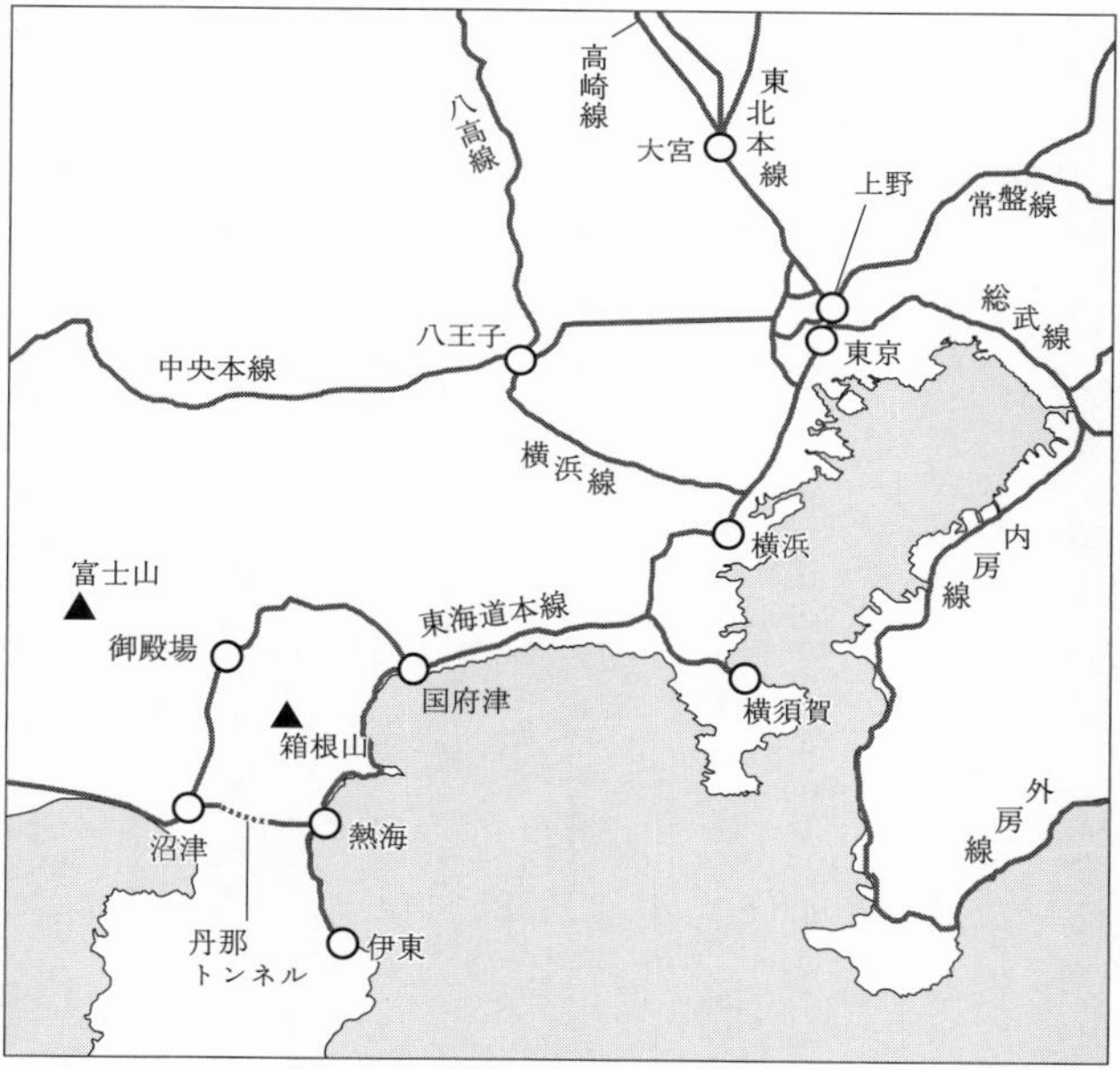

図4-2　東京・横浜周辺の鉄道網。出典：老川慶喜『日本鉄道史　大正・昭和戦前篇』58頁をもとに作成

　八王子から横浜につながる横浜線（図4-2）と鎌倉街道は、輸出する生糸を横浜港へ運送する、いわゆる「日本のシルク

ロード」となった。八王子の製糸業の歴史は古く、江戸時代には八王子一五宿が開設され、毎月四と八のつく日に市が開かれ、そこに繭、生糸、織物が集まるようになった。一九世紀初めには「桑都」と呼ばれていた(八王子市市史編集委員会編『新八王子市史　通史編四近世(下)』八王子市、二〇一七年)。八王子周辺地域では、栽培した桑の葉で育てた蚕から繭を採り、その繭を繰って生糸にし、それを染色して絹織物を織っていた。明治に入り一八七七年に豪商萩原彦七が器械製糸工場を創業し、八王子の製糸業の基礎を作った。萩原彦七(一八五〇〜一九二九)は幕末に相模国愛甲郡(現在の神奈川県厚木市)の名主の家に生まれた。一八歳ごろから生糸商家で働き、修業を積んだ。八王子町小門の生糸商人の番頭となった萩原は娘婿となり、萩原彦七を襲名した。

明治初年から八王子の鑓水《やりみず》商人が、八王子に集められた生糸を横浜まで運び輸出していたが、粗製乱造がたたり、海外での評判が落ちて、輸出は不振となった。明治政府は殖産興業の政策により輸出品第一位の生糸の品質を向上させるために、高品質の生糸の生産と輸出を奨励した。こうした状況のなかで、萩原は水車を使った器械製糸工場を建設した。そこで作られた製品の品質は良く、博覧会でも賞を受けるほどであった。このため一時は富岡製糸場を抜いて日本一の生産高を上げていた。

一八九三年には、養蚕伝習所を設立、製糸業を志す生徒を要請するなど養蚕業の発展に尽くした。さらに横浜港への輸送を円滑にするために、工場の近くを流れる浅川に橋を架けた。八王子や日野を流れる一級河川の浅川には当時安全な橋がなかった。このため萩原は将来の商工業の発展のため私財を投入して地元の有志と木造の橋を架けることにした。完成した一九〇〇年当時一万三〇〇〇円の工事費がかかったが、萩原がその大部分を負担し、そのうえ二年後には橋は私有すべきでないという考えから東京市へ寄付した。この橋は萩原の名にちなんで萩原橋と呼ばれている。萩原橋を利用し、八王子から現在の国道一六号線に沿うように何本かの街道で生糸や絹織物が運ばれ、横浜港から輸出された。

一九三二年には鉄筋コンクリートの橋に架け替えられ、さらに一九九〇年に補修され、現在に至っている。しかし橋の完成を見たころから萩原彦七商店の経営は悪化して、ついに諏訪の片倉製糸場に買収された。

関東大震災により、このシルクロードも各地で道路や橋が破壊され、生糸や絹織物の輸送ができなくなり、大打撃を受けた。東京、神奈川、千葉南部を除いた関東地方では震災や火災による建物の損壊や人的被害はそれほど大きくはなかったが、経済面では東京、横浜との取引が命綱であったため、八王子と同様、桐生、前橋、秩父など養蚕業、蚕糸業、絹織物業などは深刻な影響を受けたのであった。

千葉県南部の震源地に近い館山や勝浦は甚大な被害を受け、死者、行方不明者は約一二〇〇人に上った。そのほとんどは南総地域で、北総・東総地域はそれほどの被害は受けなかった。ここでは、北総・東総地域の金融状況について見ていこう。

千葉銀行調査部編『千葉銀行史』によれば、千葉県では、第九十八国立銀行が一八七八年に士族と千葉町（現在の千葉市）の地主などにより設立された。堅実経営に徹した同行は経済危機を乗り切って業容は拡大した。房総半島では震災の影響により大きな被害が出たが、東総地域では、地震による被害はそれほど大きくなかった。震災により同行北条支店が倒壊した。被災地の銀行では自然休業になったが、同行は九月八日には全店一斉に開業した。

†千葉県——銀行再編の加速

日清戦争後の銀行勃興ブームが千葉にも波及した。一八九六年には、現在の成田市に成田銀行が開業した。成田山新勝寺の門前町として江戸時代から多くの参拝客で賑わったが、明治に入り廃仏毀釈の風潮から町勢は不振であった。新勝寺の住職は、下総鉄道を起こし、佐倉、成田、佐原を結ぶ鉄道（現在の成田線）の敷設を進めるとともに、殖産興業に不可欠の金融の便を図るために、地元の有力商人や東京在住の信徒有志と相談し、設立にこぎつけた。設立当初の発起人や大株主の中には、渋沢栄一、大倉喜八郎が名を連ねた。その後何度かの経営危機を川崎銀行の支援を受けて乗り越え、第一次世界大戦後には、北総地域の銀行を次々と合併して埼玉や東京地域にまで広げ、総武銀行と改称した。資本金は二〇二万円となり、千葉県下では、資本金三〇〇万円の野田商誘銀行に次いで二番目の規模になった。

一九二三年九月の大震災とそれ以降の経済恐慌により多額の貸付金が回収不能となり、一九一四年以来川崎銀行から専務取締役として派遣されていた萩原鍈三が退職し、玉屋時次郎が頭取になった。玉屋は川崎銀行との関係を断って、地元銀行として千葉県の農耕水産業や蚕糸業の振興に尽力するという方針を採った。しかし再建のめどは立たず、結局再び川崎銀行の支援を受けることになった。一九二五年に玉屋が頭取を辞任すると、完全に川崎銀行の傘下に入ることになった。

震災時においても閉店せず営業を続けていたのが、小見川農商銀行と野田商誘銀行であった。前者は一八九八年に設立された。当時北総地方は利根川が交通運輸手段の中心をなしていた。小見川は香取郡では佐原に次ぐ物資集散地であった。一九二八年三月に創業三〇周年を祝って、渋沢栄一が揮毫した「業精于勤」（業《なりわい》は勤《つと》むるに精《くわ》し）の教えを先取りしていた同行は、震災が発生してから一日も休業せず取引者の利便を図り社会的信用を高めた。

　後者は醬油製造業が盛んな野田に一九〇〇年七月に資本金二五万円で発足した。創立委員のほとんどが醬油事業と密接な関係にあったので、醬油の語音にちなんで、「商誘」と名付けられ、頭取には茂木房五郎が就任した。同行の利用者の七割以上が醬油造家で占められた。一九一七年に野田醬油株式会社が設立されてからは、同行はその傍系事業として経営されるようになった。

　野田商誘銀行は堅実経営に徹し、信用の拡大と預金者の保護と利便をモットーとして、社内留保の拡大に尽力し、資本金は三〇〇万円に達した。貸付に関しては地方経済に貢献する健全な産業資金に応じ、その際には必ず紹介人か保証人に共同責任を持たせた。同行の重役は無報酬で、貸付や借り入れに対しての自由裁量は認められなかった。

　このため、一九二〇年の反動不況時にも動揺しなかった。関東大震災の時には、小見川農商銀行とともに一日も休業せずに取引者の利便を図った。

†醬油ものがたり

　日々の食生活に欠かせない醬油は大震災でどのような影響を受けたのであろうか。

　銚子醬油によれば、銚子の工場では桶の中の醬油が地震の揺れでこぼれる程度の被害で済んだが、東京の出張所は全焼したことを震災発生当日の夕方に知った。社員二名が自動車で東京に向かい、同業他社の出張所もすべて焼失したことがわかった。喫緊の課題は醬油が小売店にも家庭にも全く在庫がない状態をいかに早く解消するかであった。九月一一日に問屋の関係者一九人と蔵元の代表七人が参加して善後策を協議して、消費者に迷惑をかけないことを第一に、問屋の共同販売によって、できるだけ早く品物が消費者の手に渡るように工夫した。

具体的には、問屋は、毎日三人交代で事務所に勤務し、現金で伝票を渡し、伝票と引き換えに蠣殻町川岸に係留してあるキッコーマン、ヤマサ、ヒゲタの三蔵元の伝馬船で醬油を渡すという方式をとった。注文割合は、キッコーマン五、ヤマサ三、ヒゲタ二という比率であった。

この時の様子は、深井吉兵衛『醬油ものがたり』(醬油通信社、一九五四年)によれば、この共同販売は九月一七日から一〇月一五日まで、二九日間続けられたがその人気は大変なものであったという。何ら通信手段がないのに、仲買小売商はもとより、一般需要家まで、毎日朝早くから手車、馬車で殺到し、先着を争い、ほとんど奪い合いの有様であった。最高潮の時には憲兵を依頼して混雑を整理したほどであった。この二九日間の売り上げ総数は、九升樽一五万五八三樽、壜詰六九八六箱、売上金は一〇一万六九〇〇円に達した。

ただし運送に関しては問題が生じた。野田は江戸川の船便で比較的順調に出荷できたが、銚子のヤマサ、ヒゲタは汽車が不通のため、利根川の水運に頼るしかなかった。悪いことに夏の水枯れの時期にあたり運河の運航が困難で、東京まで運ぶのに一週間はかかると思われた。そこで銚子港の漁船に積んで犬吠埼の沖から風波と闘いながら東京湾へ廻船した。醤油問屋と蔵元の心意気を感じさせるエピソードである。

†栃木県宇都宮市――避難民の受け皿となる

関東地方でも、震源地から離れていた埼玉、茨城、栃木、群馬の各県は直接的な被害は少なかったが、多数の被災民の受け入れに追われることになった（表4-3）。九月三日以降、公式に国鉄の無料乗車が認められた。そこで、被災民は地震による損傷が比較的少ない鉄道と提供された船舶によって地方へ向かう準備を始めた。東海道線や中央線が不通となっていたため、東北線や高崎線を利用して北関東方面に流れ込み、各都市で多数の被災民が駅にあふれた。

「下野新聞」によると、震災による猛火は、東京から約一〇〇キロ離れた群馬県高崎市からも深紅に彩られた炎の空が眺められたという。宇都宮市は震災の被害をほとんど受けなかったが、東京からの避難民が殺到した。『宇都宮商工会議所百年史』（宇都宮商工会議所創立一〇〇周年記念誌編纂部会編、一九九四年）によれば宇都宮商業会議所は、市内の経済界の動揺を抑える一方で、関西方面との商取引開始を斡旋し、市と協力して、義援金の募集と避難民の救助に当たった。宇都宮市の滞留避難民は、一九二三年一一月時点で、六七七世帯、三五二六人であった。彼らに対して、一人一日三合の白米と衣類、布団、つき餅を給与し、駅前に臨時救護所を設けて、一日平均二〇〇〇人が炊き出しに当たった。

宇都宮第一四師団の歩兵第六六連隊は、東京新宿・牛込地区へ出動し、歩兵第五九連隊は日光御用邸滞在中の大正天皇の警護に当たった。宇都宮では、一九二三年六月に、栃木県内で最大の銀行であった下野銀行が休業したため、資金繰りに窮する商業者が続出していた。それに追い打ちをかけるように大震災が発生し、商取引の半分以上に当たる京浜地方との取引が途絶した。関西地方や生産地との直取引によって、何とか営業を続けたが、九月一七日までは市内の銀行が休業し、その混乱は一一月まで続いた。

†埼玉県――東部以外はほとんど被害なし

東京に隣接した埼玉県内の被害は、地盤の弱い東部の古利根川と元荒川の沖積層に集中した。川口市の鋳物工場は大打撃を受けた。しかしそれ以外の地域の被害は軽かった。例えば川越では、地震による火災も発生せず、土蔵造りの一部が壊れた程度でほとんど被害

府県	9.1 推計人口	11.15 被災現在	人口変動率
大阪	2,889,700	34,095	
兵庫	2,442,600	18,793	
奈良	572,400	1,327	
和歌山	772,000	1,361	
小計		76,328	9.8%
鳥取	462,200	735	
島根	707,400	1,017	
岡山	1,238,700	2,125	
広島	1,573,400	2,917	
山口	1,058,000	1,900	
小計		8,694	1.0%
徳島	678,100	836	
香川	678,400	960	
愛媛	1,070,700	1,696	
高知	683,400	979	
小計		4,471	0.6%
福岡	2,382,800	3,672	
佐賀	674,900	1,212	
長崎	1,175,400	1,477	
熊本	1,255,100	1,276	
大分	871,100	1,358	
宮崎	688,600	543	
鹿児島	1,478,400	1,414	
沖縄	596,900	1,697	
小計		12,649	1.6%

表 4-3　東京府・神奈川県以外に避難した被災者。出典：北原糸子『震災復興はどう引き継がれたか』、454 頁

府県	9. 1 推計人口	11. 15 被災現在	人口変動率
北海道	2,716,600	9,353	
青森	781,600	4,916	
岩手	873,100	3,214	
宮城	981,300	11,708	
秋田	922,600	5,843	
山形	989,800	6,357	
福島	1,416,100	14,741	
小計		56,132	7.2%
茨城	1,399,100	32,320	
栃木	1,089,500	24,783	
群馬	1,096,500	18,687	
埼玉	1,353,800	125,801	
千葉	1,347,200	194,318	
小計		395,909	50.8%
新潟	1,807,000	29,809	
富山	735,300	9,854	
石川	755,500	7,371	
福井	601,600	5,051	
山梨	602,000	34,144	
長野	1,620,200	19,744	
岐阜	1,101,000	6,764	
静岡	1,626,300	90,044	
愛知	2,185,600	23,118	
小計		225,899	29.0%
三重	1,082,600	8,317	
滋賀	655,500	4,126	
京都	1,361,900	8,309	

が出なかった。しかし首都壊滅という未曾有の混乱により取り付け騒ぎが発生することを恐れ、県内の主な銀行一三行と信用金庫など小規模な二三行、合計三六行が一時休業した。東京、横浜への食糧の供給については、川越の武蔵製粉工場が小麦粉一年分の在庫を放出して、二四時間営業で生産活動を続け、食糧を供給した（川越商工会議所編『川越物語』）。

†山梨県――産業成長中の被災

山梨県下の経済は、第一次世界大戦中から後にかけての、好景気の恩恵に与って県内の商業界にも波及し、一九一八～一九一九年頃はそのピークであった。一九二〇年の反動不況から物価が大暴落し、県内の事業にも大きな打撃を与え、数多くの企業が解散休業に追い込まれた。その一方で乗合自動車輸送事業が目覚ましい発展を遂げた。また電話が主要な町村に架設され、取引が加速されると主に県外との取引も徐々に拡大し、山梨県内経済界は順調に歩み始めていた。

しかし関東大震災が経済界に大打撃を与えた。震源地に近い地域では揺れが激しく、甲府測候所員は急激な振動を感じ地震計室に飛び込んだが、完全に地震計を読み取ることができず、とりあえず屋外に避難した。しばらくして地震計室に入ると中央気象台式簡単微動付属掛時計が一一時五九分五六秒を指して止まっていたという有様であった（『大正山梨県史』一九二七年)。山梨県では、死者は二十数名、負傷者一一六名、住宅の被害は全壊五七八戸、半壊二二二五戸で、国道八号線をはじめ主要道路も各地で無数の亀裂が入った。

直接的な被害のほかに深刻であったのは、東京・横浜地方に事業投資をしている県民が、その取引や事業関係で受けた被害であった。加えて交通機関の途絶や震災による被害は県の産業に打撃を与え、商工業活動は委縮し始め、農村は不振に陥った。このため大海原重義山梨県知事が県内主要産業である製糸、養蚕、機業者、銀行業者の代表者と協議し、打開策を協議した。その結果県内の第十、若尾、有信の三銀行にシンジケートを組ませて、日本銀行から三〇〇万円を産業資金として借り入れ、救済融資を行い、危急を救った(志村市良編『山梨県商工会議所五十年史』)。

†静岡県――通信網強化の要請

震源地に近い静岡県東部については、震災発生直後に富士山の噴火や震源地に間違えられるなど誤報が相次いだが、鉄道の被害は甚大であった。例えば東海道線が各所で損害を受け、不通になった。しかし清水港はほとんど被害を受けず、被災地への物資の積出港や、避難民受け入れの窓口になった。

九月六日に東京商業会議所から静岡商業会議所へ大震災に関する救済依頼の電報が入っ

た。震災発生の翌日名古屋商業会議所の書記長が東京、横浜方面の被害状況を視察するため上京し、八日に名古屋に戻ったが、書記長から東京、横浜の惨憺たる有様を聴取した。通信が混乱するなかで、東京商業会議所と名古屋商業会議所との間に飛行機による無線通信に関して応急措置をとることを検討した。他の地域でも触れたように無線電信所や回線の不足から震災による被害状況の把握には想像以上に時間がかかった。これを教訓として電信電話の地下線またはケーブル線への変更、飛行郵便の発達と利用、中央線の複線化等について逓信省に建議した。名古屋逓信局長から郵便・電信・電話と応急施設と復旧改善に関して意見を聴取したうえで、東京、名古屋、大阪間の定期連絡船の配置に関して逓信局長に建議した。

生糸輸出に関しては従来横浜港だけの取り扱いとなっていたのを、神戸でも同様の流れがあったことを第二章で見てきたが、今回のような震災により、横浜港が壊滅状態になった場合のことを考え、代替案として名古屋港を生糸輸出に指定してほしいとの要望も提出した。横浜港に代替したいとして一時は大阪や清水なども手を挙げた。

静岡商業会議所では、九月一二日に静岡から被災地へ提供できる緊急物資として、木工具及び食料品の一部として牛豚肉の供給に関して協議が行われた。静岡県の工業試験場木工部は、一般家具製作用の鉋《かんな》削り機や円鋸旋盤機など一一種一二台を用意した。また、職工が一人一日精肉加工した場合の作業能率一〇日分から三〇日分の機能がある各種機械を保管していた。これらの機械を、牛豚肉を自発的に原価奉仕すると申し出る精肉業者に貸し出せば、今後三か月間は牛一〇頭から一五頭、豚三〇頭から五〇頭は供給できた。そこで東京商業会議所が計画している公設市場へ供することを議決して、現地への輸送に関して道岡秀彦静岡県知事の了解を得るため、幹部が県庁へ出向いた。

一〇月二日には静岡の各産業組合代表者が集まり、震災義援金の取りまとめを協議すると同時に、今までほとんど東京商圏に支配されていた静岡市の商工業の販路を拡大しなければならないと協議した（静岡商工会議所専務理事石田安夫監修『静岡商工会議所八十五年史』。創立九〇周年記念事業特別委員会記念史専門部会編、静岡商工会議所専務理事石田安夫『静岡経済の九〇年』）。

生糸輸出に関しては、今まで横浜と神戸の二大港の争いと考えられていたが、その他にも震災発生直後には候補が上がっていたことが記されている。九月七日付「静岡新報」によれば、横浜全滅というニュースを聞いて、代替港としては、神戸、大阪の他に、四日市、名古屋も上がっていて、九月九日付の記事では、生糸検査所を名古屋へ移したらどうかとも書かれている。しかし九月二四日には、清水港から横浜港へ生糸を運べば、横浜から生糸輸出を再開できるのではないかとなり、二八日には、いったん避難していた生糸業者が、次々と横浜へ戻っていることを伝えている。この段階で、四日市と名古屋からの生糸輸出の可能性はなくなったと考えられたことが分かる。

†北海道――輸送交通の整備

直接大震災の被害を受けなかったその他の地方の対応を見ていこう。まず北海道である。日本では、大正時代(一九一二〜一九二六年)のあいだに人口が五五〇五万七〇〇〇人から六〇二一万人に増加し、国民所得も四五八億八一〇〇万円から一三三四億四一〇〇万円に拡大した。しかし震災に伴う復旧資材や食料品の緊急輸入が国際収支をさらに悪化させ、円の為替相場を下落させた。政府による救済融資と巨額の復興予算が計上されたため、これを賄うために巨額の公債が発行され、震災インフレーションを招いた。

北海道もこの時期開発が進み人口も約七〇万人増加したが、一九二〇年の反動不況と震災インフレーションの影響を受けた。震災から三年後の一九二六年に、北海タイムス社主催の国産振興博覧会が開催されたが、不況対策として実施されたこの博覧会には、多くの入場者を集めた。交通面では、苗穂、苫小牧間が北海道鉄道線により結ばれ、今まで農産物や木材などは馬車で札幌へ運ぶか、岩見沢経由で輸送していたのが、この鉄道線の開通によりはるかに能率的になった(札幌商工会議所編『札幌商工会議所70年の歩み』)。

海産物の港町として知られた函館経済界は大震災にどのように対応したのであろうか。震災発生のニュースを知り、九月三日には北海道庁長官が「暴利取締令」の布告を出し、震災による物価高騰による暴利をむさぼる業者に対して、次のような警告を発した。

「今回東京付近大災害により、輸送機関途絶物資欠乏を奇貨とし、生活必需品の買占め売惜みまたは不当なる価格引き上げを為す等、急激なる市価の変動を誘起し、因って暴利を策とするものなりきを欲せず、この際、所管（支庁長、警察官所長、市長）と協力し、臨機必要なる処置を執り厳に之を取締るべし右訓令す」

函館でも「函館商業会議所々報」で「明治大正文明の精華を隗めたる京浜一帯一朝にして焦土と化し、ありし日本面影偲ぶゆえなく、一望荒涼往昔の武蔵野を現出せしめたることの自然の暴挙只々驚異嗟嘆の外なりき」と報じた。同会議所は震災の影響が経済に及ぼす影響について調査し、金融梗塞や交通・通信網の途絶、出荷した海産物などの損害についてその結果を、一九二三年一二月に発行した『商業会議所月報』で紹介した。

一九二〇年に葛原猪平（一八七九〜一九四二）が設立した葛原商会は、内浦湾に面した森町の冷凍工場で作った冷凍魚を無償で被災者に配り、喜ばれた。しかしその後同社は、資金繰りに行き詰まり一九二五年に解散した。

†秋田県――復興資材の木材の供給源に

江戸時代の久保田藩二〇万石の領地が大部分を占める秋田県は、米作を中心とした豊かな土地で、実高は四〇万石近いと推定されていた。一八七九年(明治一二)に、第四十八銀行が開業した。一八八九年には秋田市となり、一九〇五年には奥羽本線全線が開通した。一九一一年に秋田鉱山専門学校(現在の秋田大学国際資源学部・理工学部)が設立された。一九一四年には日本石油黒川油田のロータリー式五号井戸で大噴油が見られ、油田開発の将来性が期待された。一九一七年に日本銀行秋田支店が開設され、一九二〇年代前半には県人口は九〇万人を超え、米作、鉱山業、石油、木材が主要産業であった。

地元新聞の「秋田魁新報」は震災の情報を東京駐在員が入手して、すべての貨物が東京、横浜を通過する物流ルートはリスクが大きい、この際日本海側の交通網の充実を図ることが肝要とする記事を盛んに書いている。九月一二日付の紙面には、東京の復興計画が、東京大都市計画として、火災により壊滅した横浜も包摂するという案が出ていることを伝えている。また生糸輸出港として、名古屋の名前があげられている。

復興資材として木材に対する需要が急増した。良質な杉の産地として有名な秋田は、木材を被災地へ運送する手段として、鉄道が不通の間は、船舶による輸送を考えた。

秋田魁新報社は東京本社と京橋事務所は壊滅したが、大崎五反田の印刷工場が無事であった。新聞を配達する人間を募集するとともに、当座の事務所になる仮小屋掛けの材料として木材受け取りのために職員が奔走した。九月二〇日付の紙面には、内務省の指示により海軍の特務艦が到着し、材木を積み出し、横須賀方面へ運送することになったが、木材の代金がいつ支払われるのか危惧している業者の訴えが聞かれる。木材を急遽販売するのはよいが代金が支払われず、かえって損をするような立場にはなりたくないという本音がうかがえる。九月二九日には、代金の一割はすでに支払われ、残金は予算が通過してからきちんと支払われることが決まり安堵している。ただし通信機関の復旧には時間がかかるので、その間の情報収集に頭を痛めていることもよくわかる。

事態が落ち着いてくると、東京への見舞客が全国から殺到し、奥羽本線の東京乗り入れを制限することになった。東海道線や中央線の一部が不通のため、仙台や福島から奥羽本線を利用して日本海側の路線へとつなぎ、東京へ向かうルートが利用されたのであった。

†東海地方――港、師団の町として

東海地方最大の都市である名古屋では震災による直接の被害は全くなかった。そこで商業会議所が東京に代わって臨時全国商業会議所連合会を開催するなど、日本全国を視野に入れて、会議所活動を展開した。特に陶磁器を輸出する名古屋港では、この際生糸の輸出も一時的に横浜に代わって行いたいとの希望が出され、政府に要望したが、横浜や神戸に押され、実現しなかった。

一〇月中旬には名古屋商業会議所で、東海商業会議所連合会を開催し、名古屋を中心とする中京、東海が京浜地方の代わりに経済界の中核として活動する意欲に満ち満ちていた。名古屋商業会議所では東京商業会議所へ駐在員を出張させて通信上の連絡を取ることに決定した。

震災後の混乱を抑えるために戒厳令が発せられ、全国から約五万人の兵が動員されたが、豊橋からは第一五師団が神奈川県内の相模川以西を担当することになった。動員された兵力は、総数で三万三〇〇〇人、馬数は一〇〇〇頭に達した。各部隊は被災者の救済・警備、架設電線の補修、橋梁の補修、患者の治療にあたった（豊橋商工会議所編『豊橋商工会議所百年史』）。

静岡県以東に関しては震災発生以降支払い延期令が出たが、豊橋の銀行はこの延期令の束縛を受けなかった。しかし『豊橋商工会議所五十年史』（内田多計男編、豊橋商工会議所、一九四三年）によると、同地の繭糸業界は関東地方との取引が多いため金融界はその処理と善後策に苦心した。豊橋商業会議所では、九月七日に東京商業会議所からの全国商業会議所に宛てられた協力依頼の電報が届き、義援金の救済方法や取りまとめについて豊橋市役所と一層の努力をすることを申し合わせた。

ところで、ワシントン会議以後の海軍軍縮の流れのなかで、陸軍も軍備縮小計画が立てられ、大震災で活躍した第一五師団もその中に含まれた。第一次世界大戦中から工業が発達し、人口が増えたとはいえ、従来は商業都市として発達した豊橋の経済界にとって、この師団廃止は大打撃を与えた。一九二五年三月に正式に師団廃止が発表され、四月に解団式が行われた。師団廃止の理由は、陸軍の近代化と戦略機械化の促進であった。豊橋には高射砲第一連隊が新設されたが、人員は大幅に減少した。当時実施された豊橋警察署の調査では、市内各所で一〇〇件近くの空き家ができ、ある地域では家賃が平均五〇円から三五円にまで下落した。

江戸時代、陸海の要地として天領にされた四日市は、北伊勢の行政・商業の中心地として、また東海道の重要宿場として本陣や宿駅も設置され繁栄した。また尾張の宮宿（現在の熱田）とは一〇里（約三九・二七キロメートル）でつながり、伊勢参りの旅人に多く利用された。しかし安政の大地震により港が壊滅し回船業は衰退していた。その後幕末から明治初期にかけて、回船問屋の稲葉三右衛門が私財を投じて整地を行い四日市港の礎を造り、一八八四年に四日市港が完成した。一八八八年に関西鉄道が設立された翌年には、市輸出特別港に指定された。

関東大震災発生後、徐々に被害状況が明らかになると、今回の震災の被害は関東の一部に留まり、四日市の産業の大勢には影響はなかった。一時の混乱が収まると、まさしく大震災を転じて福となすように、海陸貨物の集散や船舶の出入りなどが増加しはじめた。四日市港に及ぼした影響としては、震災前に横浜へ仕向けられた貨物の中に四日市港に陸揚げされたものもあった。従来から四日市と京浜方面との貨物輸送は主として陸運で、海上輸送は年々減少していた。

しかし今回の震災後東海道線が不通になり、中央線が飽和状態になった。このため陸運による貨物輸送は麻痺し、被災地への食料品その他の救援物資は海上輸送に頼ることになった。九月三日には早くも岡崎汽船の貨物船神威丸が食料品などを積み込むため四日市港に入港し、京浜地方へ輸送された。また京浜方面から船舶により、被災民が四日市に上陸するという状況になった(『四日市商工会議所百年史』四日市商工会議所、一九九三年)。

†新潟、高岡、金沢——日本海側の要となる

明治初期、日本で県内総生産が最も大きかった新潟県は、震災発生後、汽船により救護米を東京へ運送した。九月六日付「新潟新聞」(現在の「新潟日報」)によると、毎朝八便、

午後二便の汽船を利用し、すでに玄米二万七〇〇〇俵を送り、今後白米三万四〇〇〇俵を運ぶ予定であった。他の記事には今後は商業の中心が神戸、大阪に移り、地元商人が関西方面へ新たな取引ができるように大阪の商工界が仲介の労を取っていることが記されている(「新潟新聞」九月二一日付)。

『高岡市史　下巻』(高岡市史編纂委員会編、青林書院新社、一九六九年)によれば、震災発生二日後の九月三日には国鉄高岡駅前に救護所を開設し、昼夜を分かたず、救護に奔走した。九月八日には高岡市は救護事務臨時委員会を設置し、避難所の保護、救援物資の輸送に注力した。九月三日から二〇日までに受け付けた義援金は一万七一六二円、物品二万四四一五点に達した。

金沢市は加賀百万石として江戸時代から日本海側で最も栄えた都市であり、明治以降は軍都、文都として発展した。金沢商業会議所は、東京、横浜が与えた地方の金融界への影響、被災地へ移出できる主要物産の流失及び損失程度、そのほか徴発令・関税廃止令による食料品、衣料品、建築材料の影響について、被災地の商業会議所に問い合わせをして情報収集を図った。同時に石川県や金沢市と協力して、一口一円以上の関東地方震災義援金募集を行った。すると同会議所扱いで、合計一万七二六円の寄付金が集まったので、石川県社会課へ寄託した(牧久雄編『金沢商工会議所百年史』金沢商工会議所、一九八一年)。

金沢経済の主要産品である織物の羽二重輸出の促進と震災事情の視察のため、会議所書記長が地元業者代表と一緒に京阪神地方に赴き、大阪・神戸商業会議所、市役所、鈴木商店、日本綿花などを訪問し、横浜港が壊滅的な打撃を受けた現在、臨時の生糸と羽二重の輸出港を神戸港とするように金沢の業者の意向を伝え打診した。これにより、第二章でも述べたように、神戸港での輸出が認められ、金沢の業者にとっては朗報がもたらされた。会議所による調査で石川県内の震災による間接的損害は、生糸、羽二重、麻など織物類約一五万円、金や銀の箔約一万三〇〇〇円、九谷焼及び硬質陶器約一〇〇〇円などであった。

各銀行は、急激な思惑売買を警戒して、荷為替による一時担保や有価証券に対する貸付額を抑制した。窓口金融の制限による流通関係の混乱に備えたが、思ったほどの影響は現れず、市中銀行の要求に期待してプールした日銀の資金は備蓄されたままであった。

震災の影響により、神戸、金沢間の電信利用が急拡大し、一日の送信は平日の三倍にまで膨れ上がった。このため、金沢商業会議所は、業界の苦情を取り上げ、金沢郵便局、名古屋通信局、通信大臣に宛てて三宮、福井、金沢間直通電信線の架設を請願した。

震災復興は、大阪から金沢、新潟、秋田を通り青森を結ぶ日本海沿岸縦断鉄道の完成を目前に控えていた金沢にとって、産業開発の追い風になった。まず震災の翌年五月三日には、産業振興会が設立された。その目標の一つは、金沢市に鉄道局を設置することに全県を上げて取り組むことであった。同年四月二〇日に羽越北線の開通が実現した。

†中国地方――大陸との要衝

岡山県では、震災からの直接の被害はなかったが、倉敷紡績社長の大原孫三郎が一九二三年九月に社員に対して、全力を挙げて被災者の支援や義援金への応募について訓示を行っている（「関東震災ニ当リテ　大原倉敷社長訓辞」倉敷市所蔵購入資料N1-8）。

「山陽新報」（現在は岡山市に本社のある「山陽新聞」）の報道には興味深い点がいくつか見られる。まずどのようにして震災の情報を集めたかが、情報ソースを明記しているのでよく分かる。手段は電話と無線である。震災発生と同時に大阪から東京や横浜への通信は、東海道と中山道方面への回線がすべて不通になったため佐世保、大阪、名古屋、長野、軽井沢など周辺都市からの電話取材が中心となった。しかしその内容を吟味する時間がなかったため、誤った情報などを拡散してしまうことになった。

岡山らしい話題としては、児島湾のアナゴがいつもは関西方面で販売できるのが、今回の震災で東京、横浜方面からの買い付けが全くなくなったので、東海地方からのアナゴと競合することになり、販売量が急減し苦境に陥ったことを告げている。

また神戸からの生糸輸出が可能になるかどうかの横浜と神戸の争いの行方にも注意を払

っていることが分かる。

本州の最西端に位置する下関は、瀬戸内海の入口である関門海峡を要し、古くから大陸への窓口であった。明治に入ると一八九三年には、大阪の次に全国二番目の日本銀行西部支店が開設された。初代支店長は高橋是清であった。江戸時代には馬関と呼ばれていたが、一九〇二年に下関と改称された。下関の人口は一九一二年には約六万七〇〇〇人だったのが、一九二五年には約九万一〇〇〇人、一九三一年には一〇万人を超えた。下関と門司両港の主要輸出品は、精糖、セメント、小麦粉、白金巾などで、主要輸入品は繰綿、小麦、砂糖、硫酸マグネシウムなどであった。輸入が輸出を大きく上まわっていた。

一九〇五年には下関と釜山を結ぶ関釜《かんぷ》連絡船が就航した（図4-3）。一九一二年には新橋、下関間で日本最初の特急電車が運転を開始した。下関からは、海路関釜連絡船を利用して中国、さらには欧州への国際連絡運輸の一翼を担う大陸連絡列車の運転が開始された。国威をかけて造られた列車内は、世界の豪華列車に劣らないほど装飾が施された。特に展望車は網代天井、釣り灯籠、日本式欄間、すだれ模様のカーテンなどが配され、外国人乗客から絶賛されたという。ちなみに新橋、下関間の所要時間は、上下線ともに約二〇時間であった（老川慶喜『日本鉄道史　大正・昭和戦前篇』）。三年後には長州鉄道（現在の山陰本線）が東下関、小串間で開通した。一九二〇年代は生野村の編入合併に始まり、第二次世

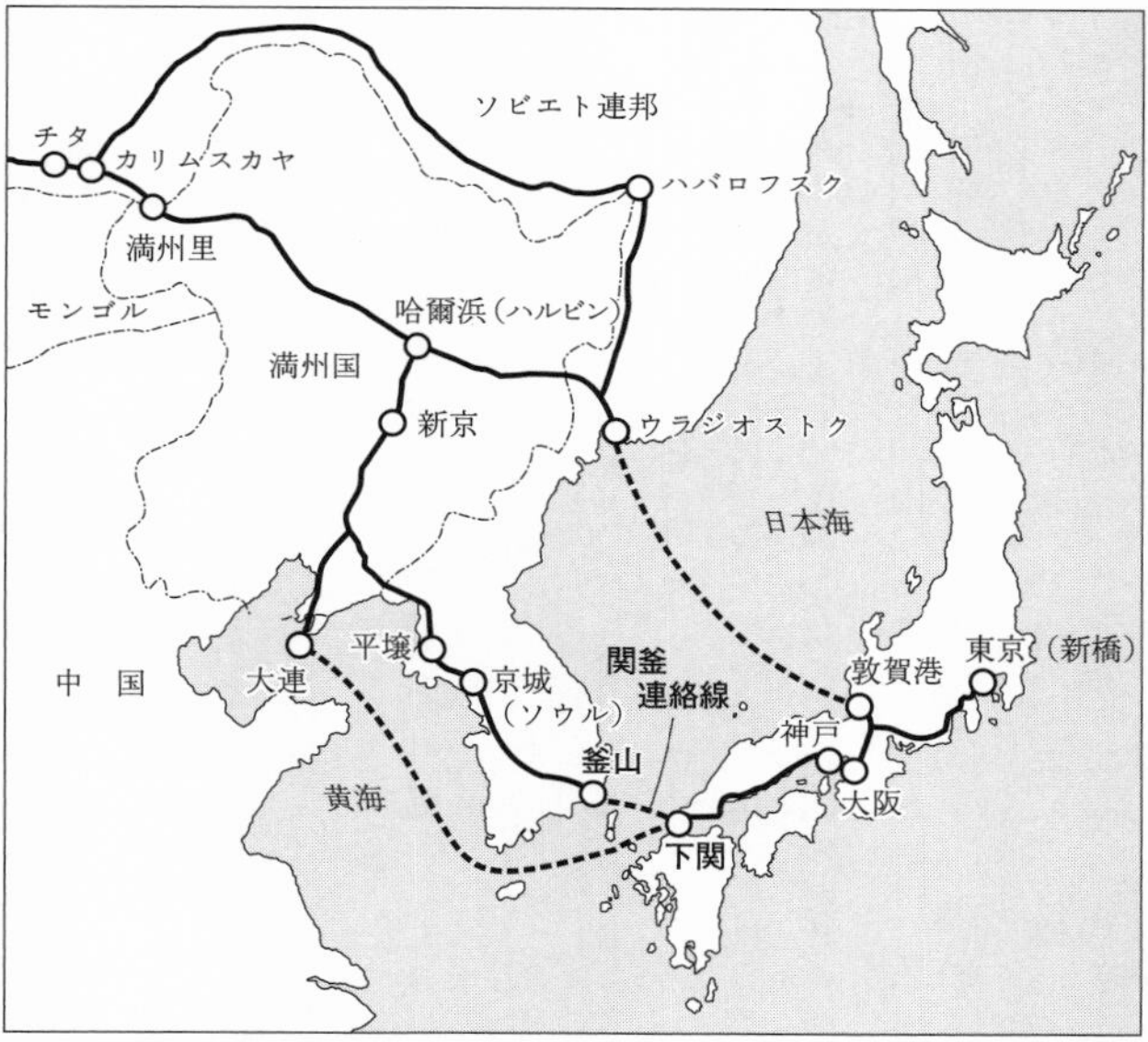

図 4-3　欧亜連絡のルート（1920 年代）。出典：老川慶喜『日本鉄道史　大正・昭和戦前篇』、138 頁より一部改変

界大戦をはさんで一九五五年まで市域が拡大した。

「関門日日新聞」によると、九月一日は各地の新聞と同様に山本権兵衛組閣の話と大阪以西のニュース記事ばかりである。九月二日になり、伊豆を震源地とみられる地震が発生し、横浜市の大火が伝えられている。情報源は、横浜港沖に停泊中の船舶より発せられた無線電信を潮岬の無線電信所が傍受したものと思われる。九月三日になると、未曾有の大震災と大見出しが掲げられ、交通手段と電信が不通になっていること、早くも日本各地の救援団が活動を始めたことを伝えている。名古屋は東京に飛行機を使い連絡を取っている。呉鎮守府からは救援隊が出発した。横浜では、多くの人々が船を使い港の外に避難しているなどの記事が紹介されている。同日の夕刊になると、さらに詳しい被害状況が伝えられ始めた。九月四日付の記事で興味深いのは、震災に対する関西財界の見方や活動が紹介されていることだ。

†地方への財政支援は帝都復興とは切り離せ

震災発生後、下関商業会議所はすぐに会頭名で、義援金募集や支援物資の海上輸送を開始した。今回の震災はあくまでも東京、横浜の地域経済には大打撃を与えるが、関西以西にはそれほど大きな影響は与えないであろうと分析していることは興味深い。したがって復旧・復興に当たっては、中央は中央、地方は地方で行うと早い段階で割り切っている。むしろ政府が首都復旧、復興のために巨額の財政資金を投入することにより、地元の港湾設備計画や鉄道などの予定が伸びることを心配しているのである。

特に下関港の修築には注力していた。一九二二年に着工式が行われ、修築工事が進んでいた。商業会議所会頭らは、欧米を視察して、米国の商店の店頭陳列方法を視察し、経済の拠点となるべく案を練った。企業の本店も首都圏にばかり集めるのではなく、適当な地域に設置すればよいので、地方分散を促進すべきと「関門日日新聞」では語られている。

中国地方の経済を発展させるためには、山陽線だけでなく、日本海側を走る山陰線の全面開通が待たれた。一九二四年四月に山陰線が開通した。さっそく視察をした下関商業会議所では、沿線の諸都市がそれぞれユニークな役割を果たすことに期待している。具体的には、島根県の益田は商工業が盛んになり人口増加が見込まれる。浜田は対朝鮮貿易の起点となる。松江は観光都市としていっそうの発展が望まれる。境港は港湾設備を整え、対ソ連・朝鮮貿易の窓口として発展すると予想している。そのためにも下関に日本郵船の支店や電話連絡設備を速やかに設置することを建議している。

一〇月に入ると博多商業会議所主催の西部商業会議所臨時連合会が開催され、門司、熊本、長崎、佐賀、久留米、鹿児島の九州各都市と共に下関も参加した。そこでの決議事項「地方産業の発達に緊要なる施設に関し建議の件」は、中央に対する地方の不満が表れている。要旨は以下の通りである。

今回の大震災により、直接間接的に地方に及ぼす影響は極めて大きい。つまり首都圏との取引途絶と金融逼迫により地方産業界は一大打撃を受けたにもかかわらず、政府はもっぱら帝都の復興にばかり力を注ぎ、地方を忘れていることは甚だ遺憾である。もし政府がこのままの方針で進むならば、全国産業界はますます窮境に陥り、民力は疲弊し、経済的一大破綻を生じるに至るであろう。帝都その他の被害地の復興は急務なので全国民がこれに当たることはもちろんだ。しかし実行に当たっては大局的な観点から慎重に計画を進めるべきだ。地方における鉄道、港湾、電信、電話、治水など産業の発達上緊要な施設は規定通り計画を続行し、災害地の復興と合わせて国運の進展を図ることを建議する。

政府があまりにも東京、横浜を中心とする被災地の復旧と復興に予算を使いすぎて、すでに進行中の鉄道や港湾施設の整備に回る補助の予算が減額されることを恐れたのであった。

金融逼迫への対策として下関は、博多、熊本、佐賀、久留米と共同提出という形をとり、建議した。まず政府や日本銀行の救済手段では一般金融の緩和にはなっていない。銀行は極度に貸し出しを警戒して、資金を中央に集中してしまっている。これでは地元金融界は梗塞状態に陥ってしまっている。このままの金融逼迫が続くと地元産業界はますます衰退し、日本全体に及ぼす影響は計り知れない。そこで、産業資金を是非捻出してほしい。具体的な対策として、一）普通銀行において、不動産を見返り担保として割引を行い、その手形に対して日銀が再割引を行う、二）日銀以外、商工業者にも直接資金を融通する道を開くこと、三）勧業・興業銀行において地方の資金需要に対していっそうの貸し出しに努めること、という内容であった。さらに西部商業会議所臨時連合会として、全国臨時連合会に対して提出することを決定した。同時に、資金の中央集中防止並びに資金融通に関する連合会の決議として地方銀行と交渉に臨むことにした。

次に港湾修築である。下関、門司、鹿児島が共同で提出した。今回の震災により交通機関が破壊され、孤立無援となった被災地を救うためには海上交通により救難を行うことが大きな役割を果たした。そこで、政府はすでに行っているが、震災善後策のなかに下関や九州の港を速やかに改良修築して、今回のような国家有事の際に備え、国民生活の便に供し、産業貿易の進展と国運の増進を図るべきであるという内容であった。

これに加えて、長崎商業会議所から提起された臨港鉄道および平坦鉄道の敷設遂行と大瀬埼無線局の移転に関して建議がなされた。前者は長崎と出島を結ぶ臨港鉄道と佐賀、長崎両県内の平坦地を走る鉄道を敷設する工事開始を早める。後者は、長崎県内の離島に設置されている大瀬崎無線局は西端に偏在し、十分な機能を果たせていないので、長崎市内かその付近に移転することであった。この二点については西部商業会議所臨時連合会として政府に要望することに決まった。

これとともに「商業会議所月報」には、九月一七日に大阪商業会議所で開催された関西有志商業会議所協議会の決議内容を大きく掲載し、その趣旨に下関としても賛同していることをアピールした。

†四国地方――地元商業会議所の活躍

四国の商業の中心地であった松山では、一八八二年に全国で一九番目に商法会議所が設立された。初代会頭の小林信近（一八四二～一九一八）は松山藩士の家に生まれた。信近は、一一歳で小林家の養子となり、藩主の小姓に取り立てられた。明治になってからは、困窮した旧松山藩士を救うため、製靴業などを起こした。松山では震災の起こる直前に商業会議所が再発足されていたが、大震災後の対策がその初仕事となった。

震災の余波により、松山では、東京の倉庫に保管中の織元手持ち品が焼失し、東京・大阪の問屋が相次いで倒産したため、伊予絣《いよかすり》業界が大きな損害を受けた。このため、九月一七日に大阪商業会議所の呼びかけに応じて、松山商業会議所の副会頭ら三人が出席した。関西地区二七会議所が参加した会議では、財界の安定のため、金融緩和を中心とする様々な建議がなされたことは、第三章で詳しく述べたが、松山商業会議所もその趣旨に賛同し、被災地や被災地と密接な取引関係のある地方に対して早急に救済措置を講じるように政府に陳情した。

また大震災発生後は必ず発生するといわれる食料品その他の生活必需物資の高騰や悪徳商人の横行に対して、政府は九月七日に暴利取締令を行使したが、なかなか収まらなかった。

このため、松山商業会議所は、独自に警告を発し、商工業界の自重を促した。政府から暴利取締令が公布されたが、当会議所もこれを遵守するようにとの依頼を受けた。各位は十分承知のことと思うが、このような非常事態の中で、秩序の回復に全力を集中することが最も必要なことである。したがって「万一違反者等ある場合に於いては松山商工業界のため甚だ慚愧の次第に付き、此際特に慎重な態度に出でられ、いやしくも不正の利を貪らんとする奸商的手段を講ぜざるよう、十分注意相成度し」と警告を発した。このように震災後の悪徳商人の横行には、各地の経済界が頭を悩ませていた（松山商工会議所創立一〇〇周年記念事業特別委員会一〇〇周年記念誌刊行小委員会編『松山商工会議所百年史』）。

†福岡県――放送局誘致合戦の行方

九州地方に関しては、東京から遠距離にあるため、情報収集は無線電信に頼っていた。関東大震災の際の無線通信途絶という苦い経験を活かして、一九二四年米国での放送企業熱に刺激されて、日本でも逓信相へ放送局開設許可の申請が相次いだ。しかし開局までのハードルは高かった。

当時のラジオ放送をめぐる状況を見ておこう。世界で初めてラジオ放送が開始されたのは、一九二〇年の米国である。日本でも、さっそくラジオ放送の開局が検討されたが、関東大震災時に緊急情報が入手できなかったことが、ラジオ放送開始へ大きくはずみをつけた。

一九二五年三月に日本初のラジオ放送が、東京放送局（JOAK、現在のNHK）から発信された。ラジオ放送の全国への普及は速く、わずか八年後の一九三三年には、受信契約数は一〇〇万件を超えた。

逓信省は一地域一放送局という許可方針を示していた。それにもかかわらず全国で出願者の合計は一〇〇件を超えるほどの過熱気味であった。福岡市では、福岡日日新聞社、九州日報社の地元の有力紙二社を筆頭に、九州無線通信、大日本家庭音楽会、九州電燈鉄道をバックとする団体や実業家の団体、社団法人電話協会などが次々に申請した。

一九二五年に、東京、名古屋、大阪の三大都市で放送局が許可されるとラジオに対する関心は高まる一方で、九州では、熊本、長崎、福岡が名乗りを上げた。熊本市は地理的に九州の中心にあり、政府の出先官庁はほとんど同地に所在し、そこから電波を出せば、九州全体に及ぶというメリットがあった。これに対して長崎は江戸時代から出島を通して海外の文化が流入してきたという歴史があり、最適だと主張した。さらに福岡市は、九州における政治、経済、文化の中心的存在になることを目指し、国立大学の誘致と設立に成功した実績をアピールした。

まず長崎が誘致合戦から降り、福岡と熊本の争いになった。熊本が申請者を二つの団体に絞ったため、熊本が有利になったのを見て、福岡市は、博多商業会議所と市当局が斡旋して、各申請者と粘り強く工作を重ねた結果、合同協力に取り付けた。もし福岡市に逓信省の許可が下りた場合は、社団法人福岡放送局として開局運営することを記した陳情書を会議所会頭と市長連名で一九二六年三月に通信当局に提出した。

それでも福岡側は立ち遅れを取り戻すことができなかったため、市民運動を盛り上げた。一九二六年五月には、福岡地方発展期成会を結成し、逓信省から放送局の開設許可をもらうという目標を達成するために尽力した。

逓信省はこうした過熱気味の動きにどのように対応したのであろうか。東京、大阪が開局後好成績を上げていることと、放送の重大性と将来性に着目し、全国統一の企業形態に切り替える方針を固め、行政指導によって、先発の東京、大阪、名古屋の三極を解散させた。それに代わり一九二六年八月には社団法人日本放送協会が設立された。逓信大臣が途中から犬養毅から安達謙蔵に代わったこともあり、大勢は熊本開局に傾き、熊本に決まった。こうして福岡と熊本間に繰り広げられた放送局設立の競争に決着がついた。

鹿児島は九州南端に位置していたが、大震災発生時の対応は早かった。地震発生翌日の「鹿児島旭」、「鹿児島」の郷土新聞二紙にも相当量の的確な情報が掲載された。なぜ震源地から遠く離れた鹿児島でいち早く震災に関する的確な情報を入手することができたのであろうか。

それは鹿児島における情報に対する敏感な動きと長距離電話を活用したためであった。すでに鹿児島では「南日本新聞」が一八八一年鹿児島新聞社を設立、一八九九年地元財界が「鹿児島実業新聞」を発行した。一九一三年同社が大阪朝日新聞社傘下に入り、鹿児島朝日新聞社に改称された。鹿児島と宮崎で新聞を発行すると主に朝日新聞社本社に鹿児島県内のニュースを配信するなど活発に情報を発信していた。

†鹿児島県――迅速な情報収集とリーダーシップ

九月三日付「鹿児島新聞」には虚報や誤報も散見されたが、東京、横浜だけでなく関東周辺の被災状況も伝えられた。同日、鹿児島県庁知事室で、伊集院俊鹿児島市長を中心に、鹿児島商工会議所の飛岡卯一郎会頭ほか副会頭らが被災者救済運動を協議した。

六名が作成した「百五十万県民諸民ニ訴ウ」と題する告知文は、当時の鹿児島の指導者や県民の心情をよく表しているので、少し長いが引用する。

「今回ノ東京地方一帯ノ災害ハ、振古未曾有ノ悲惨事ニシテ、情報ノ伝フル所ニ依レバ、災害ノ激甚ナル事言語ニ絶シ、直ニ同情ノ念ニ不甚《タエズ》ナリ。吾人ハ往年、桜島爆発ノ際ニ於ケル困憊ノ実情ト大方ノ温情ニ対スル感謝トヲ追懐シテ、衷心洵に止ミ難キモノアリ。乃《スナワ》チ大ニ義金ヲ募リ、以テ惨害救済ノ一端ニ資セムトス。各位幸ニ此ノ挙ヲ賛セラレ、奮テ義援セラレム事ヲ切望ニ不甚ナリ」（鹿児島商工会議所百年史刊行委員会編『鹿児島商工会議所百年史』鹿児島商工会議所、一九八四年）

義援金の寄付と救済物資供出の呼びかけを行うと同時に、第五回分として白米一〇〇〇俵、甘藷三〇〇俵、梅干し三〇〇樽の発送を行った。これに対して鹿児島県民もすぐに応えた。鹿児島商業会議所の長老議員の藤武喜助が一万円の募金を行い、中学校職員の月給の三パーセント、生徒は一人三〇銭、小画工職員は学級の二パーセント、小学生児童は一人二銭以下の義援金を支払った。その合計は一〇月六日現在で二八万四〇〇〇円余りに達した。現在の四〇億円に近い金額であった。

†朝鮮――財界の形成

震災当時の朝鮮の経済界はどのようになっていたのであろうか。一八七九年に釜山に最初の在韓国日本人商業会議所が設立され、続いて元山（現在のウォンサン）、仁川（現在のインチョン）が続き、一八八九年には京城（現在のソウル）に設立された。一八九〇年代から一九〇〇年代にかけて次々と主要都市に設立されていった。韓国内の日本人商業会議所の連合会や満州の日本人商業会議所も含めた会議が行われ、情報交換を行っていた。

一九一五年に朝鮮商業会議所令が発布され、京城、釜山、平壌（現在のピョンヤン）、仁川など一一の商業会議所が設立された。一九三五年には図4-4のように、一五か所に増加した。各地域の経済発展に関する問題だけでなく、各地共通の開発上の問題に関しては、朝鮮全体としての議論が必要になるため、一九一八年九月に朝鮮商業会議所連合会が組織された。加えて満州地域との連携を深めるために満鮮商業会議所も組織された。一九三〇年には改正朝鮮商工会議所令により、朝鮮商工会議所になった。事務局は、京城商工会議所内に設置された。

朝鮮経済界は、関東大震災が日本経済に与えた大打撃によって財政緊縮が不可避の情勢になり、朝鮮予算への影響が大きいのではないかと危惧した。一九二三年一〇月二三日から三日間臨時全鮮連合会を開催し、次の三方針を決定した。

一）国庫補助金と事業公債の現状維持
二）金融緩和方策の促進
三）鉄道網予定計画遂行

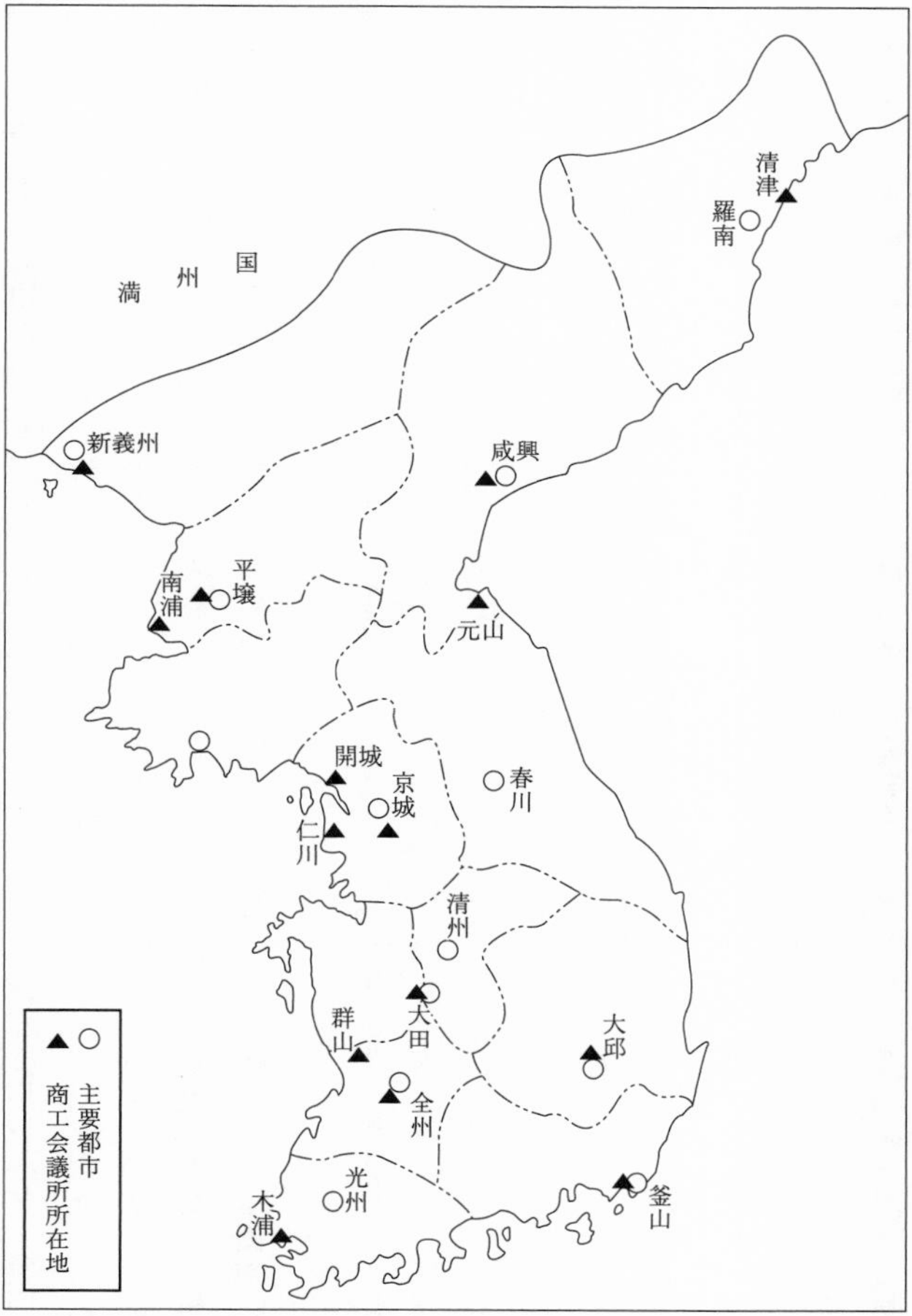

図 4-4　朝鮮商工会議所所在地図。出典：田中市之助編『朝鮮商工会議所報』（釜山日報社、1936 年）を一部改変

総督府や東洋拓殖銀行とも打ち合わせ、一一月には京城、平壌、仁川三商業会議所会頭が東京へ行き、諸大臣、朝鮮銀行総裁、東洋拓殖理事などの要路に諒解運動を試みた。その要望事項は、一）朝鮮産業の開発は急を要するので、朝鮮財政に対する国庫金補給金と事業公債は、削減または打ち切るようなことはしない、二）朝鮮金融界の梗塞を緩和するため、朝鮮銀行、朝鮮殖産銀行、東洋拓殖会社はそれぞれの機能に応じて、積極的にそれぞれの項目に対して促進してほしい、というものであった。

まず朝鮮銀行には、地方に対する貸出限度を引き上げ、担保の種類を拡大して、地方銀行を通じて積極的に融資の道を講じてほしい。内地送金の制限を撤廃すること。副総裁のうち一名は必ず本店に勤務して、同時に上京することのないようにしてほしい。次に朝鮮殖産銀行に対しては、今まで地方事業に融通私的な案件に対しては、今後も引き続き貸出を行うこと、不動産担保の貸出を減額しないこと、地方金融組合に対する金融は今まで通り行うこと、各支店における為替準備金を円滑に進めること、地方銀行の不動産担保の肩替を容易にすること、などであった。

東洋拓殖会社に対しては、朝鮮産業の開発上必要なことは従来の方針通り進め、さらに駐在理事の権限を拡大すること、不動産担保の貸出を積極的に行うこと、現在地方銀行が抱えている不動産担保の肩替あるいは再割引の道を講ずること、産業開発と同時に国策上の根幹となる朝鮮における主要鉄道網を完成させるため、官民共に予定の計画を進めること、という具体的な要望を提出した（『朝鮮商工会議所二十年史』）。

これに対して韓国人経済界が設立されるのには時間がかかった。韓国内では儒教（朱子学）の教えにより、商業活動は日本以上に低く見られ、約半数を占める社会指導者層の両班《ヤンバン》が商業活動に従事することを嫌ったためと考えられた。しかしキム・ミョンス（金明洙）の研究によれば、朝鮮実業倶楽部は一九二〇年三月に韓相龍《ハンソンリアン》が主導して設立した実業家の親睦団体であった。初めに同倶楽部を発起した一九人の韓国人実業家は設立と同時に特別会員になって財政的にも支援した。その一九人は主に大韓帝国期の伝統的な有力商人と銀行経営者で朝鮮財界を代表した。設立以後、朝鮮経済の発達とともに朝鮮で活躍する日本人が増えたため、徐々に日本人の会員も増加した。一九三〇年代に入ってから本格化した朝鮮工業化の流れを反映して朝鮮実業倶楽部にも日本人役員が加入し、全体的な倶楽部の運営に朝鮮在住の日本人が多数参加して朝鮮財界の主要メンバーを網羅する組織へと発展した（朝鮮実業倶楽部については以下を参照。金明洙「日帝強占期 朝鮮実業倶楽部 組織과活動」『日本文化研究』第五一集、東アジア日本学会、二〇一四年、二九～六〇頁）。言い換えれば朝鮮財界を形成したわけである。

韓相龍は日本でも「朝鮮の渋沢」と称された朝鮮財界の最高実力者で、銀行・保険・信託業において活躍した自他共に認める金融専門家であった。一九三三年に「朝鮮総督府財務局長の席を万が一朝鮮人に譲るのであれば韓相龍しかその椅子に座る適任者がいない」という評価を受けていたことから、韓相龍の朝鮮財界における位置がうかがい知れる（「論説 闘志満腹の歴代巨頭」『三千里』五巻九号、一九三三年、四二頁）。

一九二四年の時点でも韓相龍を「日本の渋沢栄一子爵の如き」人物と評価した記事がある。当時朝鮮の実業家のうち日本に渡り矢野恒太第一生命社長、佐々木勇之助第一銀行頭取、団琢磨三井理事長、渋沢など日本財界の大物と自由に意見交換が可能な人物はほとんどいなかったからである（「東京朝日新聞」一〇月三〇日付）。

関東大震災の発生に対して、韓相龍ら親日的な韓国財界人は義援金や救済活動を行ったが、その詳細は日本語史料では今のところ明らかでない。

第五章

進出するアメリカ

アメリカにおける関東大震災慰問一行送別会、1923年11月9日（渋沢史料館所蔵）

一九一八年に第一次世界大戦が終わり、翌年パリで講和会議が開催された。初めての本格的な国際会議に臨む日本は西園寺公望、牧野伸顕ら全権団を送り込んだ。ベルサイユ宮殿での会議の中心議題は、ヨーロッパの戦後秩序をいかに構築するかであった。このため日本は、自国の権益以外では発言が乏しくサイレント・パートナーと揶揄されもしたが、国際連盟の五大国の一員になった。

一九二一年から一九二二年にかけて米国のワシントンで開催された海軍軍縮会議では、軍拡を唱える海軍艦隊派の主張を抑え、国家財政の負担を軽減するために英米と軍縮条約を締結した。一九〇二年に締結して以来日本の安全保障に大きな役割を果たした日英同盟が廃棄され、太平洋における英米仏日四か国条約に代えられた。中国をめぐっては九か国条約を締結した。

こうして日米の対立は克服され、日米協調体制に移行したことは重要であった。また日本は東アジアにおいて、政治、軍事、経済の拠点として世界から注目を浴びる国になった。さらに辛亥革命後の不安定な中華民国や社会主義国ソ連の動向を把握できるアジア太平洋地域の情報拠点となった東京に対する国際メディアの注目度は、日本人が意識するよりもはるかに高まっていた。

大都市が火山の爆発や地震で壊滅的な打撃を受けた例は、古くは古代イタリアでベスビオス火山の噴火によりポンペイが一瞬にして消滅、一七五五年のポルトガルのリスボンを襲った大地震による首都壊滅などがあるが、二〇世紀では関東大震災が世界はじめてのことであった。首都東京とその玄関口である横浜が壊滅したという情報は世界を駆け巡り、各国はその被害状況と同時に、今後日本が復旧復興し、大国の地位を維持できるのかに関心が集まった。

それでは震災のニュースはどのように世界に伝えられたのであろうか。首都壊滅の第一報は、各国の駐日大使館、在京外国人特派員、外国汽船の乗客や船会社の無線通信によって瞬く間に世界に知らされた。図5-1で明らかなように、日本は国際電気通信網に取り込まれていたため、震災当日から二、三日以内には世界中に大地震により東京、横浜が壊滅的な被害を受けたことが各国首脳に知らされた。

しかし震災当時は、まだ電話は国内電話のみで、国際電話の使用が多くなるのは、図5-2からわかるように昭和期になってからである。したがって震災当時は、国際無線と有線の国際電信の利用が中心であった（図5-3）。

日本には世界各国から外交官が数多く赴任していた。震災の犠牲になった外交官も一〇

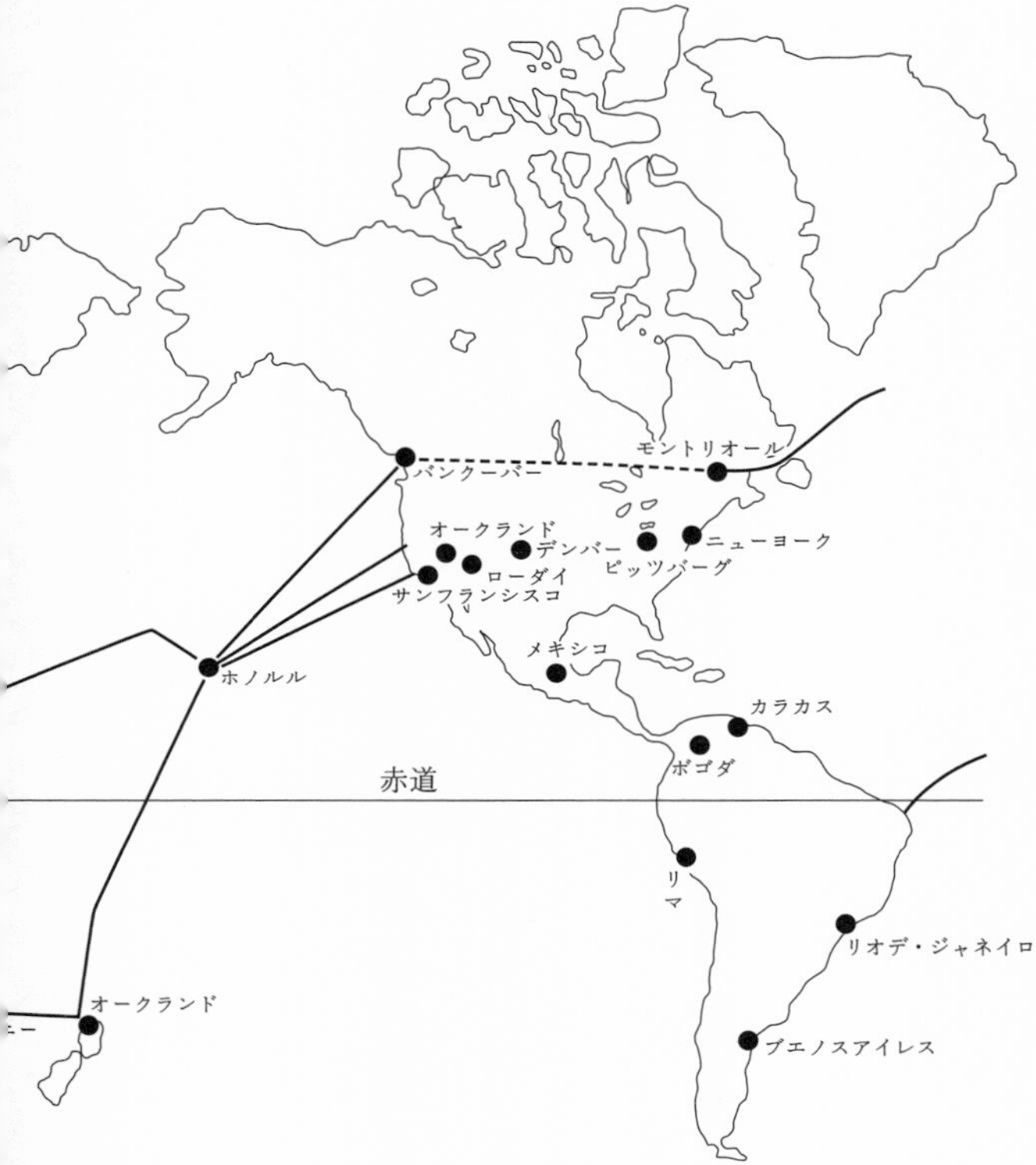

モントリオール
バンクーバー
オークランド
デンバー
ニューヨーク
ピッツバーグ
ローダイ
サンフランシスコ
メキシコ
ホノルル
カラカス
ボゴダ
赤道
リマ
リオデ・ジャネイロ
オークランド
ブエノスアイレス

図 5-1　国際電気通信網（直通対地および主要ルート）。出典：上田弘之『国際電気通信年表・資料』（国際電信電話株式会社、1976 年）、82 頁より一部改変

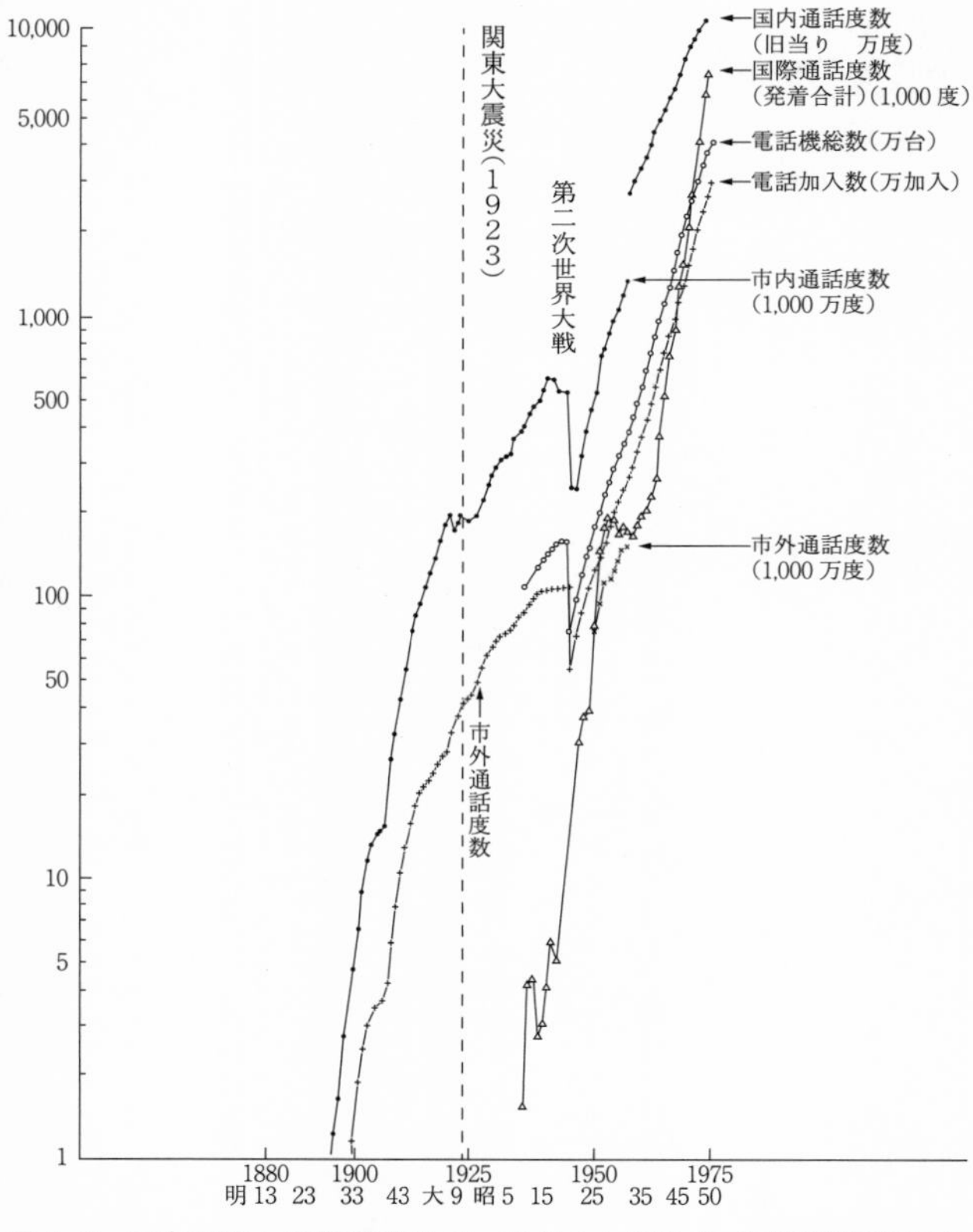

図 5-2　国内電話と国際電話比較。出典：上田弘之『国際電気通信年表・資料』、114 頁

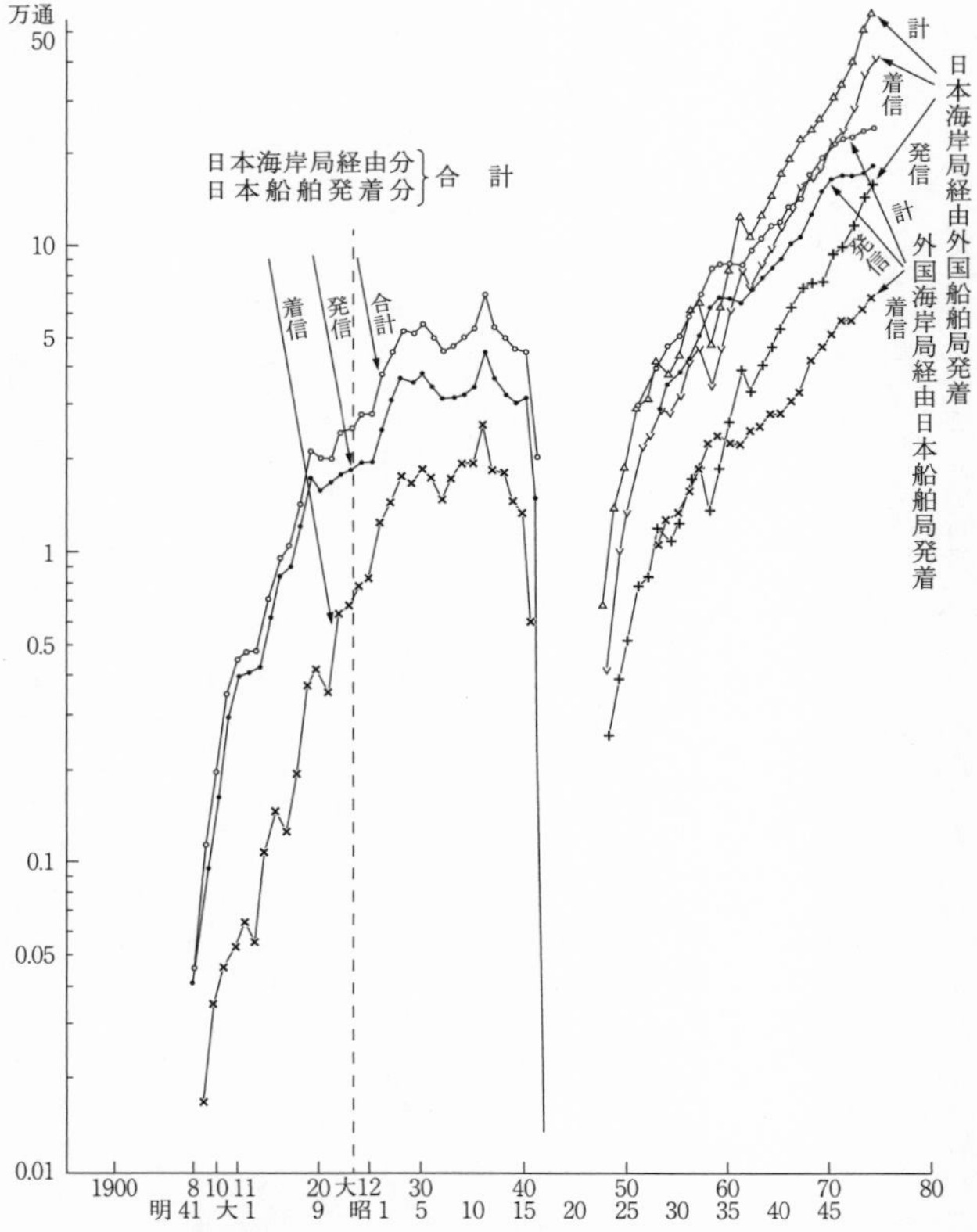

図 5-3　国際無線電報（通数）。出典：上田弘之『国際電気通信年表・資料』、86 頁

人を超えたが、彼らの多くは、家族と一緒に恐ろしい体験をしながらも、自国に的確な情報を無線で伝えた。たとえば、第一章で紹介した上原勇作元帥夫人の妹婿林民雄（当時、日本郵船副社長）によれば、英国大使以下相当数の館員が、英国船の無線を利用して、日本の新聞の号外を英文に翻訳して、上海や香港に打電し、ロンドンに伝えたという。林は震災発生当時、視察でロンドンに滞在していたが、震災の被害状況の大体のことを知ることができた。このような国難に際して、自ら何もできないことを悔やんだと同時に、これからの時代は汽車や船だけでは駄目で、航空機による旅客輸送を考えなければならないと述べていた（『今村均大将回想録』巻七）。

また第四章で紹介したベルギー大使のように、日記に震災の出来事を詳細に記した外交官も多かった。仏国大使ポール・クローデルもその一人であった。クローデルは、壊滅した横浜へのオマージュとして「炎の街を横切って」という一文を書いている。その中には、「横浜は破壊され、絹の都は滅んだ」というような衝撃的な言葉が随所に出てくる。地震が発生した時の様子をこのようにも書いている。

「あらゆるものが揺れていた。大地が身の回りで突然、まるで怪物のように、一つの生命をうけたかのように動くのを見るのは、名付けようもない恐怖である。（中略）それはまるで、いままで全幅の信頼を寄せていた確固たる人物が、突然、自分自身のためのみに動き始め、周囲の人を顧みることなく、己の錯乱と苦悶の中に身を任せてしまうのを目の当たりにするようなものである」(アルバム・クローデル編集委員会編『詩人大使ポール・クローデルと日本』水星社、二〇一八年)と地震を擬人化し、生命を持ったものとして捉えている。こうした記録が次々と各国外交官から本国へ伝えられたのであった。

国際連盟でも緊急の会議が開かれ、震災の情報を集めるとともに義援金募集や救護活動を進めることで全会一致した。米国を中心とした各国の対応については、外務省の網羅的かつ詳細なファイルが一次史料になる。また外務省のファイルと旧陸海軍の資料を駆使し、米国の関東大震災への救援活動の分析を通じて、日米開戦から今日に至る米国外交の本質に迫った『関東大震災と日米関係』(波多野勝、飯森明子)が参考になる。

本章ではこうした資料や研究業績を基にして、世界各国の対応に触れながら諸外国の経済界や実業家は震災にどのように対応したかを考えてみたい。日本と緊密な経済取引(生糸、木材、自動車、石油、海運など)を行っていた米国、英国、中国の経済界からみれば、震災からの復興需要は大きく、日本市場への進出の絶好の機会となった(表5-1)。

ここでは各国の中で最も義援金を送り、救援活動、その後の復興資金の供給などに積極的であった米国を中心にみていく。予想をはるかに超える復興需要とその先の日本市場の可能性を予見した米国企業の日本市場への進出に触れる。この米国の積極的な対応は、米

年	企業名	資本金（万円）
1919	三機工業（窓枠製造）　アメリカン・トレイディング・トラスコン	100
1925	日本フォード（自動車）　フォード	800
1927	日本ゼネラル・モータース　ゼネラル・モータース	400
1927	日本ビクター　ビクター	200
1929	東洋紙袋　セント・レヂスペーパー	25

表5-1　米国企業の日本進出（1919〜1929年）。出典：外務省調査局『日本における外国資本』

国の対日外交の特徴を浮き彫りにするであろう。次に、日本と関係の深い近隣の中国およびソ連について見ていく。英仏などのヨーロッパ各国は、地理的に遠いということと、第一次世界大戦の戦後復興に全力を注いでいた時期であったので、軍艦の派遣程度にとどまった。

†大地震と日米関係

大地震発生と同時に、国内各地から救援物資や義援金が首都圏に運ばれ、あまりの多さに驚くとともに、一時輸送を停止させるほどであったことはすでに紹介した。海外からも予想を上回る救援物資と義援金が届いた。それだけでなく海外の企業は震災からの復興需要の大きさを知り、日本市場への進出の機会ととらえ、積極的にアプローチした。なかでも最大の支援国は米国であった。

一八五三年のペリー来航に始まる日米両国の本格的な関係を振り返ると、不思議に思えるほど現在に至るまで両国関係

西暦	発生した地震	日米関係の主な出来事
1853 年		ペリー来航
1854 年	安政東海地震、安政南海地震	日米和親条約締結
1855 年	安政江戸地震	
1861 年		南北戦争（至 1865 年）
1867 年		大政奉還
1868 年		明治維新
1904 年		日露戦争
1905 年		ポーツマス講和条約締結
1906 年	サンフランシスコ大地震	
1914 年		第一次世界大戦（至 1918）
1921 年		ワシントン会議（至 1922）
1923 年	関東大震災	
1941 年		日米開戦
1944 年	東南海地震	
1945 年	三河地震	日本がポツダム宣言受諾、第二次世界大戦終了
1989 年	ロマ・プリータ地震	ベルリンの壁崩壊、昭和天皇崩御
1995 年	阪神淡路大震災	
2011 年	東日本大震災	

表 5-2　大災害と日米関係

の転換点で大震災が発生している（表5-2）。最初は安政の大地震と呼ばれる一群の大地震である。一八五四年三月に日米和親条約が締結された後、一二月二三日に安政東海地震、翌二四日に安政南海地震が発生。翌年一一月の安政江戸地震では藤田東湖や戸田蓬軒が圧死した。その翌年の七月には米国領事ハリスが来日した。この間日本各地で大地震が発生し、大きな被害をもたらした。

さて、一九〇五年米国のセオドア・ローズベルト大統領の仲介により、日露両国の全権団が米国東海岸の軍港ポーツマスで会議を開き、ポーツマス条約が締結され、日露戦争が終結した。日露戦争は日米関係に一大変化をもたらした。両国間の経済関係の順調な発展にもかかわらず、両国関係は、対立と競争の時代に突入していく。

日本がロシアに勝利したことは、東アジア、さらには太平洋をめぐる国際関係に大きな影響を与えた。一九世紀後半シベリア鉄道を敷設して東アジアへの勢力拡大を図ったロシアに対し脅威を抱いた英国と米国は、「アジアの番犬」としての日本を支援したが、日露戦争後、ロシアの代わりに日本が満州に進出を始めると、米国は中国の門戸開放、フィリピン防衛の観点から警鐘を鳴らした。また米国内では、太平洋沿岸を中心に日本人移民排斥運動が過激になり、日本海軍の米本土襲来を描いたホーマー・リーの『無知の勇気』に代表される日米未来戦争論まで登場するようになった。日米関係は一転して対立の様相を深めていく。

しかし日本の経済界にとっては米国との経済関係はますます重要になっていた。日露戦争中に発生した国家予算をはるかに上回る対外債務を返済しつつ、産業を発展させることが急務であった。当時日本の産業の主力は絹、綿織物などの軽工業であった。

対外債務の返済資金として期待していたロシアからの賠償金は獲得できなかったため、一）貿易収支の黒字、二）より低い金利の資金への借り換え、三）増税による税収しか考えられなかった。ところが日本の貿易収支は大幅な赤字であった。英国、仏国などヨーロッパ各国からの製品輸入が、生糸・絹織物など軽工業品主体の輸出を大幅に上回っていた。さらに幕末に締結した一連の不平等条約によって、関税自主権がなかったため、国内産業は海外製品に押され気味であった。そのなかで、米国は清国とともに数少ない貿易黒字の相手国であった。日本政府は、手っ取り早い方法として増税を検討した。その目的は二つあった。まず戦争により破綻した国家財政の再建と外債返済資金の捻出であり、つぎに満州鉄道株式会社を設立するなど南満州地域へ本格的に進出することと同地域の防衛に不可欠な軍備増強を図るためであった。

この軍備増強・増税路線に経済界は猛反対した。渋沢栄一をはじめ中野武営ら東京商業会議所は、日露戦争によって疲弊した経済力を回復すると同時に対外債務の返済をスムーズに行うことが肝要である、増税は日本経済を再建する原動力となる民間経済界に大打撃を与える、その意欲をなくさせる、と反対論を展開した。むしろ産業を保護育成し、貿易振興に力を入れるべきである、具体的には生糸・綿糸など主要輸出品に対する保護政策を施し鉄道・航路などの運輸流通の便を良くし、経済の基盤整備が肝要である、と説いた。

日露戦争の勝利により、日本に対するカントリーリスクは著しく低下した。つまり大国の仲間入りをしたことにより信用が付き、日本への投資が増加し始めた。また国際環境も日本に幸いした。ロシアの勢力低下により、急成長するドイツが英仏露の共通の脅威に浮上し、三国関係も改善してきた。ヨーロッパ国際政治の変動は日本にも影響を与えた。一九〇七年日仏協商、日露協商が相次いで締結され、英国を中心とする同盟協商外交に組み込まれると、日本の地位は一層ゆるぎないものになった。このため対外債務返済の第三の方法である低利資金への借り換えの条件が整ってきた。経済界にとって同盟協商外交は、軍事費を増やさずに実現できる好ましい安全保障体制であった。

このように考えてくると、対立の要素が増えていたとはいえ、日本経済のさらなる発展のためには、日本が、最大の経済パートナーとなりつつあった米国との経済関係をいかに太くするかが大きな課題となった。

そのような時にサンフランシスコ大地震が発生した。サンフランシスコ近くには、サンアンドレアス大断層があり、一九世紀の後半だけでも四回地震に見舞われていた。しかし一九〇六年三月の地震はマグニチュード七・八と見込まれる大地震で、地震とその後の火災により、サンフランシスコの街は三日三晩燃え続き、およそ一〇万人の市民が家を失った。最終的な被害は、死者四〇〇〇人以上、負傷者は五万人にのぼり、一九〇〇年のガルベストン・ハリケーンや二〇〇五年のハリケーン・カトリーナよりも多数の死者と損害を与えた。

サンフランシスコ地震の知らせを受け、日本では義援活動が始まった。対米輸出品を大陸横断鉄道により、米国東部へ運送する窓口としてのサンフランシスコの重要性を理解していた日本の政財界は四月二六日加藤高明外相邸に珍田捨巳、松方正義日本赤十字社会長、渋沢栄一ら実業家代表三一名などが集まり、救援活動について議論した。明治天皇からの二〇万円の貸金が報告され、個人や企業から義援金の申し入れが相次いだ。四月二九日には再度外相官邸に政財界首脳が集まったが、そこで渋沢栄一が義援金募集を推進することを表明した。

実業家のなかには、営利事業を行っているものが義援金を出すのはおかしい、と反論する者が出た。これに対して渋沢は、実業家の目的は公益を追求することにあり、こうした時に義援金を出すのは当然ではないかと持論を展開し、一気に実業家の救援活動に拍車をかけた。渋沢は東北水害に対して米国が支援の手を差し伸べたことを、自らも義援金を出し、復旧活動に関わったことから知っていた。

また一九〇二年に米国を視察した渋沢は、サンフランシスコの海岸で日本人遊泳禁止の立て札を見て、日本人移民が米国社会で排斥を受けていることを感じ、その後移民問題に深く関わるきっかけになった。大所高所から日米中三国の経済関係を中心とした平和な関係を望む渋沢にとって、このような時にこそ、実業家は率先して救援活動を推進させ、被災者を助けると同時に米国人の日本人への理解を深め、好感を持つようにさせなければならないと考えたわけである。

当初日本からの義援金の多さに当惑した米国側は受け取りを逡巡したが、サンフランシスコ市当局の強い要望もあり、受け入れることになった。サンフランシスコだけでなく、全米で日本への感謝の声が広まった。それは一九〇八年のサンフランシスコの海運業者ロバート・ダラーの企画による米国太平洋沿岸実業団の訪日の下地を創り出した。米国大西洋艦隊が世界一周の帰路、横浜港に寄港した時の、市民挙げての盛大な歓迎行事に米国実業団も招待され、日本国民の米国に対する好感情を植え付けることになった。さらに翌一九〇九年の渋沢栄一率いる数十名の実業家からなる渡米実業団の米国各地での大歓迎という空前絶後の民間経済外交につながっていくのであった。

†米国のすばやい対応

さて関東大震災への米国の対応である。震災発生当日、東洋汽船コレア丸の無線が銚子無線局、福島県磐城無線局を経てサンフランシスコ、カリフォルニアのマーシャル米国国際無線電信会社からワシントンへ送られた電文で、現地時間九月一日に大地震発生を知ったクーリッジ大統領は、翌二日大正天皇宛てに、米国民を代表して同情の念を示し、米国が一丸となって救援を行う、と見舞い電報を打った。そのうえでクーリッジは、一）東アジア方面に展開している米艦隊は日本に回航するべし、二）米国船舶局を通じて、太平洋航路を持つ船会社に向こう一か月間の乗客と積み荷の予約を取り消して、救済事業にあたるべし、三）米国赤十字社に対して、フィリピンと中国在留の米国赤十字は陸海軍と一緒に日本に向かうべし、と指示を出した。

大統領の指示に従い、米国艦隊は東京湾に続々と救援物資や救援隊を載せ、到着した。また義援金は総額で一〇六〇万ドルに達した。大口の寄付は、J・D・ロックフェラーが一〇万ドル、ゼネラル・モーターズ社が一〇万ドル、ナショナル・シティ銀行が五万ドル、シフ商会が二万五〇〇〇ドル、モルガン商会が二万五〇〇〇ドル、「ニューヨーク・タイムズ」紙が一万ドルなどであった。在米の日本人会も翌年四月までに二〇〇万円の義援金を集めた。

これに対して日本政府は、あまりの救援物資の多さと米国船籍が殺到するため、一時救援活動にストップをかけざるを得ないほどであった。

†自動車産業、材木業で米国企業の進出

米国の企業はどのように対応したのであろうか。米国の実業界からは日本の想像を上回る義援金や救援物資が到着した。中国を中心とする東アジア市場に本格的に進出する機会をうかがっていた企業にとっては、中国の陰に隠れていた日本市場の将来性を探る好機になったわけである。復興資金の調達に対して、東京市債や横浜市債の発行に米国の銀行が井上準之助や高橋是清などの国際金融家を全面的に信頼して支援したことは、すでに明らかにされているので、ここでは、自動車産業と木材業に注目する。

震災による鉄道や路面電車の復旧に手間取るなかで、自動車の利便性が改めて注目され、自動車への需要が急増した。東京市が市電に代わる公共バスとしてT型フォード車を八〇〇台購入したのを皮切りに、米国大手自動車メーカーのフォード社は日本への進出を本格的に考え始めた。一九二五年三月三日に横浜市緑町に「日本フォード」が設立され、三月三日から新子安の製造工場（現在の横浜市神奈川区守屋町）で、フォード車の組み立て製造を開始した。米国では左ハンドルであったが、日本の交通規則に合わせて、日本工場では右ハンドルのT型フォード車が組み立てられた。ヘンリー・フォード（Henry Ford、一八六三～一九四七）により設立されたフォード社は、一九〇八年にT型フォード車の製造を

開始した。約二〇年間全世界で製造され、大量生産方式自動車の代名詞となった。

当時の日本の自動車メーカーは日産自動車が小型自動車の工場を建てたばかりで、トヨタはまだ試作車を作っている段階であった。したがって日本国内で最大の自動車工場はフォード横浜工場であった。昭和初期に東京の山手線内を一円の料金で運行した円タクと呼ばれたタクシーの台数の九〇パーセント以上をT型フォード車が占めるようになった。

一方、フォードと並び称される米国の自動車メーカーのゼネラル・モーターズ（GM）は、一九一五年に、株式会社ヤナセを通じて、ビュイック車とキャデラック車の販売を開始した。一九二七年には大阪市に日本ゼネラルモーターズ株式会社を設立し、工場を建設して乗用車の増産体制に入った。シボレー車の組み立てを開始し、月産二〇〇〇〜二五〇〇台の生産能力を持っていた。一九四一年までに累計で一五万台を生産したが、第二次世界大戦により操業は中止された。

次に材木業である。渋沢栄一の友人O・M・クラーク（O・M・Clark）はオレゴン州ポートランドの製材業者で、一九〇八年に米国太平洋沿岸実業団の一員としてポートランド商業会議所の代表として訪日し、渋沢邸にも招かれた。震災の報に接すると打電し、渋沢の安否確認と被災者への同情を示すと同時に、義援金と復興資材を持参して来日し、渋沢のもとに届けた。米国北西部の製材業者一〇〇名で組織したドグラス伐採輸出会社では、一〇万ドルの支援を決定した。そのうち五万ドルで木材を購入し、現金と併せて日本政府に寄付をした。米国実業家からの寄付や支援にあたっては、渋沢栄一の米国人脈が威力を発揮した。外務省のファイルにも「渋沢子爵関係依頼電信」というファイルが残されているほどであった。

遷都せずに東京を首都として復興させることに決まり、削られたとはいえ、震災復興に膨大な予算が組まれたことや建築ラッシュとなるのを見越して、木材需要が高まった。日本への木材の輸出先はさまざまであったが、米国太平洋沿岸の木材業者は「震災特需」を見逃さなかった。彼らはこれを機に日本市場への売り込みを本格化した。一九〇〇年にフレデリック・ウェアーハウザー（Fredrick Weyerhaeuser）により設立されたウェアーハウザー社は、関東大震災の復興資材を日本へ売り込んだのを契機に日本市場へ進出することになった。ちょうど同年六月にシアトルではジャパン・ソサエティ（日本協会、現在のシアトル日米協会 Japan-America Society of the State of Washington）が設立されたが、同社はその会員として今日に至っている。

製材業者のなかには復興重要の高まりを見越して、便乗値上げをするものもあり、外務省も財界を通じて米国やカナダの製材業者に足元を見た値上げを行わないように要請した。

米国企業の進出や米国の自動車は、米国文化も日本にもたらした。昭和期になると東京ではフォード車の円タクに乗って、ハリウッド制作の『ターザン』(一九三二年)や『キング・コング』(一九三三年)の映画を観に行くことが、日本人の生活の中に溶け込んでいた。またジャズが流行り、東京六大学野球の人気が上がってきた。人気漫才のエンタツ・アチャコが早慶戦をネタにし始めたのもこの頃であった。

†予期せぬ中国との関係改善への動き

未曾有の震災は、予期しない影響を国際関係に与える。日中関係の改善への道が開けたこともその一つである。

まず中国側の対応から見てみよう。当時中国国内は、中華民国政府の力は弱く、各地に軍閥が割拠し、軍閥間の内紛が続き、混乱状態にあった。しかし震災発生の知らせが、九月一日に中国に届き、翌日以降北京、上海、広東など主要都市の新聞が、東京、横浜の災禍を伝えると、各地で援助活動が始まった。東京では中国人殺害事件も起きていたが、中国からの義援金額は約一六〇万円で、米国、英国に次ぐ三番目に達した。その内訳をみると、当時の中国国内の各勢力が震災の義援活動を通じて、日本とのパイプを太くすることを試みていたことが分かる。

北京政府は、外相の顧維鈞が、山本権兵衛首相に対して中国政府と国民を代表して日本に対する同情の電報を送った。続いて、九月三日、四日と閣議を開き、日本への救援内容を固めた。その概要は、政府高官を日本へ派遣して慰問する、各省より一律義援金を調達させる、国内の米、小麦の海外流出を禁止するための防穀令を解除し米三〇万石の運搬を行う、日災協済会を組織し銀行界、商界、紅十字会、各慈善団体を加入させる、所有船舶に関係者の乗船、食糧・医薬品を搭載して日本へ救援に向かう、その帰りに中国人被災民や留学生を帰国させる、という方針であった。

政府以外では、日本との関係が深い東北軍閥の張作霖は、震災翌日に、奉天の船津辰一郎総領事を訪ね、同情を表明すると同時にできる範囲において援助を行うと表明し、五〇万元ほどの義援金を申し出、その日のうちに牛一〇〇頭を積んだ船を出航させ、小麦粉二〇万袋ほどを手配した。

清朝最後の皇帝愛新覚羅《あいしんかくら》溥儀《ふぎ》も九月三日、北京の芳沢謙吉公使に使者を送り、同情を表明した。義援金を贈った主な人物は、溥儀が一〇万円、徐世昌一万元、段祺瑞主催の救済同志会一〇万円、雲南政府一万五三六一円などであった。まるで義援金の額により、日本との緊密度を誇示しているようにも見える。西原借款以来日本との関係が深かった段祺瑞は、勢力を衰えさせていたが、天津の自宅に徐や張勲ら自派の有力者を集め、日本の救済を決め、これを機会に排日運動の打ち切りも約束した。これを受け、出席者たちは、各地に指令を出し、排日運動の鎮静化に努めた。

それでは、辛亥革命の中心人物で、日本との関係が深い孫文はどのように対応したのであろうか。当時孫文は、国民党党首であったが、中国を正式に代表する政権ではなかった。摂政(後の昭和天皇)宛てに贈られた孫文の見舞と激励の電報は、松井慶四郎外相の判断で上奏され、山本首相から孫文に謝意が伝えられた。しかし孫文系の新聞「民国日報」は、外交上の構想と天災の救済とは、別物であるから、救済活動が終了したら、再び外交問題を提起すべきであると主張した。中国人は公益を第一とし、義俠を好むとはこのようなことと語ったのは「上海申報」の記者であった。ここからわかるように、中国は政治を災害時の支援活動とは区別していた。

†中国経済界の支援活動

日貨排斥の急先鋒であった上海対日外交市民大会も、本会は、日本人が旅順や大連を占拠していたために経済断交運動を計画したが、もとより日本人民に対して仇怨があるわけではないので、この大震災に急いで救援すべきという声が高まった。

中国の経済界も商務総会(以下商会と略す)を通じて、各都市の商会に救援活動への参加を呼び掛けた。中国の経済界についてはいまだに研究が進んでいないが、『近代中国の総商会制度──繋がる華人の世界』（陳來幸、京都大学学術出版会、二〇一六年）に依拠しながら、商会について説明したい。

中国では経済界の育成に関して政府の意向が強く働き、商会も元々は「準行政的な」組織であった。商会制度は日本の商業会議所制度を手本にして発足した。商会では、家族経営の問題や濃密な個人間の信頼関係よりも、ナショナリズムがメカニズム構築の原動力になった。

清国政府は、商会組織をうまく利用して、商人の動向を正確に把握し、その行動をコントロールしたいと考えた。商会側は必要ないと考えていたが、政府が規約を改訂しようとしたため、商人たちの猛烈な反感を買うことになった。

商会と日本の商業会議所との共通点は、ともにチェンバー・オブ・コマースという西洋の理念や組織を導入しながらも、独自のものに変えていったことである。また盛宣懐が、紳商に呼び掛けて設立した上海商会と渋沢栄一が条約改正に向けての世論形成や士農工商の身分意識の抜けない商人に対して官尊民卑の意識を改めるために、商業会議所を設立した。つまり実業界という新しい権力を生みだすとしたことや、日中双方の伝統社会にあった中世的なギルド（座）や株仲間の流れをくむという都市の自治的な機関としての性格が共通点として挙げられるのである。

しかし大きな違いもあった。中国の商会制度は、清国政府からの補助金はほとんど受け取っていなかったことから、日本よりも商弁、すなわち民間の法人組織であったことである。

上海の商会が華商連合の起点として国内外の華商の中心として、中国華商銀行株を販売し、『華商聯合報』を発行し、海外の情報を共有する仕組みを作成した。この活動のキーパーソンは、上海商会の総理、李雲書、シンガポールの林竹斎と林文慶であった。海外の中華商会に『華商聯合報』を販売し、常備することにより情報を共有することは、各国商会組織の強みであった。

『華商聯合報』を見ると、日本の対外経済政策や商業会議所の動きに敏感に反応していることがよくわかる。日本の各都市商業会議所も二〇世紀初頭、特に日露戦争以降になると、商業会議所月報の内容が著しく詳細になり、海外事情の普及に関しては、外務省の領事報告を掲載した。また時局講演会、海外出張基調報告会などの記事を掲載し、海外情報の共有に尽力した。民族意識が高揚するなかで、商会ネットワークのピークは辛亥革命前夜である。

商会がその地位を確立し、活動がピークを迎えたのは、中国内外で民族意識が高まり、『華商聯合報』『華商聯合会報』を刊行したころであった。つまり中華民国の成立直後の頃であった。日本の全国商業会議所連合会にあたる全国商会聯合会が組織され、『中華全国商会聯合会会報』が国内外の商会に配布された時期であった。これにより中国国内での法的地位を確立すると同時に、海外華商と中国国内華商、また各地域間の商慣習の違いを知らしめることによりその違いを調整する役割も果たせた。

他方で中国商人の海外との競争意識、特に日本に対する強い対抗意識を生むことになった。反日ボイコットにみられるように中華民国初期にかけては二十一か条要求など日本の対中強硬策に対しては強く反発したが、他方、日本を商工業振興の手本、あるいは好敵手とする論調が目立った。例えば、横浜正金銀行の急成長や内国博覧会の多数開催などが評価された。商会の会報は、会員に海外情報を提供し、中国商人の一体感を増幅させることができたのであった。

辛亥革命前夜、つまり二〇世紀初頭の世界は、国境の壁を越え、ヒト、モノ、カネ、情報が自由に移動できるグローバル化が進んでいた。そのなかで成立した中華民国は民族意識を強め、海外華商との関係に影響を与えた。

†国内華商への影響

次に、震災により大きな影響を受けた神戸、大阪における華商経済の構造的変化について見ておこう。

大阪華商の輸出地は、上海以北の天津、青島など黄海沿岸諸都市とウラジオストクに代表されるオホーツク海沿岸都市に集中し、総額の四割以上が綿糸であった。一方輸入総額は輸出総額の五分の一以下で、上海、青島からがその七五パーセントを占めていた。綿花、牛皮、灰糸、豆粕などであった。大阪華商の取引形態には神戸華商と大きな違いがあった。すなわち、家族を連れすでに根を下ろしていた神戸華商が、外国の貿易業者との仲立ちを行った業者である買弁《ばいべん》を通じて外国の銀行と直接取引をしていたのとは違い、大阪に進出した華商は単身赴任が多く、支店形式であったため大阪定住の商人が取引銀行を紹介するという形式がとられた。また大阪華商は日本の保険会社と契約を結び、中華総商会の取引改善のための交渉や紛議の仲裁にあたった。さらに華商系運送会社も日本郵船や大阪商船など日本の汽船会社と特約を結んでいたので、運賃の一定分の割り戻しを受けていた。

つまり大阪華商は、日本商人が中国大陸へ伸長する追い風に乗って、日本政府の商工業保護政策の恩恵にあずかったわけである。したがって個々の独自性を尊重する神戸よりも秩序があった。清国時代の横のつながりを重視する政策から、縦のつながりの強化を行い、より統合ベクトルが働いたといえる。

中国では、伝統社会のきずなを保ちながら、商業会議所制度を導入し、中国独自の商会制度を確立した。震災の報を受けると、日本の商業会議所組織の活動を参考にしながら真っ先に上海商会は国会議員、北京大学総長らと共に電報、書簡を次々と日本公使館や上海総領事に贈るとともに、各地で慰問や義援金を集める運動を展開した。少し前までの排日暴動はすっかり影を潜め、天津からは軍艦で、上海からは商船で援助物資が日本へ送られた。

「大阪朝日新聞」は、全土を挙げての中国の対応に関して「この災厄に依って、日本は意外にも国民にとって一大財産を持っていたことが分かった。それは近隣の中国が従来の行きがかりを捨てて、日本の災禍を正視して、上下挙《こぞ》って、空前の同情を日本に寄せたことであった。この国難にあたって、まったく予期しない救済の声を聴くにあたり、我らはむしろ驚かざるを得なかった」(一九二三年九月一五日付)と喜びを率直に語っている。

†ソ連からの救援物資への対応

もう一つの近隣国であるソ連は関東大震災に対してどのように対応したのであろうか。簡単に当時の日ソ関係を見ておこう。第一次世界大戦中の一九一七年のロシア革命により、ロシア帝国は崩壊した。ロマノフ皇帝一家を処刑した社会主義政権の出現は、皇室と王室を有する日英両国にとっては大きな懸念材料になった。

一九一八年のシベリア出兵は、日本に人的損害を与え、財政的負担を大きくさせただけでなく、ロシア国民の対日感情を悪化させた。足掛け五年に及ぶ出兵から得るものはなく、一九二二年震災の後の一一月にシベリアから完全に撤兵したのであった。

この間、日ソ両国間で国交回復へ向けての交渉が行われていた。シベリア出兵が実施されて以来日ソ間には正式な国交はなかった。日本側は、社会主義ソ連邦の出現による共産主義思想の流入を極端に恐れていた。一方のソ連は、国際的な孤立から抜け出すために、現実的な路線をとらざるを得ず、積極的に日本に働きかけ、国交樹立を目指した。当初、共産主義ソ連を忌避していた日本であったが、ソ連がドイツとの間にラパロ条約を結び、ヨーロッパ諸国との関係改善が見込まれるようになったため、加藤友三郎首相と後藤新平外相はソ連との国交樹立を前向きにとらえるようになった。一九二一年から一九二二年四月にかけて、極東共和国を介して、三国間で三回会談を開催した。しかし日本側は強硬な姿勢を崩さず交渉が決裂した。

日ソ関係がこのような状態にある時に、関東大震災が起きたのであった。モスクワに最初の震災の知らせがもたらされたのは九月二日夜であった。それ以降のソ連側の対応は驚くほど迅速であった。

翌三日、ウラジオストクの沿海県共産党は日本の被災した労働者を救援することを決議するのと同時に、極東革命委員会議長のパウロフは、ウラジオストクの日本総領事代理渡辺理恵に人を派遣し、見舞い状を日本政府に通達するように依頼した。その内容は、過去の戦争による苦しみや不幸はさておき、今回の日本の不幸に同情して救援活動を行うというものであった。具体的には、救護委員会を組織し、極東地方委員会の訓令に従って、震災に遭遇した日本の労働者を救済すること、そして沿海県の全住民に直ちに救護にあたるよう檄した。わずか三日間でこれだけの体制を整えることは至難の業であるが、それだけ共産党の上意下達は徹底し、沿海県共産党も、モスクワの党首脳に忠誠心を見せる必要があったのかもしれない。

モスクワでは、チチェリン・グリゴーリィ・ヴァシーリエヴィチ外相が九月四日、折から開催中の農業博覧会の視察に来ていた日本実業団に対して、同情の念を示し、援助の用意があることも伝えた。九月五日のソビエト政府からの正式な支援の電報を受け取った山本権兵衛首相は、ソ連の申し出に対して、謝意を示し、ソ連からの支援物資を受け取ると即答した。

その後もソ連側の日本への支援体制は着々と進み、ウラジオストクから船舶により、救援物資を運ぶことに決定した。ヨーロッパ方面でも、キエフなど大都市の商工会議所などが義援金を募り、続々と義援金と救援物資が集まってきた。これほどまでにソ連が関東大震災に対して全力を挙げ支援体制を築いたのは、暗礁に乗り上がっていた日ソ国交樹立交渉を進展させる思惑があったことは間違いないであろう。

加えてボルシェビキ革命の成功に自信を持ったソ連が、米国とは違った意味で、新外交を展開しようとしていたのである。つまり、日本の労働者との連帯意識の確立や社会主義思想の宣伝という戦略が背景にあったのである。この点がソ連からの支援物資受け入れの際に障害となった。救護委員会の救恤勧誘の檄文の中にもソ連の思惑が読み取れる。日本の災害により、不幸を負わされるのは労働者階級なので、同志への救援を行うことは我らの義務とまで言い切っている。

こうなると、日本政府や陸軍は震災に対する救援物資だからといって、国交のない社会主義国から無条件で受け入れることは難しくなった。出先の日本の外交官がソ連側から救援物資運送の具体策を聴取するごとに、心配は現実のものとなった。ソ連の現地新聞を読む限り、相変わらず「日本政府滅亡」とか、「日本軍閥のブルジョア政策」などの文言が飛び交っていた。そのうえ「日本の労働者階級を救う」とする文意は、かならず日本政府や陸軍は拒絶反応を示すと思われた（「変災及救済関係雑件　関東大震災ノ件」）。

しかしソ連側は、日本の外務省の杞憂などお構いなしに、支援物資の運送を開始した。九月八日には、レーニン号と改名した船に赤十字を中心とした救援隊、看護婦、各種医薬品などを積んで、日本に向かってウラジオストクを出発してしまった。

レーニン号が横浜に到着すると外務省の心配は現実のものとなった。日本側は神戸に寄港するものと考えていたので、横浜に来たことに驚いた。そのうえ上陸した船員が、日本の労働者階級を救うという内容の話をしたことが大きな問題となり、内務省や陸軍は態度を硬化させた。これに対して外務省と海軍は救援物資だけは受け取り、乗組員の上陸は認めず、帰らせるつもりであった。しかし両者の話し合いはつかず、結局陸軍の意見が通り、救援物資は一切受け取らず、レーニン号を追い返すという最悪の事態を招いてしまった。幕末に薪や飲料水の補給を求め来航した米国漁船を、異国船打払令により追い返したのと何ら変わりなかった。

こうした外務省とソ連側の意思疎通の悪さや日本の内務省・陸軍と外務省・海軍の受け入れに対する考え方の違いとそれを調整するリーダーや機関の不在は、日本の意思決定の欠点であるが、情報活動の問題点ともいえよう。

†外国人から見た関東大震災

それでは震災から一年が経過した各国は、日本をどのように見ていたのであろうか。復興にあたり外債を引き受けた英米が日本の信用をどのように見ていたのかは興味深い。一九二四年九月一日付の「大阪毎日新聞」によると、同社の各国特派員が調べた結果は、総じて日本の復興を称賛する内容になっていた。まず英国では、著名な銀行家や実業家は皆口をそろえて、日本国民が天災に対して発揮した勇気と決意を激賞した。日本の国民はこの未曾有の震災から必ずや立ち直り、復興をなし遂げると確信しているという回答であった。

特に金融業者が日本の公債が高値を維持し、投資家の信用を保っているのは、今まで日本が公債の条件を忠実に守っているからだと説明した。また震災後に余震に対する一抹の不安とヨーロッパ貿易の不安定が続いているにもかかわらず、日本が復興の歩みを着実に進めていることは称賛に価するという内容であった。英国の東京駐在商務官エドワード・フローや『エコノミスト』誌主筆レイトンらは、ここまで日本人が懸命に復興に向けて物事を運んでいるとは全く驚かされたと語った。

さらに「マンチェスター・ガーディアン」紙経済部長は、具体的に三つの点を指摘した。まず貿易の復活が迅速で、輸出入ともに震災以前の状態に戻っている。次に震災に伴う通貨の膨張と物価高騰の勢いを阻止して、むしろ反対の経済状態を誘致している。三番目に円の為替相場は一時下落したものの、すでに回復し安定している。さらに、九月二日に募集した外債が発行高よりも四ポイント高値を示していることから明らかなようにすでに日本の海外からの信用は回復している。

日本が贅沢品税率の引き上げを行ったため、英国の対日貿易の将来に不安を抱いている者も若干とはいえ存在した。ただし英国の商標を盗む日本商人がいることへのクレームを新聞に掲載させたことは問題となった。しかしこれは事実無根であるため、東京商業会議所がロンドンの実業家と協力して、震災のために紛失した商取引上の違反記録再生に努力しているとし、一方、英国政府は、日本政府が商標模倣や盗用の防止に尽力していることに謝意を示した。

米国はどのように日本を見ていたのであろうか。震災直後、日本の財政を健全なものにするためには、第二回の外債を米国で募集しなければならなくなるのではないかと危惧したが、日本当局が第五回外債により得た資金を実にうまく配分した手腕を高く評価していた。特に銀行筋は、後藤新平内相が焦眉の必需品を世界の市場に求めたのはやむを得なかったが、その後必需品、特に復興材料を求める際、値段が折り合う時期まで待ったことは、賢明な招致であったと称賛した。日本政府に対する信頼も厚く、今後も、実業界の思惑取引を徹底的に取り締まることを日本政府に強く求めていた。

米綿の取扱業者の日本からの撤退に対しても理解を示している。日本にとって、主力輸出品である生糸価格の暴落と中国の内乱が二大難問で、これらはなかなか解決しない。円の下落と米綿の価格高騰により日本への輸出が困難となり困っている米国の綿会社は多い。日本の銀行が簡単に信用状を発行しないのも足を引っ張っている。このままの状態が推移し、おまけに贅沢品の輸入に関し税金が課せられると日本の市場から撤退する業者も出てくるであろう。さらに日本は自国産業の競争力強化のために、一般的保護関税を課することになるであろう。しかし以上のようなことはある程度理解できるとしている。

このように米国側の日本の経済復興に対する見方は総じて楽観的であったといえよう。

†日本の情報空間の問題点

最後に震災のあらゆる局面で問題になった日本の情報空間の問題点について考えてみよう。

大震災による交通網の遮断により、郵便はもちろんのこと電信も電話も不通になり、デマが乱れ飛び、人々は不安と恐怖の中に置かれた。

こうした情報の伝達に欠かせないのは、ハードウェアの開発と整備である。一九世紀後半から第一次世界大戦を経て一九二〇年代にアジア、太平洋間で海底ケーブルが拡大整備された。国際回線として最も早く開通したのは、一八七一年六月の長崎、上海間と一一月のウラジオストク間と上海、長崎の二回線であった（上田弘之『国際電信通信年表・資料』

国際電信電話株式会社、一九七六年）。

　また暗号電報の使用も緊急時には重要である。暗号電報使用禁止の早期解除をめぐって興味深いやり取りが「変災及救済関係雑件　関東地方震災之件」（外務省外交史料館）に記されている。

　震災の発生と同時に逓信省は、戒厳令が敷かれている震災地域内において私報に暗号電報を使用することを禁止した。これは膨大な量の私報が飛び交うなかで、デマや誤情報が流布するのを防ぐためであった。

　しかし海外との取引業者や在日の外国商人にとっては、日本からの輸出や日本への輸入が急増するせっかくのビジネスチャンスを失うことになるので、九月一二日には三井、三菱が一日でも早く暗号電報の禁止解除を求めて、外務省次官から逓信省次官に対して、「在外本邦商人が暗号電報の使用禁止によって受ける苦痛は甚大であり、日本の貿易に及ぼす損害は恐るべきことである。それだけでなく震災発生後、異常といえるほどの同情を以て義捐救恤に全力を尽《つく》している列国の感情を悪化させることはゆゆしき事なので、人心が安定した現在、戒厳地域内で暗号使用を続けることは無意味である。解除に向けて要検討してほしい」と要望した（「海外電報私報暗号電報使用解禁ニ関スル件」）。

　大阪府知事の土岐嘉平も同じ日に後藤新平内相、山本権兵衛首相兼外相、犬養毅逓信相宛て日本在住の中国商人に対して暗号電報の使用を認めるように要望している。土岐によれば、在阪の中華総商務会会長の張友深が大阪逓信局長を訪ね、中国商人は本国との商取引に暗号を用いているが、震災発生以降暗号使用の禁止により、中国との通信が非常に不便になった。冬物衣料仕入れの時期にあたるが今の状態では、満足に商取引が行えず、対中貿易に及ぼすマイナスの影響は大きいので、何とか暗号電報の内容を明示した場合に限って暗号電報の使用を許可してほしいと要望した。

すでに九月一七日以降、戒厳令が適用されていない地域での外国私報に関して、銀行取引や商取引については、日本からの発信人と受取人がその訳文を提出し、もし必要があれば暗号書も提示するという条件で暗号使用を許可されている。これを一八日からは戒厳令適用地域内においても、同じ条件で暗号電報の使用許可を要望した。その結果九月二八日に許可されることになった。

外国新聞記者に対しても、九月一七日に外務省の次官は逓信次官に、「外国通信は各記事五〇字以内、一日二回に制限されているが、この制限を避けるために外国通信員が関西地方に移動するのを防ぐため、速やかにこの規制を撤廃してほしい。震災後すでに二週間を経過して大阪・神戸他震災地の戒厳令適用地以外では、外国電報について寛大な措置をお願いしたい」と戒厳令司令部に対して申し入れをしている。その結果、逓信省は文字数を一回五〇字から一五〇字まで引き上げ、「デイリー・メール」に対しては先払いでの使用も許可した。

震災後情報手段として最も役立ったのが無線通信であった。震災の教訓により、ラジオ放送への要求が高まり、一九二三年一二月に放送用施設無線電話規則が公布された。翌年一一月には、社団法人東京放送局が設立され、後藤新平が総裁に、岩原謙三が理事長になった。岩原謙三（一八六三〜一九三六）は芝浦製作所社長である。一九二五年三月、東京放送局で日本発のラジオ放送が開始された。同年、大阪と名古屋にも放送局が設立された。芝浦の放送局は愛宕山に移り、その後東京と大阪の放送局が合併して現在のＮＨＫになった。

交通手段として、自動車と飛行機が注目されたことも特筆される。ただしいくら通信、交通手段が発達しても情報空間の問題点が改善されない限りは真の解決にはならないであろう。

大震災発生後情報伝達の混乱ぶりはある程度やむを得ない点はあるにしても、陸軍少佐の今村均が南洋諸島視察から寄港した大島の陸軍守備隊が全く情報を知らされていなかったことや、市ヶ谷の陸軍本部内でも今村の情報に頼るなど単に未曾有の震災直後の混乱で済まされない問題である。また先述したレーニン号の受け入れ拒否をめぐる対応でも、情報収集の甘さと情報発信の統一性が問題となっている。

†今日の情報活動への教訓

この点について在京の外国人特派員が的確に指摘している。今日でも注目に値するのが、第一章でも取り上げた英国人特派員ヒュー・バイアスである。ヒュー・バイアス(Hugh Byas 一八七五〜一九四五)は英国グラスゴーに生まれた。第一次世界大戦が勃発し、パナマ運河が開通した一九一四年に来日して、「ジャパン・アドバタイザー」紙(The Japan Advertiser)に加わった。同紙は一八九〇年に米国人印刷業者のロバート・メイクルジョン(Robert Meiklejohn)が横浜で創刊した英字新聞で、戦前極東情勢を伝える第一級の英字新聞といわれた。一九四〇年にジャパン・タイムズ社に吸収された。

一九一七年バイアスは「ジャパン・アドバタイザー」紙を離れ、欧米に日本を紹介する雑誌『ファー・イースト』を創刊した。一九一九年から一九二二年まで、「ロンドン・デイリー・エクスプレス」、「ロンドン・セントラル・ニュース」の通信員の肩書も持っていた。当時「ニューヨーク・タイムズ」に勤務していた大塚順之助によれば、日本語をほとんど理解できないバイアスは、もっぱら英語による日本情報と、英語に堪能な日本人から聞いた話を、その取材源としていたという。具体的には、「朝日」、「毎日」などの主要新聞の抄訳や、「ジャパン・タイムズ」などの日本で発行されている英字紙を丹念に読んでいた。

一九三一年の満州事変以降、日本が国際連盟を脱退し、孤立化への道を歩み始める。外国人特派員の情報源が徐々に制限されていくなかで、国際派の政治家、軍人、財界人、知識人からの情報を重要視した。井上準之助、高橋是清、幣原喜重郎、池田成彬、団琢磨、鈴木貫太郎、新渡戸稲造らであった。彼らはみな英語に堪能で、ヒュー・バイアスら英米特派員と緊密な関係にあり、日本情報を提供した。しかし当時こうした人々の国際認識や見識が必ずしも日本の主流であったとは言えなかった。

ともあれ第一次世界大戦の始まった一九一四年から一九四一年に帰国するまで、英国に帰国していた一時期を除いて、バイアスは二三年間日本を取材し続けた。離日にあたって、彼は取材記録を所持して渡米し、一九四五年に死去するまで、「ニューヨーク・タイムズ」を中心とする米国メディアに寄稿しながら、全米各地を訪れ、日本に関する講演を行った。また二冊の著書、*The Japanese Enemy* と *Government by Assassination* を出版し、戦時下の米国人に日本情報を提供する役割を果たした。

バイアスが指摘する日本の情報空間の問題点は、日本では英米における意味での報道の自由はないが、概して自由に日本社会の出来事を取材し、本国へ送信することができた。

しかし特定のテーマについては本国への公表や送信が禁じられていた。もちろん陸海軍の装備や軍の移動に関しては、どこの国でも機密扱いになっている。日本では、共産主義思想の波及や共産主義者の逮捕などについては、その捜査が完全に終わるまで公表を差し止められた。ただし、何日か経つと確実に情報が得られたので、公表の遅れが日本のイメージをゆがめることにはならない。

批評家の中には、日本当局の秘密主義をとらえて、戦前の日本を全体的に暗いイメージで描きたがるが、バイアスの特派員生活での経験からは、それは日本社会のごく一部分を過剰に拡大している。ともかく政府批判をモットーとしている米国の編集者や国民に、海外情報を提供しなければならない特派員にとっても、それほど仕事がやりにくいところではなかった。日本の官僚も自分たちの立場を配慮した建設的な記事ならば、歓迎することも多かったと述懐している。

では日本の情報発信の問題点は何かというと、それは「原則のない検閲（blind censorship）」で、それはつまり恣意的で意味のない秘密主義であった、とバイアスは指摘している。「原則のない検閲」とは、だれがどのような基準で行っているのかわからない匿名の検閲のことを指す。この恣意的な検閲は特派員たちに不要のいら立ちを起こさせた。例えば、軍や軍艦の行動については一般的に報道が禁じられているが、日本の報道機関が及ばない国々からニューヨークやロンドンへは情報が自由に入ってくる。こうした時期に、日本から検閲した白々しい内容の電信が届くと、かえって不信感や猜疑心を増幅することになりかねないのであった。

さらに日本の検閲自体にも合理的なルールが欠けていた。例えば報道規制の目的が達成された後にも、不必要な規制が延々と続くことがあった。バイアスは、第一次世界大戦中に英国の王族コノート公アーサーの来日をめぐる報道規制を例として挙げている。大戦中でドイツのUボートが大西洋を荒らしまわっていたため、皇太子の行動は秘密にされていた。ところが検閲にミスがあり、日本のある新聞が皇太子の出発日を紙面に堂々と公表してしまったのである。これは大問題であったが、後の祭りであった。

その後皇太子がカナダのバンクーバーを出航したため、英国大使館はその旨を日本の外務省に連絡し、ニュースを公表した。ところが、なぜか日本政府はこの時になっても報道規制を解かず、このニュースを掲載しようとした東京のある英字新聞は、政府から発刊を差し止められてしまった。だが、同じ記事を掲載した別の英字新聞は何の咎めも受けなかった。

この二つの新聞の違いは、前者が経営者が日本人で、後者は、外国人経営であっただけであった。同様なことは他にもあった。神戸では報道規制されたのに、東京では自由に報道されたり、満州の軍関係から報道されていたことが、日本の国内では当局の検閲によって差し止められたり報道されなかったといった具合であった。

つまり日本では、「ニューヨーク・タイムズ」が唱える報道の自由は存在しなかったのである。軍関係情報を秘密にする必要性は認めるが、原則として情報は公開するべきであり、国民にはそれを知る権利がある。報道規制が行われる場合には、明白な理由がある場合に限られ、はっきりとしたルールに基づいて実施されなければならないという考え方であった。当時の日本では、往々にして軍関係者は何事も秘密にしたがる。それに比べて日本の各省庁は信頼できる報道関係者からの問い合わせに対して、適切な情報を提供してくれた。合理性を欠いた秘密主義は、かえって日本の立場を悪くすると結論付けた。

さらにバイアスは、より根の深い問題点を指摘した。それは日本社会には公の議論を回避する傾向があることであった。報道の自由とは、ただ正確な報道をするだけではなく、国民の利益に影響を及ぼす様々なアイデアに対して寛容であること、つまり知的活動の自由を保障することを意味する。日本は自然科学や産業分野では、大胆なまでに新しいアイデアを取り入れるのに、新しい政治思想を取り入れることに対して驚くほど臆病である。

例えば、バイアスの体験によれば、旅行者のカバンを開けさせて少しでも日本にとって好ましくない立場から社会問題を議論している本を見つけると没収する。日本に言論の自由がないのは、法律や役人のためではなく、国民性によると断定している。筆者にはまるで徳川時代の「鎖国」の中での蘭学の受容と何ら変わっていないように思える。

したがって、バイアスが語るように本人は心の中では根拠のない規制や検閲に対しておかしいと思っていても、公には議論したがらないのである。

こうしたバイアスの指摘は、二一世紀の今日の日本社会にも通じる点が多いと思われる。

エピローグ――経済地図はどう変わったか

†首都としての東京の定着

一〇〇年前の関東大震災は、当時の世界にとって一大事件であった。富国強兵・殖産興業のスローガンを掲げ、近代国家の建設に挑戦した極東の新興国が、僅か半世紀で大国ロシアとの戦いに勝利し、五大国の一角を占めるに至った。その目覚ましい近代化のシンボルであった東京、横浜が震災により壊滅的な打撃を受けたことは、世界中に衝撃を与えた。

関東大震災により何が変わったのであろうか。一〇〇年前の経済地図をまとめておこう。まず、東京、横浜を中心とする首都圏の地位が定着した。東京は、明治初年以来京都から江戸に皇居を移してから半世紀を過ぎて、日本の首都として内外から認められる存在になっていたが、地政学的な問題点を抱えていたため、必ずしも首都として定着していたとは言えなかった。しかし日本政府が、大震災により大被害を出した東京を遷都せず、大規模な復興計画をもとに再建させたことにより、東京の首都としての地位は不動のものとなった。第二次世界大戦末期の米軍の空襲により東京は廃墟と化したが、やはり遷都することもなく今日に至っている。

もし関東大震災の後、遷都が行われていたらどうであったろうか。

筆者から見ると、二番目の候補に挙げられた兵庫県加古川地区は遷都の条件は整っていたと考えられる。つまり加古川地区は自然災害が少なく温暖な気候に恵まれていた。首都を支える関西経済の中心地の大阪は、震災発生二年後には東京を凌駕する人口を擁し、軽工業を中心とした経済の中心地となった。「大大阪」時代が到来し、徳川時代の「天下の台所」から「東洋のマンチェスター」と呼ばれる商工業都市になっていた。加えて生糸輸出も取り扱うようになった日本一の貿易港である神戸は、横浜を凌駕し、「東洋一の貿易港」としてさらに発展する可能性を秘めていた。

地政学的には東京は朝鮮半島、台湾を含む帝国日本の首都としては東に偏っていた。地殻変動という観点からは、南関東は、北米プレート、太平洋プレート、フィリピン海プレートの先端に位置しているため、日本列島の中でも地震が発生しやすい。関東大地震はこのフィリピン海プレートが北米プレートと太平洋プレートの比較的浅い二〇キロ程度のところに滑り込んで複数の地震が発生した。また関東北部から伊豆諸島にかけては活火山や休火山が多い。江戸時代からの約四〇〇年間だけでも、元禄地震(一七〇三年相模トラフによる)、富士山の宝永噴火(一七〇七年)、浅間山大噴火(一七八三年)、安政東海地震、安政南海地震(いずれも一八五四年)、安政江戸地震(一八五五年)、明治東京地震(一八九四年)と、巨大地震と津波、火山の大噴火に見舞われ、江戸や東京は多大な損害を被った。

これに対して加古川は、近くに火山はなく瀬戸内海に面し、地震、津波、火山噴火の恐れはほとんどなかった。

さらに防空という観点からは、東京は海岸線に近い平野部にあり、空からの攻撃に弱かった。その点では加古川のほうが、丘陵地帯に囲まれ、東京よりも安全で、首都にふさわしい場所といえた。しかし第一章で述べたように、震災発生直後に発表された政府の震災復興大方針の中で、後藤新平内相が遷都を行わないと明言し、九月一二日、首都は東京から動かさずという大正天皇の詔勅が出され、遷都論は日の目を見なかった。

近現代の日本の歩みを振り返ると、今から一〇〇年前の一九二〇年代はとらえどころのない時代であった。国内では、明治維新から半世紀が経過して、近代化の波が全国に普及した。大正デモクラシーという時代の雰囲気のなかで、米騒動、相次ぐ不況と政治、経済、思想文化あらゆる点から新しい動きが一度に噴出した観があり、反面日本の将来へ進む道はいくつか選択できる可能性があった。もし遷都を行っていれば、それは当然今までとはかなり異なる近現代史が描けたであろう。

歴史でイフを語ることは好ましくないとされているが、あえて首都加古川を考えてみよう。加古川には、米国のワシントンD.C.のように、立法、行政、司法の政府機能だけが移転され、皇居は京都に戻ったかもしれない。このスリムで機能的な首都加古川が今日まで続けば、現在のように東京に政財官が集まり、ほとんどの大企業や報道機関の本社と大学、研究機関が東京首都圏に集中し、一都四県に全人口の三分の一以上が住むような一極集中の国にはならなかったであろう。

†限定的であった経済損害と新たな経済成長に向かって

つぎに関東大震災の経済的な影響について見てみよう。短期的には被災地を中心に大損害を被ったものの、長期的には新しい需要を生み出し、技術革新も進み、むしろ経済成長を後押しした。日本の経済地図においては、東京、横浜よりも大阪を中心とする京阪神地域がリードするようになった。日本経済全体が軽工業から重化学工業への過渡期であり、人口も急増し、成長期にあたっていたことがあげられる。したがって震災発生時の経済界の心配は、混乱が落ち着くとかなり早い段階で解消され、むしろ東京、横浜、大阪、神戸、名古屋などの大都市間で様々な経済競争が起こり、それが長引く不況から脱する実業家や一般の人々の競争心をあおり、経済成長に向けての原動力になったといえよう。日本全国で人々は復興需要や新分野へ積極的に進出していったのである。

とくに関西以西の経済界は、震災の被害はあくまでも東京、横浜の地域的なものであり、関西中心の通信・輸送ルートを復活させれば、十分日本経済は回っていくとみていたのである。また米国や英国をはじめとする諸外国も、震災後の日本政府や経済界の落ち着いた対応を評価し、日本経済、特に金融に対する信用は厚かった。

つまり、マクロ経済的には、関東大震災の経済的影響は成長軌道に乗っていた日本にとってはそれほど大きくなかったのである。被災地である東京、横浜もこれを契機に地盤の固い郊外に次々と新しい住宅地が醸成され、住民を都心に運ぶ私鉄は路線を拡大していった。東急電鉄、西武鉄道、東武鉄道、京浜急行などである。京阪神でも阪急鉄道、阪神鉄道、近畿鉄道、京阪電車などが次々に路線を拡張していった。その意味では大震災は鉄道の普及を後押ししたのであった。また、新しい交通手段としての自動車と航空機が増産され、情報通信手段としてはラジオ、無線放送、電話などが急速に普及した。

三番目に、震災により生じた変化は、企業活動の範囲が拡大し、それに伴い東西の人的交流が進み、日本の経済・文化活動が多様化したことである。今まで東京、横浜を含む関東地方へなかなか進出できなかった関西系の企業が震災を機に東京市場へ着々と進出していった。他方、東京、横浜の実業家が、関西を中心として各地に流入し、首都圏の文化が全国に伝播することになった。古くは応仁の乱により、京都から多くの人々が地方に移り住み、京都の文化が各地に伝播されたことを想起させる。

このことは震災に関わった企業の将来に大きな影響を及ぼした。各企業の行動は、震災から受けた被害の大きさや経営者の判断によって大きな差が出た。特に地方の企業は、まず自社の社員やその家族の安否の確認をすると同時に被災者への支援物資を調達し、救援物資を送った。そのなかで被災地のニーズをいち早く把握し、消費者の立場から、便乗値上げをせずに商品を販売したコクヨ、武田薬品、資生堂などは、信頼を得て、震災後の新市場開拓につながった。また震災による人の移動は、企業にとっては、新たな市場開拓となった。ユーハイムや吉本興業などがそれにあたる。

他方、震災により壊滅的な打撃を受け、倒産や廃業に追い込まれた企業も多かった。こうした個々のケースを社史に基づき調査すると、マクロ統計の数字に表れてこないところに、経済人のしたたかな企業家精神や慈善事業への情熱を感じることができるのである。

†一〇〇年後の経済地図への示唆

今後三〇年以内に関東大震災級の首都直下型地震の起こる確率が七〇パーセントを超え

ると予測される今日、「失われた三〇年」といわれる閉塞状態が続いている日本の将来を見据えて、我々は今何をなすべきであろうか。国連を機能麻痺に陥れた安保理常任理事国ロシアのウクライナ侵攻、台湾をめぐる米中対立の激化、北朝鮮の核兵器開発、エネルギー危機や円安によるインフレ懸念、先止まらない少子高齢化による人口減少などの深刻な問題に直面する日本は、関東大震災が発生した時期に比べて、はたして安全といえるであろうか。近い将来甚大な被害が予想される南海トラフ巨大地震、首都直下型地震に対して、どのように対応したらよいのか。関東大震災は、我々の直面する今日的課題になにを示唆してくれるのであろうか。

第一は、遷都を含めた日本の構造改革である。強力な国土総合計画実施チームを編成し、地方分権を進め、一極集中を解消することである。最近各省庁から公表される首都直下型地震や南海トラフ巨大地震の被害予測は、素人の筆者から見ても少なすぎるのではないかと思われる。最悪の事態を想定することが安全保障の原則であるが、悪天候の日の朝晩のラッシュ時に地震が発生したという、最悪のタイミングを想定して被害予測をするべきではないであろうか。現在の数万人単位の死傷者では被害予測が少なすぎるのではないか。それはともかくとしても、地震対策の根本的解決は、東京圏の人口を現在の半分以下に減少させることであろう。

遷都や地方分権についてはこれまでもかなり具体策が練られてきたが、実行に至っていない。本来ならば直下型地震や東南海地震が発生する前に着手したいが、万が一大震災に再び見舞われた時には、ぜひ遷都を議論の俎上に上げてもらいたい。五〇年、一〇〇年先の日本を考えた場合には、どうしても避けられない課題であろう。

第二は、リーダーは言うまでもなく各個人が内外に広く信頼のネットワークを形成しておくことである。関東大震災の時に内外からの予想を超える救助と支援が得られたのは、政財界人のリーダーシップと個人的なネットワークが威力を発揮したことが大きい。渋沢栄一、高橋是清、井上準之助など枚挙にいとまない。

今日のネット社会では、リーダーだけでなく、だれもがいとも簡単に世界中の人々と交流できるようになった。このメリットを最大限に活かしたい。

第三は、経済界が、公益の増大に対してよりいっそう力を発揮してほしい。

経済団体連合会、日本商工会議所、経済同友会など経済団体は、連合など労働団体と協力して、震災に全国レベルで対応できる組織の立ち上げを望みたい。第一章で取り上げた大震災善後会が協調会と協力し合い、炊き出しや衣料品の配布などきめ細かいサービスを提供した事例を思い出してほしい。

渋沢栄一、岩崎久弥、三井家、住友家などの事例を紹介したが、危機の時にこそ実業家がその財力を活かし「民」の代表として公のために義援金を集め、救援活動の先頭に立ってもらいたい。コロナへの取り組みでは残念ながら、財界リーダーの影は薄かったといわざるを得ない。

企業としては、コロナ禍で通勤せずにオンラインを使った在宅勤務が著しく進展した。大地震や火山噴火の際には、電気通信網が機能不全に陥ることは目に見えている。少なくとも、本社を首都圏から移転させることは、最も効果的な大災害対策になると思われる。

最後は、今までも何度か指摘してきたが、情報空間の問題点の解決である。筆者は以前、在京の外国人特派員に関する研究『外国人特派員』(木村昌人・田所昌幸)でも指摘したが、次の六つの点を改めて指摘したい。

一) 情報隠しを防ぐ総合的な情報ルールを確立すること。

二) メディア横並び意識の払拭と「集団リンチ」的な手法を撤廃すること。「国民の声」を背景にして人気のある勢力に対しては批判的な目を持たないお追従的な報道や、ひとたび落ち目になると一転して総攻撃に邁進することを止める。

三) 自由主義社会を維持するためには、異なった多様な意見に対して寛容であること。

四) メディアは本来人々に良質の判断の材料を提供するという原則を踏まえ、社会を特定の方向に善導しようとする姿勢をなくすこと。

五）公権力によるチェックは、あくまでも例外的とする。言論と報道が自由であるべきという基本を忘れてはいけない。メディア自身の情報開示も積極的に行うこと。

六）人々に情報の取り扱い方について小さい時から教育すること。

日本の内外環境は、関東大震災が発生した時より、はるかに安全保障上の危機が高まっている。科学的根拠に基づいた対策なしに、場当たり的で、「根拠のなき楽観論」で突き進んでいる現状は、太平洋戦争当時に緒戦の勝利に酔い、連合軍の反転攻勢により次々に敗戦を重ねているにもかかわらず、最後は大和魂を持って戦えばきっと神風が吹き勝利をもたらす、といった精神論や楽観論が支配し、沖縄戦、本土空襲、広島、長崎への原爆投下、ソ連参戦を招き、最後はポツダム宣言を受け入れたことを昭和天皇の玉音放送で国民に知らせ、ようやく敗戦に至った状況を思い出させる。

多くの課題のなかで、最も強調したいのは、地方と中央の新しい関係を構築することである。東京一極集中の弊害が明らかになり今後想定される首都直下型地震や富士山噴火による災禍の大きさを考えると、このまま放置すれば首都圏機能は麻痺し、日本社会は大混乱に陥り、取り返しのつかない事態になるかもしれない。

明治大正時代、日本の中央集権化が進むなかで、財界リーダーの渋沢栄一は、地方と中央のバランスのとれた発展を重視した。明治維新前の経験から地方の果たす役割の重要性を理解していた渋沢は、日本経済社会の発展には、東京ばかりでなく全国の地方レベルで産業を興し、企業を勃興させ、それらが成長し、各地方に集積させることが不可欠と考えた。そのためには地域振興の担い手となるリーダーとそのもとで活動する幅広い人材の育成を重視した。

二〇二四年夏には新一万円札に渋沢の肖像が登場するが、彼の精神や行動を我々は再認識すべき時である。

あとがき

ドーンという突き上げる音で心地よい眠りを妨げられた。目覚まし時計を見たら、五月一一日午前四時一六分であった。そのあと横揺れがしばらく続いた。久しぶりに感じた大きな地震であった。震源地は千葉県木更津市、震度は五と報道された。四月から能登半島珠洲市、北海道日高市、鹿児島市と日本全国で震度五から六の地震が頻発している。折しも今年はちょうど大正関東大地震が発生してから一〇〇年にあたる。

本書を執筆するに至ったのには遠景と近景がある。横浜に生まれ育った筆者が、最初に関東大震災に関心を持ったのは、小学校四年生の時であった。社会科授業で、担任の先生から、昭和期に横浜の観光名所になった山下公園は、震災の瓦礫を埋め立ててできたと教えられた時の驚きを今でも鮮明に覚えている。その日の夜、同居していた祖父母や両親から震災による大火災で横浜市内全域が壊滅し、港湾施設も全く使用できなくなったと聞かされた。いつ発生するかわからない地震が怖くなり、その晩はよく眠れなかった。

次は一九九五年一月一七日早朝に阪神淡路大震災が発生した時のことだ。西宮在住の妻の父から、「今大地震があったが、家族は全員無事で心配無用」という一報が入った。テレビをつけると緊急速報が流れていた。すぐに電話をかけなおしたが、まったく通じなかった。義父の素早い対応に妻と一緒に感心した。それ以来今日に至るまで頻発した大地震の際にも様々な体験をした。

筆者の小学校時代から約六〇年間の地震体験を遠景とするなら、近景は、三年前にちくま新書から渋沢栄一についての拙著を執筆したことである。資料を調べるうちに関東大震災に対して、東京、横浜など被災地ばかりでなく、内外各地の財界リーダーや企業が震災に真摯に向き合い、長期的な視点から「官」と協力し、すばやく活動したことに驚かされた。「民」の力がなければ、本書でも紹介したような予想以上に早い復興を遂げることはできなかったであろう。

本書の執筆にあたっては、水田敏彦氏（秋田大学地域防災減災総合研究センター教授）に私の震災に対する様々な疑問についてご教示いただいた。また資料閲覧に関しては、外務省外交史料館の熱田見子氏、倉敷市総務課歴史資料整備室の大島千鶴氏、ちば醤油株式会社の金生谷和弘氏、防衛省防衛研究所の中島信吾氏、元「神戸新聞」特別編集委員の林芳樹氏、大阪商工会議所大阪企業家ミュージアムの廣田雅美氏、東京商工会議所経済資料センターの渡邊浩江氏にご教示いただいた。心からお礼申し上げたい。

各地域の公立図書館を地元新聞や関連史資料の調査で訪問したが、行き届いたレファレンス・サービスに計り知れないほどお世話になった。渋沢史料館所蔵の写真資料の掲載に関しては、清水裕介氏（渋沢史料館学芸員）にお世話になった。ここに記して厚くお礼申し上げたい。

私の長年の友人で、早稲田ジャーナリズム大賞にかかわっていらっしゃる湯原法史氏は、初稿に目を通して適切なアドバイスと温かい励ましをくださった。なかなか構想がまとまらず、個人的な事情も重なり、拙稿の提出が遅れてしまった。九月一日までに刊行が間に合うかどうか大変心配をおかけした筆者を、筑摩書房の伊藤笑子氏は冷静に励まし的確なコメントをくださった。お二人には感謝申し上げたい。

最後に、本書執筆中、古希を迎えた筆者を介護施設で温かく見守ってくれた二人の母、故金森敏江と故木村若菜に本書を捧げたい。

木村昌人

二〇二三年初夏

主要参考資料・文献

研究書・研究論文

『読者とともに一世紀――秋田魁新報百年史』(秋田魁新報社、一九七四年)
安宅産業株式会社社史編集室編『安宅産業六十年史』(安宅産業、一九六八年)
五百旗頭真『大災害の時代――未来の国難に備えて』(毎日新聞出版、二〇一六年)
出野尚紀「明治期と自然災害」(吉田公平・岩井昌悟・小坂国継編『近代化と伝統の間――明治期の人間観と世界観』(教育評論社、二〇一六年)
今井清一『横浜の関東大震災』(有隣堂、二〇〇七年)
今泉飛鳥「関東大震災後の東京における産業復興の起点――人口と労働需要の動向に着目して」(『社会科学論集』第一四二号、埼玉大学経済学会、二〇一四年六月)
内田宗治『関東大震災と鉄道』(新潮社、二〇一二年)
宇徳運輸社史編纂委員会編『宇徳運輸百年史』(宇徳運輸、一九九一年)
海原亮「関東大震災発生と大阪本社の情報収集――合資会社『情報報告』と直後の対応」(『住友史料館報』第五〇号、二〇一八年五月)
老川慶喜『日本鉄道史　大正・昭和戦前篇――日露戦争後から敗戦まで』(中公新書、二〇一六年)
大島美津子「関東大震災と復興事業」(『横浜市史』第五巻下、第一〇編「市政の動向(下)」第二章)
大関株式会社編『魁:昨日・今日・明日　大関280年小史』(大関、一九九一年)
恩田栄次郎編著『現代之横浜』一九一四年(横浜郷土研究会、一九九二年)
「変災及救済関係雑件　関東大震災ノ件」6-3-1-17、外務省外交史料館所蔵
花王ミュージアム・資料室編纂『花王120年 1890―2010年』(花王、二〇一二年)
関東大震災80周記念行事実行委員会編『世界史としての関東大震災――アジア・国家・民衆』(日本経済評論社、二

〇〇四年）
菊池寛「震災文章」（『菊池寛文学全集』第6巻、文藝春秋、一九六〇年）
北岡伸一『後藤新平――外交とヴィジョン』（中公新書、一九八八年）
北原糸子『地震の社会史――安政大地震と民衆』（吉川弘文館、二〇一三年）
北原糸子『日本震災史――復旧から復興への歩み』（ちくま新書、二〇一六年）
北原糸子『震災復興はどう引き継がれたか――関東大震災・昭和三陸津波・東日本大震災』（藤原書店、二〇二三年）
木村昌人・田所昌幸『外国人特派員――こうして日本イメージは形成される』（日本放送出版協会、一九九八年）
木村昌人『渋沢栄一――日本のインフラを創った民間経済の巨人』（ちくま新書、二〇二〇年）
倉敷紡績株式会社社史編纂委員編『回顧六十五年』（倉敷紡績、一九五三年）
小池徳久『横浜復興録』（横浜復興録編纂所、一九二五年）
神戸生絲絹市場三十周年記念祭委員会編『生絲絹織物と神戸』（一九五四年）
神戸新聞社編『遙かな海路――巨大商社・鈴木商店が残したもの』（神戸新聞総合出版センター、二〇一七年）
神戸税関『神戸税関百年史』（神戸税関、一九六九年）
神戸貿易協会『神戸貿易協会史――神戸貿易100年の歩み』（神戸貿易協会、一九六八年）
コクヨビジネスサービス編『コクヨ100年のあゆみ』（コクヨ、二〇〇六年）
越澤明『復興計画――幕末・明治の大火から阪神・淡路大震災まで』（中公新書、二〇〇五年）
越澤明『後藤新平――大震災と帝都復興』（ちくま新書、二〇一一年）
時事新報社経済部編、『大震災経済史』（日本評論社出版部（ほか）一九二四年）
資生堂編『資生堂百年史』（資生堂、一九七二年）
渋沢栄一記念財団渋沢史料館編『渋沢栄一と関東大震災――復興へのまなざし』（渋沢栄一記念財団渋沢史料館、二〇一〇年）
白木沢旭児「関東大震災後の神戸港生糸輸出――「二港問題」の展開と帰結」（神戸史学会編『歴史と神戸』第三二巻第三号、一九九三年六月）

神栄100年史編纂委員会編『神栄百年史』（神栄、一九九〇年）
鈴木淳『関東大震災――消防・医療・ボランティアから検証する』（講談社学術文庫、二〇一六年）
鈴木史馬・結城武延「関東大震災と株式市場――日次・個別銘柄データによる分析」（経営史学会編『経営史学』第五七巻第二号、二〇二二年九月）
大震災善後会編『大震災善後会報告書』（大震災善後会、一九二五年）
千葉銀行調査部編『千葉銀行史』（千葉銀行、一九七五年）
千葉県罹災救護会編『大正大震災の回顧と其の復興』上巻（千葉県罹災救護会、一九三三年）
中央職業紹介事務局編『東京大阪両市に於ける職業婦人調査　女給』（中央職業紹介事務局、一九二六年）
中華会館編『落地生根――神戸華僑と神阪中華会館の百年』贈訂版（研文出版、二〇一三年）
筒井清忠『帝都復興の時代――関東大震災以後』（中央公論新社、二〇一一年）
筒井清忠編『大正史講義　文化篇』（ちくま新書、二〇二一年）
鶴見祐輔『決定版　正伝後藤新平8「政治の倫理化」時代一九二三～二九年』（藤原書店、二〇〇六年）
内務省社会局編『大正震災志』（内務省社会局、一九二六年）
白鶴酒造株式会社社史編纂室・山片平右衛門編『白鶴二百三十年の歩み』（白鶴酒造、一九七七年）
波多野勝・飯森明子『関東大震災と日米外交』（草思社、一九九九年）
早川徳次『私と事業』（甲鳥書林新社、一九五八年）
ひょうご震災記念21世紀研究機構研究調査本部編『リスボン地震とその文明史的意義の考察』（ひょうご震災記念21世紀研究機構、二〇一五年）
藤村聡『兼松は語る――「兼松史料」で読み解く戦前期の歩み』（神戸大学経済経営研究所、二〇一一年）
ポール・ヴァレリー、恒川邦夫訳『精神の危機他十五篇』（岩波文庫、二〇一〇年）
堀新「関東大震災と天譴論――渋沢栄一を中心に」（共立女子大学総合文化研究所神田分室編『歴史と文学・芸術――関東大震災』二〇〇四年）
御厨貴「「災後」をつくる――「さかのぼり災後史」の試み」（五百旗頭真監修、御厨貴編『検証・防災と復興1　大

震災復興過程の政策比較分析――関東、阪神・淡路、東日本三大震災の検証』（ミネルヴァ書房、二〇一六年）
三菱銀行三菱銀行史編纂委員会編『三菱銀行史』（三菱銀行三菱銀行史編纂委員会、一九五四年）
三菱地所株式会社社史編纂室編『丸の内百年のあゆみ――三菱地所社史』上（三菱地所、一九九三年）
山本美編『大正大震火災誌』（改造社、一九二四年）
八幡和郎『遷都――夢から政策課題へ』（中公新書、一九八八年）
横浜港振興協会・横浜港史刊行委員会編『横浜港史　総論編』（横浜市港湾局企画課、一九八九年）
横浜市役所編『横浜復興誌』全四編（横浜市役所、一九三二年）
横浜都市発展記念館編『激震、鉄道を襲う！――関東大震災と横浜の交通網』（横浜市ふるさと歴史財団、二〇二三年）
吉村昭『関東大震災』（文藝春秋、一九七三年）
『吉本興業百五年史』（吉本興業、二〇一七年）
若宮啓文『新聞記者――現代史を記録する』（ちくまプリマー新書、二〇一三年）

商工会議所関係資料

『札幌商工会議所70年の歩み』（札幌商工会議所、一九七八年）
『札幌商工会議所八十年史』（札幌商工会議所、一九八八年）
『札幌商工会議所九十年史』（札幌商工会議所、一九九七年）
『函館商業会議所月報』一九二五年三月二〇日（函館商業会議所）
『函館商工会議所百二十年史』（函館商工会議所、二〇一六年）
『室蘭商工会議所60年史』（室蘭商工会議所、一九八五年）
『福島商工会議所二十七年史』福島商工会議所、一九四三年）
『福島商工会議所五十年史』（福島商工会議所、一九六八年）
『関東商業会議所連合会報』（一九二四年三月）

『宇都宮商工会議所百年史』（宇都宮商工会議所、一九九四年）
『高崎商工会議所100年史』（高碕商工会議所、一九九五年）
『川越物語――感動は世紀を超えて　川越商工会議所100周年記念誌』（川越商工会議所、二〇〇〇年）
『八王子商工会議所百年史』（八王子商工会議所、一九九五年）
『山梨県商工会議所五十年史』（甲府商工会議所、一九六〇年）
『東京商業会議所報』（東京商業会議所、一九一〇～一九二九年）
『東京商工会議所八十五年史』（東京商工会議所、一九六六年）
『東京商工会議所百年史』（東京商工会議所、一九七九年）
『横浜商工会議所百年史』（横浜商工会議所、一九八一年）
『小田原地方商工業史』（小田原商工会議所、一九八六年）
『富山商工会議所百年史』（富山商工会議所、一九八一年）
『高岡商工会議所百年史』（高岡商工会議所、一九九八年）
『敦賀商工会議所百年史』（敦賀商工会議所、二〇〇七年）
『静岡商工会議所八十五年史』（静岡商工会議所、一九七七年）
『静岡経済の九〇年――静岡商工会議所九〇周年記念史』（静岡商工会議所、一九八三年）
『豊橋商工会議所百年史』（豊橋商工会議所、一九九三年）
『大阪商工会議所七十五年史』（大阪商工会議所、一九五五年）
『大阪商工会議所百年史』（大阪商工会議所、一九七九年）
『神戸商工会議所百年史』（神戸商工会議所、一九八二年）
『神戸商業会議所月報』（神戸商業会議所、一九二四年）
『下関商業会議所月報』（下関商業会議所、一九二三～一九二四年）
『高松商工会議所百十年史』（高松商工会議所、一九九一年）
『松山商工会議所八十年史』（松山商工会議所、一九六四年）

『松山商工会議所百年史』（松山商工会議所、一九八二年）
『福岡商工会議所百年史』（福岡商工会議所、一九八二年）
『鹿児島商業会議所三十年史』（鹿児島商業会議所、一九二四年）
『鹿児島商工会議所百年史』（鹿児島商工会議所、一九八四年）
『朝鮮商工会議所二十年史』（京城尚工会、一九三五年）
『釜山商工会議所報』（釜山日報社、一九三五年）
『仁川商工会議所五十年史』（仁川商工会議所、一九三四年）

新聞

『秋田魁新報』『福島日日新聞』『河北新報』『新潟新聞』『静岡新報』『大阪朝日新聞』『大阪毎日新聞』『神戸新聞』『神戸又新日報』『山陽新聞』『関門日日新聞』『馬関毎日新聞』

個人史料・日記

『今村均大将回想録』巻七　中央―作戦指導回想手記―一九一一（防衛庁防衛研究所戦史部所蔵）
渋沢青淵記念財団竜門社編『渋沢栄一伝記資料』全五八巻、別巻一〇巻（渋沢栄一伝記資料刊行会、一九五五〜一九七一年）
『平生釟三郎日記』全一八巻（甲南学園、二〇一〇〜二〇一八年）

ちくま新書
1743

民間企業《みんかんきぎょう》からの震災復興《しんさいふっこう》
——関東大震災《かんとうだいしんさい》を経済視点《けいざいしてん》で読《よ》みなおす

二〇二三年八月一〇日　第一刷発行

著者　木村昌人（きむら・まさと）

発行者　喜入冬子

発行所　株式会社　筑摩書房
東京都台東区蔵前二-五-三　郵便番号一一一-八七五五
電話番号〇三-五六八七-二六〇一（代表）

装幀者　間村俊一

印刷・製本　株式会社　精興社

ISBN978-4-480-07572-7 C0221

ちくま新書

1609 産業革命史 ——イノベーションに見る国際秩序の変遷　郭四志

産業革命を四段階に分け、現在のＡＩ、ＩｏＴによる第四次産業革命に至るまでの各国のイノベーションの変転をたどり、覇権の変遷を俯瞰する新しい世界経済史。

1693 地形で見る江戸・東京発展史　鈴木浩三

江戸・東京の古今の地図から、自然地形に逆らわない町づくりの工夫が鮮やかに見えてくる。河川・水道・道路・鉄道などのインフラ発展史をビジュアルに読み解く。

1589 大正史講義　筒井清忠編

大衆の台頭が始まり、激動の昭和の原点ともなった大正時代。その複雑な歴史を26の論点で第一線の研究者が最新の研究成果を結集して解説する。決定版大正全史。

1590 大正史講義【文化篇】　筒井清忠編

新たな思想や価値観、生活スタイルや芸術文化が生まれた大正時代。百花繚乱ともいえるこの時代の文化を、最新研究の成果を盛り込み第一級の執筆陣24名が描き出す。

1657 明治史講義【グローバル研究篇】　瀧井一博編

日本の近代化はいかに成し遂げられ、それは世界史にどう位置づけられているのか。国際的研究成果を結集し、日本人が知らない明治維新のインパクトを多面的に描く。

1318 明治史講義【テーマ篇】　小林和幸編

信頼できる研究を積み重ねる実証史家の知を結集。20のテーマで明治史研究の論点を整理し、変革と跳躍の時代を最新の観点から描き直す。まったく新しい近代史入門。

1319 明治史講義【人物篇】　筒井清忠編

西郷・大久保から乃木希典まで明治史のキーパーソン22人を、気鋭の専門研究者が最新の知見をもとに徹底分析。確かな実証に基づく、信頼できる人物評伝集の決定版。

ちくま新書

1596
関東大震災「虐殺否定」の真相
――ハーバード大学教授の論拠を検証する
渡辺延志
関東大震災直後に報道された、朝鮮人虐殺を正当化する様々なフェイクニュースが、現代の虐殺否定論を生んだ。長年新聞社に勤めた著者が、報道の責任を総括する。

1513
明治憲法史
坂野潤治
近代日本が崩壊へと向かう過程において、憲法体制は本当に無力であるほかなかったのか。明治国家の建設から総力戦の時代まで、この国のありようの根本をよみとく。

1499
避けられた戦争
――一九二〇年代・日本の選択
油井大三郎
なぜ日本は国際協調を捨てて戦争へと向かったのか。国際関係史の知見から、一九二〇年代の日本に本当は存在していた「戦争を避ける道」の可能性を掘り起こす。

1475
歴史人口学事始め
――記録と記憶の九〇年
速水融
二〇一九年に逝去した歴史人口学の泰斗・速水融の遺著。欧州で歴史人口学と出会い、日本近世経済史の知られざる姿を明らかにした碩学が激動の時代を振り返る。

1457
「失敗の本質」と戦略思想
――孫子・クラウゼヴィッツで読み解く日本軍の敗因
西田陽一
杉之尾宜生
名著『失敗の本質』に採り上げられた例も含め、日本陸海軍の戦いを『孫子』とクラウゼヴィッツ『戦争論』により再検討。日本人に欠ける戦略思考の活性化を図る。

1647
会計と経営の七〇〇年史
――五つの発明による興奮と狂乱
田中靖浩
簿記、株式会社、証券取引所、利益計算、情報公開。今やビジネスに欠かせない仕組みが誕生した瞬間を、見てきたように語ります。世界初、会計講談!

1715
脱炭素産業革命
郭四志
今や世界的な潮流となっているカーボンニュートラルへの動きは、新しい生産・生活様式をもたらす新段階の産業革命である。各国の最新動向を徹底調査し分析する。

ちくま新書

1516 渋沢栄一——日本のインフラを創った民間経済の巨人　木村昌人

日本の産業基盤と民主化を創出した「民間」の巨人、渋沢の生涯とその思想の全貌に迫る決定版。東アジアの一国がどう時代を切り拓くかを熟考したリーダーの軌跡。

827 現代語訳 論語と算盤　渋沢栄一　守屋淳訳

資本主義の本質を見抜き、日本実業界の礎となった渋沢栄一。経営・労働・人材育成など、利潤と道徳を調和させる経営哲学には、今なすべき指針がつまっている。

1492 日本経済学新論——渋沢栄一から下村治まで　中野剛志

日本の近代資本主義を確立した渋沢栄一の精神は、いかに高橋是清、岸信介、下村治ら実務家たちに受け継がれたか。気鋭の評論家が国民経済思想の系譜を解明する。

1413 日本経営哲学史——特殊性と普遍性の統合　林廣茂

中世から近代まで日本経営哲学の展開をたどり、渋澤栄一、松下幸之助、本田宗一郎ら20世紀の代表的経営者の思想を探究。日本再生への方策を考察する経営哲学全史。

1494 現場力——強い日本企業の秘密　光山博敏　中沢孝夫

新しい技術の開発は、ずっと現場で行われてきた。豊富な事例をもとに、日本のものづくりの比較優位を支えてきた競争力とはどういうものか、その本質を捉え直す。

1593 日本金融百年史　横山和輝

関東大震災、金融恐慌、戦時下経済から戦後復興、高度成長、バブル、失われた30年へ。歴史に学ぶことはなぜ難しいのか？　株式市場、金融・経済の歴史を追う。

1210 日本震災史——復旧から復興への歩み　北原糸子

度重なる震災は日本社会をいかに作り替えてきたのか。有史以来、明治までの震災の復旧・復興の事例に焦点を当て、史料からこの国の災害対策の歩みを明らかにする。